일제강점기
정신여학교 출신 독립운동가

일러두기

- 한글쓰기를 원칙으로 하였으며, 필요한 경우 한자는 ( )에 넣었다.
- 책은 『 』, 논문은 「 」, 기사제목은 ' '로 표시했다.
- 서술 간편상 많은 경우 존칭이나 직책을 생략하기도 하였다.
- 한자어는 ( )에 한자를 넣었고, 구술 중 뜻을 살리기 위해 해석되는 말도 ( )에 표기했다.

역사여성미래 총서 4

일제강점기
정신여학교 출신 독립운동가

2024년 12월 15일 1판 1쇄 인쇄
2024년 12월 20일 1판 1쇄 발행

글쓴이 강영심
기 획 (사)김마리아기념사업회
펴낸곳 역사여성미래
　　　　　서울특별시 은평구 통일로 713, 3층(대조동)
　　　　　전화 : 02-6949-2530
등 록 2020년 1월 6일(제2020-000068호)
홈페이지 http://www.historywomenfuture.modoo.at.kr
전자우편 nwhm2013@naver.com
ISBN 979-11-975862-1-7 03910

* 잘못된 책은 바꿔 드립니다.
가격 20,000원

* 이 책은 국가보훈부의 보조금 지원으로 발간되었으나,
　그 세부내용은 국가보훈부의 견해와 다를 수 있습니다.

역사여성미래 총서 4

일제강점기
정신여학교 출신 독립운동가

역사여성미래

국가보훈부의 지원으로 『일제강점기 정신여학교 출신 독립운동가』를 발간하게 된 것을 진심으로 기쁘게 생각합니다. 일제강점기 나라를 잃고 만주로, 시베리아로, 미주로 흩어졌던 여성들 중 민족과 나라 사랑, 그리고 신앙심을 갖고 독립운동에 임했던 정신여학교 출신 독립운동가들이 유난히 많았습니다. 특히 '나는 대한의 독립과 결혼했다'는 말을 남기며 독신으로 독립운동에 전념했다고 널리 알려진 대표적인 여성독립운동가 김마리아가 바로 정신여학교 졸업생입니다. 김마리아 외에 80명이 넘는 정신 출신 독립운동가들이 엄혹한 상황에서 맹렬히 투쟁했다는 사실은 놀라운 일입니다. 이들 가운데 20여명은 부부가 함께 독립운동 전선에 나섰습니다.

일제로부터 독립된 지 80여 년이 되었습니다. 이미 선진국의 문턱을 넘었으나, 한반도는 지정학적 위치로 인해 여전히 대한민국의 안보와 평화가 위협받는 일이 자주 일어나고 있습니다. 이럴 때마다 우리는 일제강점기 활동했던 '정신'의 독립운동가를 기억합니다. 이 여성들은 고등학생의 어린 나이에도 민족과 국가가 위기에 처할때면 언제나 분연히 일어나 자기 소임을 다했습니다.

지금까지 사단법인 김마리아기념사업회는 김마리아를 기념하고 널리 알리고자 학술토론회, 음악회, 영화제작, 전시회 등 많은 사업을 추진한 바 있습니다. 이번에는 '왜 유독 정신여학교에서 독립운동가가 많이 나왔는가'라는 질문을 던지며 이것을 규명하고자 하였습니다. 정신여학교 교육이 다른 여학교 교육과 어떻게 다른지, 학생들을 키운 교사들의 교육의 목적은 무엇이었는지를 먼저 살펴보았습니다. 그리고 독립운동에 앞장선 이들에는 누가 있는지, 그들의 이름은 무엇인지, 또 그들은 어떤 생애를 보냈는지도 간략하게나마 찾아 서술하였습니다.

이 책의 발간은 자라나는 세대, 특히 여학생들에게 선배들의 애국심, 신앙심, 올바른 삶의 자세 등을 생생하게 전달할 수 있는 기회가 될 것으로 기대합니다. 일제강점기 민족과 나라를 위해 헌신한 여성 선배들이야말로 오늘의 여학생의 롤모델입니다. 이 책은 정신여학교는 물론 다른 여학교를 포함한 중고등학교와 각종 독립운동기념사업회에 널리 배포하고자 합니다. 이 사업이 가능하도록 예산을 지원해 준 국가보훈부와 이 귀한 책을 집필해 주신 강영심 박사에게 감사의 마음을 전합니다.

2024. 12. 10
사단법인 김마리아기념사업회 이사장 이성희

일제로부터 나라를 되찾은 지 80여 년이 되었습니다. 대한민국은 이제 세계 10대 경제 강국으로 세계가 인정하는 국가로 발돋움하였습니다. 그러나 아직 식민지 잔재가 우리 사회 곳곳에 남아있습니다. 사실(史實)을 규명하는 일, 식민지 잔재를 극복하는 일, 그리고 독립운동의 의미를 새롭게 조명하는 일은 선진국으로 가기 위해 꼭 해결해야만 하는 의무이기도 합니다.

80년이 지나는 동안 일제강점기 독립운동사에 대한 연구는 어느정도 성과를 거두어 수많은 독립운동가를 발굴하고 기억하며 그들이 미래의 동력임을 강조하는 일에 집중했습니다. 그러나 함께 독립운동 전선에 나섰던 여성의 독립운동에 대한 연구는 그에 미치지 못하였습니다. 국가공훈자 중 여성이 차지하는 비율이 4%를 넘지 못하는 사실이 이를 입증합니다. 남녀가 시대의 고난을 같이 하고 또 같이 극복했으나 이에 대한 제도적 인정은 하늘과 땅 차이로 큽니다.

이번 국가보훈부 문헌발간 지원 사업의 과제로 선정된 '일제강점기 여학생, 독립운동에 나서다'는 일제강점기 여성 그중에서 여학생들의 독립운동에 주목했습니다. 당시 신설된 근대적 여학교에서 교육받은 지식인층에 속한 여학생들이 어떤 배경에서 독립운동에 나섰으며, 어떤 활동을 했으며, 어떤 생을 살았는지 살펴보고자 했습니다. 그리고 정신여학교에 주목했습니다. 왜냐하면 다른 여학교와 비교해 볼 때 정신 출신의 독립운동가가 유독 많았기 때문입니다. 이에 대한 연구는 교육 비교 등 단편적인 연구를 제외하고는 다루어진 바가 없다고 해도 과언이 아닙니다.

이제 정신여학교에 초점을 맞추어 『일제강점기 정신여학교 출신 독립운동가』라는 제목으로 책을 발간하게 되었습니다. 정신여학교 설립의 뜻과 교육 내용이 어떠했나, 실제로 독립운동에 참여한 이들은 누구인가, 어떤 계기로 어떻게 어떤 운동에 참여했나, 독립운동 외의 사회활동은 어떤 것이 있었나 등에 대해서 구체적으로 연구했습니다.

이 책을 저술하는데는 기존의 연구성과를 수렴하고 정신여자중고등학교에서 펴낸 『정신75년사』, 『정신백년사』 및 『장로회 최초의 여학교 선교편지』를 비롯하여, 일제강점기의 각종 재판판결문과 수형관련자료, 독립운동사자료집, 그 외에 각종 역사데이터베이스와 동아일보, 조선일보, 신한민보 등 신문자료를 1차 자료로 활용하였습니다. 여성독립운동가의 생애를 밝히기 위해 개별인물 연구도 참고하였습니다. 그러나 이름 정도만 남겨진 인물의 행적을 찾는 일은 더 많은 시간과 노력을 필요로 하므로 추후 연구과제로 규명되기를 바랍니다.

이 책의 저술을 통해 일제강점기 여학생들의 활동을 살펴봄으로써 오늘을 살아가는 여학생, 여성들에게 미래의 꿈과 이상을 펼치는데 도움이 되기를 기대합니다.

책이 완성되어 나오기까지 도움주신 감수자 이화여대의 김수자 교수님, 역사여성미래 정현주 상임대표, 그리고 자료정리를 도와준 유의진씨에게 감사의 말씀을 드립니다.

2024. 11. 30.

강영심

Contents

1장

근대 여학교, 탄생하다

개항 이후 서구로부터 전해진 기독교 사상은 오랫동안 가부장체제 하에서 남성중심적 지배구조에 억눌려 있던 한국 여성들에게 억압으로부터 해방과 자신을 찾아가는 새로운 길을 제시했다. 특히 개신교가 선교정책으로 취한 근대적 교육과 의료사업은 여성에게 과거와 다른 혜택을 받을 수 있는 기회를 제공하였다.

　물론 이러한 개신교의 선교가 가능했던 배경에는 조선 정부의 내적인 근대적 개혁의 요구와 교육개혁의 필요에 대한 사회의식 변화가 있었다. 조선 정부가 교육개혁을 시도하면서 국가가 세운 최초의 근대 교육기관인 육영공원 설립을 위해 미국 교사를 초빙했던 사례에 비추어 볼 때 19세기 말 근대적인 교육을 위한 시도가 있었음을 엿볼 수 있다. 그러나 이러한 교육개혁의 대상에 여성교육은 아직 포함되지 않았다.

　그럼에도 개항 이후 서구 문물을 수용하면서 사회 각 분야에서 여성도 국민의 일원이란 인식이 새롭게 대두되면서 이전과는 다른 여성의 사회적 역할에 대한 언급과 여성교육의 중요성이 부각되었다.

　독립신문을 비롯한 기타 언론의 논설은 여성교육의 중요함과 필요성을 강조하여 개화기의 여성교육 논의에 물꼬를 텄다. 당시의 지식인들은 국가의 장기발전을 위한 최선의 도구는 교육이라는 인식 하에 교육의 대상을 전 국민으로 확대시켜 여성에 대한 근대적 교육도 필요하다는 주장에 힘을 실어주었다.

　개화기 사회변화의 물결을 타고 1880년대 근대적 성격의 학교가 설립되었지만, 근대적 성격의 여학교는 기독교 선교사의 손에서 시작되었다. 구한말의 여성교육은 기독교 선교사들이 선교목적으로 설립한 기독교계의 여학교와 정부에서 세운 관립 여학교, 그리고 자주독립의 기초가 곧 여성교육에서 비롯된다는 민족자각에 의해 세워진 비기독교계 사립 여학교에 의해 시작되었다.

1. 기독교계 근대 여학교의 설립

조선왕조의 전통사회를 유지하던 남존여비(男尊女卑)사상은 유교문화권의 세계관이다. 전통적 조선 사회의 남존여비사상은 '남녀칠세부동석(男女七世不同席)'으로 일곱 살에 시작된 남녀의 분리가 남녀의 직접 접촉 금지, 거주·활동 공간의 분리, 역할 분담으로 이어져, 남녀의 삶은 완전히 분리되어 버렸다.

조선 여성은 집 안에 머물고 바깥출입을 자제하였으며, 그 활동반경이 집안으로 제한된 까닭에 여성의 역할은 자연히 집안일로 규정되었다. 이런 남존여비사상 틀에서 여성은 스스로 생각하고 실천할 능력이 없다고 여겨 여성의 평생을 가족인 남성에게 종속되도록 규정한 '삼종지도'(三從之道; 여자는 결혼 전에는 아버지를, 결혼 후 남편을, 남편 사후 자식을 따라야 하는 도리)나 '여필종부'(女必從夫; 남자는 여자를 끌어주고 여자는 남자를 따라감) 등의 개념은 남성에 대한 여성의 절대적인 복종과 희생을 주장한 논리로 모두 남성 중심의 가부장적인 질서 유지를 위한 것이다. 남녀의 역할과 지배 복종의 관계상 남성 중심의 사회하에서 남성의 교육은 당연한 것으로 간주 되었다. 즉 남성의 학업은 과거시

험을 치러야 하는 출세를 위한 수단이지만, 여성은 글을 배울 필요가 없다는 점을 당연시 여겼다. 따라서 여성들은 서당에 출입할 자격조차 부여되지 않았다. 그나마 여성들은 편지 왕래할 수준의 한글을 익히는 정도만이 허락되었다.

이처럼 전근대적 교육정책이 남아있던 사회 분위기에서 '이화학당'이나 '정신여학당' 같은 여성교육기관이 세워질 수 있었을까? 결코 쉽지 않았을 것이다. 그러면 어떤 과정을 거쳐 근대 여학교가 세워지고 교육이 가능했는지 한국 여성교육이 변화되는 첫걸음이 시작되는 지점에 대해 살펴보자.

기독교 선교사의 여성교육 선교

19세기 말 '조선'을 방문했던 영국 여성인 비숍(Elizabeth Isabell Bishop)은 당시 한국 여성이 처한 현실을 잘 파악한 글을 남겼다. 작가이자 지리학자인 비숍은 1894년부터 4차례 조선을 방문하여 11개월에 걸쳐 현지답사를 했던 외국 여성이다.

> …소녀들을 위한 정규 학교는 없다. 비록 상류계층의 여성들이 집안에서 전해지는 필사본으로 읽는 것을 배운다 할지라도 글을 읽을 줄 아는 한국여성의 숫자는 1천 명 가운데 두 명 정도로 평가된다. 여성의 삶에 대한 철학은 대개 중국에서 들어온 것으로 보인다. 이처럼 미신, 남자들의 잘못된 교육, 문맹, 극히 낮은 법적 권리, 그리고 냉혹한 관습은 세계의 다른 어떤 국가보다 더 낮은 지위를 여성에게 안겨주고 있다.[1]

이처럼 여성이 다른 나라보다 더 낮은 지위에 처한 사회에서 여성들만을 대상으로 교육, 게다가 외부와 격리됨이 없이 교육한다는 일은 생각조차 할 수 없는 것이었다. 그러나 선교사, 특히 한국에 선교목적으로 어렵게 입국한 선교사들에게는 남성은 물론, 여성들과 아동과 청소년 역시 동일한 선교의 대상이었다. 이는 기독교의 선교방침에 기초한 것이므로 선교의 일환인 교육 사업은 여성에게도 동등하게 적용되었고, 그 연장선상에 서구 근대식 여학교의 설립이란 결과로 이어질 수 있었다.

그러나 이러한 선교사의 여학교 설립은 조선 정부의 공식적인 교육정책의 변화에 따른 것이 아니었다. 이 여학교의 시작은 교육정책과는 별개로 이루어졌기 때문이다. 조선 정부가 개화정책을 추진하던 1880년대부터 고종의 각별한 관심과 지원이 선교사업의 울타리가 되었다. 예컨대 1882년 조미수호통상조약체결 이후 미국 선교사들의 학교경영을 묵인하였으며, 1884년경에 푸트(Lucius, H. Foote, 1826~1913) 미국 공사가 고종에게 기독교 사업을 정식으로 허가해 줄 것을 요청하여 고종이 이들에게 의료사업과 교육사업을 허락했던 것이다.

고종의 허락을 받은 이후 1884년 스크랜튼(William B, Scranton, 1856~1922, 미북감리교), 알렌(Horace N. Allen, 安連, 1858~1932, 미북장로교), 아펜셀러(Henry G, Appenzeller, 1858~1902, 미북감리교) 언더우드(Horace G.Underwood, 元杜尤, 1859~1916, 미북장로교)가 선교사로 입국하였으며 1886년 드디어 여성 의료 선교사인 애니 앨러스도 선교를 위해 한국에 들어올 수 있었다. 선교를 위한 의료사업과 교육사업이 비로소 시작되었다. 이를테면 선교단체가 학교를 설립할 수 있는 여건이 마련된 것이다. 이 교육사업은 조선 정부의 교육정책과는 달리 공적인 교육제도의 밖에서 새로운 교육기관으로 출발하였고, 비록 그 시작은 미미했지만, 그들이 이룩한 근대학교의 설립과 교육은 한국의 근대교육 발전에 눈부신 성과를 가져다주었다. 더 나아가 한국의 근대 공교육 체계 형성에 큰 영향을 미쳤다[2]고 할 수 있다.

초기 여선교사들의 기독교적인 사명은 곧 무지와 사회적 억압에 눌려 있는 여성들을 교육시키고 자각하도록 하는 것이었다. 다시 말하면 교육과 계몽을 통한 여성해방운동이 바로 참된 의미의 기독교 운동이며 선교사업이라고 생각하였다.

물론 이들이 심혈을 기울이며 펼쳤던 여학교 설립과 교육은 간접적인 선교사업으로 공개적인 설교와 종교의식을 통한 직접적인 전도활동과는 구별된다. 그럼에도 교육에 중점을 두는 것은 여성교육을 통해 여성의 자각과 여성의 사회적 역할이 선교의 최종목적으로 이어진다고 판단한 결과라고 할 수 있다.

해외선교사의 공식 입국이 가능해지자 한국으로 들어오는 선교사들이 늘어갔다. 특히 1889년 호주 장로교회에서도 선교사가, 1892년 미국 남 장로교 선교사, 1898년 캐나다 장로교 선교사 등이 각각 입국하면서 장로회의 한국선교는 활기를 띠기 시작하였다. 이에 따라 각 교파 선교사들은 협력의 필요성을 느껴, 1893년 1월 28일 미남북 장로교 한국 선교부가 사업의 중복과 지역의 중첩을 피하기 위하여 선교부 공의회(The Council of Missions holding the Presbyterian Form of Goverment)를 조직하였으며, 각 지역별로 선교사를 파송하며 선교에 힘을 쏟았다.

1893년 제1회 선교공의회에서 결정된 선교정책도 "부인들을 개종시키는 일과 그리스도교 신자인 소녀들을 교육하는 데 특별히 힘쓸 것, 이는 가정의 주부가 후손들의 양육에 주요한 영향을 미치기 때문이라"[3]고 여성교육의 시급함을 강조하고 있다는 점도 이를 뒷받침한다.

특히 1880~1890년경 정부나 민간인들이 세운 학교는 아직도 남아 있던 전통적인 성리학 교육관에 기초한 탓에 대부분 남아를 위한 학교였다는 점을 고려하면 선교사들의 여성교육관은 당시로서는 획기적이었다.

한국에 파송된 선교사들은 남녀를 동일한 교육대상으로 인식하였다. 그들은 가부장적인 남성 위주의 사회적 풍조 속에서 남성은 물론, 여성들에게도 균등하게 교육의 기회를 제공하려고 노력했고 이를 실천했다. 선교사들은 남학교를 세우면 반드시 여학교도 세우는 '남녀 병립 주의'를 채택하였다고 한다. 특히 한국에 파견된 여선교사들은 선교 정책에서 무엇보다도 여성 선교가 중요하다고 생각하였다. 특히 미래의 어머니들을 하나님의 지식 안에서 교육하는 것은 무엇보다도 중요한 일이라고 생각했기에 여성교육을 중시했다.[4]

이러한 여성교육관은 한국의 여성들이 되도록이면 빨리 남녀 차별에서 벗어나도록 자극했으며, 여성의 인권도 보장받아야 한다는 인식을 확대하는 데 기여하였다. 아울러 훗날 여성들이 우리나라의 민족운동사에서 중심 역할을 감당할 수 있게 하는 그 기반을 제공했다고 평가된다.[5]

실제로 1886년~1912년까지 4개의 장로교선교회가 설립한 기독교 학교 중 여학교가 남학교보다 그 수가 많았다는 사실은 선교사들이 그만큼 여성교육에 깊은 관심을 가지고 실천에 옮겼음을 보여 준다. 이러한 여성교육은 한국인 여성 지도자들의 시야를 확대시켜 주었고, 세상을 인식하는 눈을 뜨게 해주었으며, 민족구성원의 역할을 자각함으로써 여성들의 민족운동 참여에도 지대한 영향을 주었다. 이렇게 성장한 여성들은 민족운동의 후원자가 아닌 주도하는 위치에 자리하게 되었다.

선교사들에 의해 시작된 "근대적 여성교육이 남녀평등의식을 높이고, 여성들의 민족의식 형성에도 크게 기여하여 구국운동과 후일의 독립운동에도 적극 참여하게 되었다"[6]는 점에서 그 역사적 의의가 자못 크다.

이렇듯 한국에 들어온 기독교 선교사들은 1884년 교육과 의료사업을 중심으로 선교의 합법적 근거를 마련함으로써 본격적인 여성교육을 실현할 수 있게 되었다.

이화학당의 설립과 교육

1885년 6월 미 감리회 해외 여선교회 선교사 스크랜튼(Mary F. Scranton) 부인은 선교사업의 중요한 분야로 한국 여성을 위한 교육기관을 세울 것을 결심하고 1년 뒤인 1886년 5월 11일 한국 여학교의 요람이 된 이화학당(梨花學堂)을 열었다.

여선교사 스크랜튼 부인은 한국 여성을 위한 교육기관을 세우기 위해 그해 10월 여선교부(女宣敎部) 용지(用地)로 초가집 열아홉 채와 빈터를 매입하였다. 구입한 초가집들을 수리하여 11월부터 사용하였다.

스크랜튼 부인은 한시라도 빨리 여성교육을 시작하려는 마음에 교사가 준비되기 전, 1885년 8월 이전 자기 집에 여성교육을 위한 학교를 먼저 열었다. 그러나 학교를 찾아온 학생이 없었고, 서양인을 배척하는 당시의 상황 역시 학생 모집이 불가능하게 만들었다. 즉 학교의 문을 열었어도 입학생이 없으니 학교는 실제로 개점휴업 상태일 수밖에 없었다. 그해 12월이 다 가도록 입학생이 하나도 없었다. 스크랜튼 부인이 선교회 본부에 보고한 문서에서 이런 어려움이 조선 왕실에 알려져 고종에게 격려의 말을 들었다는 사실을 밝힌 바 있다.

> 황제는 내가 한국에 온 목적에 대해 소식을 듣고 계십니다. 황제는 대단히 따뜻한 격려의 말씀을 보내 주셨으며 며칠 전 그는 어떤 모임에서 연설하는 가운데 여자학교에 대해 찬성하시는 말씀을 하셨습니다.
>
> Heathen Women's Friend, Vol. XVII, No. 10, 1886, p. 249

이화학당을 창립한 메리 .F. 스크랜튼

메리 .F. 스크랜튼 (Mary Fletcher Benton Scranton, 1832.11.9.~ 1909.10.8, 시란돈(施蘭敦))은 미국의 교육자이자 개신교 감리교회 선교사이다. 이화여자대학교와 이화여자고등학교의 전신인 이화학당과 수원의 삼일소학당(매향여자정보고등학교의 전신)을 창립하였다.

미국 매사추세츠주 태생으로 목사 집안의 딸로 태어났다. 코네티컷주의 노리치 여학교에 입학했다. 결혼했으나 1872년 남편과 사별한 후 아들 윌리엄 스크랜튼을 따라 오하이오에 정착한 후 여성해외선교사회에 가입하여 해외 선교 활동을 시작하게 되었다. 1885년 미국 감리교 여성해외선교회의 파송으로 의사인 아들 윌리엄 스크랜튼과 함께 한국에 왔다. 한국에 대한 애정이 각별해, 한국에 도착하기도 전에 "일본에서의 생활은 즐거우며 선교사들의 생활 조건도 훌륭하나, 나는 내 민족(한국인)에게 가서 그들 속에서 살고 싶다"라고 하였다.

1884년 갑신정변 이후 북아메리카 감리교회에서 파견된 5인의 여자 선교사 중 한 사람으로 한국 최초의 여성교육기관인 이화학당을 설립하여 한국 여성교육의 시초가 된 인물이라 평가받는다.

여학교가 문을 연 지 1년 후인 1886년 5월 31일 밤 비로소 스크랜튼 부인은 여성 한 사람을 학생으로 맞이할 수 있었다. 진정 오랜 기다림 끝에 찾아온 첫 학생이었다. 스크랜튼 부인의 계획은 여학교의 학생으로 양반집의 자녀를 구하고자 하였으나 학생을 구하지 못했다. 결국 가난한 집 아이와 고아를 학생으로 얻을 수 있었다. 당시 선교사들로서는 그나마 이들 여학생의 입학조차도 감사한 마음이었을 것이다.

선교사들은 영향력이 큰 양반이나 상층집안의 규수들을 학생으로 받기를 바랐지만 당시 조선의 사회 관습상 그녀들을 학생으로 끌어들이기란 여간 어려운 일이 아니었다.

이처럼 입학할 여학생을 구하는 일은 이 시기 설립된 기독교계 여학교 대부분이 겪은 가장 어려운 문제 중 하나였다. 그나마 시간이 조금 지나면서 학생이 하나둘 입학하게 되기는 하였지만, 선교 초기 기독교계 사립 여학교에 입학한 학생들은 대개 하층민의 자녀, 고아, 조혼했다가 과부가 된 사람이나 시집에서 나온 여성들이었다.

이같은 난관을 극복하며 스크랜튼의 학교는 1886년 한국 최초의 여학교가 되었다. 마침내 1886년 11월 건평 약 200평 규모로 35명 정도의 학생을 수용할 수 있는 교실과 숙소를 갖춘 한식 기와집을 완공했다. 이로써 바라던 교사를 얻게 되어 학생들을 이주시킬 수 있게 되었다. 근대 여성교육의 산실이 된 이화학당이 탄생하게 된 것이다.[7]

이화학당의 첫 교사(1886.11.~1897)
(출처: 이화여고 홈페이지)

이듬해인 1887년 학생이 7명으로 늘어났는데, 이때 명성황후는 스크랜튼 부인의 노고를 알고 직접 '이화학당(梨花學堂)'이라는 교명을 지어주고 외무독판(外務督辦) 김윤식(金允植)을 통해 편액(扁額)을 보내 그 앞날을 격려했다.

이화학당이 여학교 문을 열었지만, 유교적 전통의 내외법에 따라 집안이란 울타리 속에서만 살아가는 여성을 학교에 입학시키는 과정은 쉽지 않았다. 당시 한국에 여성교육기관이 전혀 없던 시기에 의식주를 제공하고 무상교육으로 학생을 모집하는데도 여학생 구하기가 어려웠다.

이런 어려움은 물론 한국 사회가 남성 중심의 사회였기 때문이기도 하지만 그 이유는 다양하게 짚어 볼 수 있다. 우선 한국 국민의 대다수가 전통적인 유교적 교육제도에 익숙한 때문에 서양의 신교육을 이해하기 쉽지 않았다. 둘째, 전통적 성리학적 사회의 '남녀내외법'에 따라 여성들이 가정의 울타리에 한정된 생활을 오히려 규수의 생활이라 생각하고 바깥 사회에 자유로이 다니는 여성을 천시하는 경향이 강했다. 특히 이 '남녀내외법'은 이화학당의 교육 현장에서도 큰 고민거리였다. 설교나 강의하

최초의 교복 (1886년)

설립 당시 어린 학생은 '다홍치마 저고리'를 나이가 든 학생은 '옥색치마 저고리'를 입었다.
(출처: 이화여고 홈페이지)

는 선생 중 남선교사도 있어, 이들은 여학생들과는 얼굴을 맞댈 수 없었다. 이화학당에서 남자 선생이 있다는 소문을 들은 부모들이 딸을 교육시키지 않겠다고 항의함에 따라 스크랜튼은 교사와 학생들 사이에 휘장을 치고 서로 그 모습을 바라보지 않게 하는 궁여지책의 방법을 이용하기도 하였다. 셋째, 조선 정부의 천주교 박해와 오랜 쇄국주의 결과 기독교와 서양인에 대한 한국인의 적개심도 그 요인 중 하나였다. 넷째, 유교적 전통에 의해 규방 깊숙이 유폐된 여성들 자신이 이를 뚫고 나올 수 있도록 의식이 충분히 개방되지 못하여 스스로 자각된 단계에 이르지 못하고 있었기 때문이다.[8]

언급한 이유로 인해서, 이화학당은 설립 초기 학생을 모집하는 데 어려움을 겪었다. 1886년 학생 1명으로 시작하였지만, 점차 학생이 늘어 1887년에는 7명, 1888년에는 18명, 1893년에는 30명, 1900년에는 53명으로 많아졌다.[9]

마침내 1908년 즉 창립 22년 만에 처음으로 졸업생을 배출하는 성과를 거두었다. 여학교의 틀이 갖추어지면서 여성계몽과 여성에 대한 사회의 인식변화를 주도하였으며 여성인력을 사회에 배출하는 중요 기능을 담당하는 여성교육의 산실로 발돋움하게 되었다.

정신여학당의 설립과 교육

정신여학당은 1887년에 미국 북장로교 여성 선교사 애니 앨러스(Bunker, A. Ellers, 1860~1938)[10]가 설립하였다. 의료 선교사로 내한한 애니 앨러스는 여성 환자를 치료하면서 환자들의 병과 고통에만 관심을 둔 것이 아니라 만나는 여성 환자와 주변 한국 여성들의 삶에도 눈을 돌렸다.

앨러스는 한국 여성의 불우한 상황을 직접 보고 무엇보다도 그들에 대한 교육이 급선무임을 깨달았다. 그리하여 1887년 여학교를 설립하고자 한 것이다. 하지만 앨러스의 바램과 달리 당시 장로회는 물론 동료 선교사들에게도 어떤 도움을 기대할 수 없는 형편이었다.

주변의 도움은 없었지만 앨러스는 1887년 6월 고종에게 하사받은 정동 28번지 주택에 교사를 마련했다. 그리고 마침내 '정례'라는 다섯 살 난 고아를 데려다가 재우고 먹이고 가르치기 시작했다. 이것이 정신여학교의 시작이었다.[11]

앨러스의 여학교는 곧이어 학생이 2명 그리고 3명으로 늘었다. 이듬해 앨러스는 그동안 본인이 맡고 있던 의료선교 관련 업무는 의료선교사 홀튼(Underwood. L. S. Horton)에게 넘기고 여학교 운영에 전념하였다. 1888년부터 학생 수가 7명으로 늘었다. 학생 수가 늘어나며 학교가 점차 틀이 잡혀가자 장로회본부에서 정식으로 지원하기 시작하였다. 마침내 1889년 12월 미국 북장로회 선교부가 세운 정동여학당 교사가 건축되었다.[12]

앨러스는 이화학당과 마찬가지로 개신교 선교가 목적이어서, 학생들을 이웃이나 친척들에게 개신교를 전하는 전도사로 양성하는 데 그 목표를 두고 있었다. 초기 여성교육은 학생의 사회적 진출보다는 신앙에의 가치를 실천하는 삶을 사는 여성으로 키우려는 방침에 초점을 맞추고 있었던 것이다.

정신여학당을 세운 애니 앨러스는 어떤 인물일까?

애니 앨러스(Annie. J Ellers)는 미국북장로회 선교사로 1860년 미국 미시건주 버 오크(Burr Oak)에서 장로교 목사 가정에서 태어났다. 일리노이주 록포드 대학(Rockford College)에서 공부하고, 이란지역 선교사로 헌신하기 위해 보스턴 의과대학에 진학했다. 의과대학 재학 중, 북장로회 선교본부는 한국에서 선교 중인 알렌의 여의사 파견 요청을 수용하여 의대 재학 중인 애니 앨러스에게 한국선교를 제안했다. 애니 앨러스는 아직 의대를 졸업하기 전이고 원하는 선교지가 아니라 망설였다. 고심 끝에 이 제안을 받아들여 의대 졸업전이었지만, 한국 선교사로 오게 되었다. 1886년 7월, 벙커, 헐버트 등과 함께 한국으로 왔다. 미국 북장로교가 파송한 최초의 여성 의료 선교사였다. 비록 정식 의사는 아니었지만 한국에 온 초기 제중원 부녀과에서 알렌을 도와 의료 선교사로 시무했으며, 명성황후의 시의가 되었다. 명성황후를 치료한 공로로 1888년 1월 정2품 정경부인에 제수되었다. 1887년 벙커 선교사와 결혼했으며 1887년 6월에는 정동여학당(정신여고의 전신)을 세우고 2년 동안 초대 교장으로 봉직했다. 남편을 따라 감리교 선교사가 되었고, 1926년 은퇴까지 약 30년 동안 감리교 선교사로 헌신했다. 1938년 8월 별세하여 남편과 양화진(외국인선교사묘원)에 묻혔다.

정동여학당이 세워진 정동은 '양인촌(洋人村)'

《1890년 북장로회 정동 선교부》

1890년대 북장로회의 정동선교기지 (자료-유영호)[13]

19세기 말 정동은 양인촌(洋人村)이라 말할 만큼 한국에 들어온 서양인들이 집중적으로 모여 있었던 곳으로, 1883년 미국공사관을 비롯한 서구열강들의 공사관과 선교 기관들이 들어섰다. 선교 기관은 주로 미국 선교 기관이 주도하여 정동은 미국 감리교와 장로교의 선교 전초기지의 역할을 하게 되었다. 지리적으로는 정동길을 사이에 두고 남서쪽에 감리교의 배재학당, 이화학당, 정동교회가 위치하였으며, 북동쪽으로 장로교의 언더우드학당(경신고 전신), 정동여학교(정신여고 전신), 정동장로교회(새문안교회 전신)가 위치하였다.

정동여학당 학생과 선생님
(출처: 『정신백년사』)

1895년 10월 20일에 정동에서 연못골(연지동)로 학교를 이전하고 정동여학당에서 사립 연동여학교(蓮洞女學校)로 교명을 바꾸면서 학생의 모집과 졸업형식, 그리고 본격적인 교육과정이 자리 잡게 되었다. 1903년에는 정식중학교 학제를 마련하고 학교명도 연동여자중학교로 승격해 본격적인 중등교육을 담당하게 되었다. 1908년 사립학교령이 공표되자 1909년 정부인가를 신청하며 교명을 정신여학교(貞信女學校)로 개명하였다.

도티 교장(좌) 하이든 교장(우)과
학생들 정동여학당 시절(1891년)
(출처: 『정신백년사』)

이처럼 1887년 앨러스 선교사가 교육조차 받지 못한 한국 여성에게 교육하는 것이 선교의 첫걸음이라 생각하고 시작된 정신여학교는 북장로교 선교부가 설립한 4개의 여학교 중 제일 먼저 세운 학교가 되었으며, 1907~1908년간 정신여학교는 새 교사를 짓고 또 다시 새로운 걸음을 내디뎠다. 정식 여자중학교로 출발한 것이다.

지방의 기독교계 사립 여학교

19세기 말에는 서울, 평양, 대구, 부산을 비롯한 전국 주요 도시에 선교사 경영의 기독교계 학교가 설립되었다.

서울에서 1886년의 이화학당과 1887년의 정신여학당이란 근대적 한국 여성교육기관이 그 시작이었다면 지방에서는 1894년 평양에 정의여학교(正義女學校)가 설립되면서 지방 기독교계 여학교의 효시가 되었다. 그 후 1897년 선교부의 지방학교 설치 정책이 결정되자 전국 주요 도시마다 기독교계 여학교가 설립되기 시작하였다. 1895년 부산의 일신여학교(日信女學校, 동래여자중·고등학교 전신), 1896년 평양의 숭현여학교(崇賢女學校), 1897년 인천의 영화여학교(永化女學校), 1898년 서울의 배화여학교(培花女學校)와 원산의 루씨여학교(樓氏女學校) 목포의 정명여학교(貞明女學校) 1904년 개성 호수돈여학교(好壽敦氏女學校), 원산의 진성여학교(進誠女學校)가 각각 설립되었다. 1905년 군산의 영명여학교(永明女學校), 1906년 선천의 보성여학교(保聖女學校), 신의주의 숭정여학교(崇貞女學校)와 보성여학교(普聖女學校), 1907년 광주의 수피아여학교(須皮亞女學校), 대구의 신명여학교(信明女學校), 전주의 기전여학교(紀全女學校), 1908년 성진의 보신여학교(普信女學校)가 각각 세워졌다. 그 외에 함흥에 영생여학교(永生女學校), 재령의 명신여학교(明信女學校), 회령의 보흥여학교(普興女學校) 등이 세워졌다.(〈표 1〉 참조)

1908년 통계에 의하면 감리교계 여학교가 이화, 배화, 영화, 정의, 호수돈, 영명 등 16개교, 장로교계 여학교가 정신, 숭의, 정명, 기전, 신명, 일신 등 14개교로 모두 30개교에 이르렀다.[14] 당시 세워진 비기독교계 사립 여학교가 12개였으니 두 배 이상의 수치였다. 이런 사실을 고려하면 기독교계 여선교사들의 여성교육 운동은 '조선'의 여성들에게 '딸' 교육열을 불러일으킨 동기가 되었다고 한다.[15]

　기독교계 교육선교활동에서 주목해야 할 점은 당시 남성교육에 집중했던 조선 정부나 비기독교계 민간인에 비해 여성교육에 크게 주력했다는 사실이다. 물론 기독교 선교사의 선교 과정에서 택한 전도 방침의 중요한 수단이었다는 한계를 고려해도 남녀평등 의식에 기반한 여성교육을 실시하여, 한국 여성들에게 배움의 기회를 열어 주었다는 중요한 역사적 의의가 있다.[16]

표 1. 1886-1912년 개화기 기독교계 근대 여학교[17]

선교지부	교파	설립연도	설립여학교	설립남학교
서울	감리교	1886	이화	–
서울	미국북장로파	1887	정신	경신(1886)
부산진	호주장로파	1895	일신	–
인천	감리교	1897	영화	–
원산	미국북장로파	1904	진성	–
평양	미국북장로파	1903	숭의	숭실(1897)
전주	미국남장로파	1902	기전	신흥(1901)
군산	미국남장로파	1902	멜볼딘	영명(1903)
대구	미국북장로파	1907	신명	계성(1903)
목포	미국남장로파	1903	정명	영흥(1903)
성진	캐나다 장로파	1908	보신	보신(1908)
선전	미국북장로파	1906	보성	신성(1906)
광주	미국남장로파	1907	수피아	숭일(1908)
재령	미국북장로파	1908	명신	명신(1898)

선교지부	교파	설립연도	설립여학교	설립남학교
정주	미국북장로파	1909	청신	청남(1909)
함흥	캐나다장로파	1911	영생	영생(1911)
강계	미국북장로파	1912	광신	영실(1917)

2. 관립 여학교의 설립[18]

한국에서 근대학교의 설립은 조선 정부가 추진한 갑오개혁의 일환으로 전개된 을미 교육개혁에 의해 본격적으로 전개되었다. 1895년 2월 국민교육을 위한 「교육입국조서(敎育立國詔書)」를 발표하여, 교육에 의한 입국(立國)의 의지를 밝히고 이어서 근대적인 국가·국민 교육체제를 위한 각종의 학교 관제와 규칙을 제정 공포하여 근대식 학제를 성립시킬 수 있는 기점을 마련하였다. 한성사범학교(1895)를 필두로 일반 국민 교육기관으로 서울 및 각 지방 주요 도시에 소학교를 설립하였고, 1899년에는 수업 연한 7년의 중학교를 설립하였다.

아울러 외국어와 법률·기술 교육학교로 외국어학교, 법관양성소(1895), 전무(電務)학당(1897), 우무(郵務)학당(1897), 상공학교(1899), 경성의학교(1899), 광무(鑛務)학교(1900) 등을 설립하였다. 외국어학교는 일어학교(1891), 영어학교(1894), 법어(法語,불어)학교(1895), 아어(俄語,러시아어)학교(1896), 한어(漢語)학교(1897), 덕어(德語,독일어)학교(1898)를 세웠다.

북촌 여성들, 관립 여학교의 설립을 주장하다

그러나 여성교육기관에 대한 계획은 포함되어 있지 않았다. 여성교육의 중요성을 자각한 선구적 여성들을 중심으로 정부 주도의 여학교 설립이 필요하다고 인식하였다. 이에 1898년 9월 1일 서울 북촌의 양반 여성들이 이소사(李召史), 김소사(金召史)의 이름으로 「여학교설시통문(여권통문(女權通文)」을 발표하였다.

이들은 「여학교설시통문」에서 문명개화를 이루는 데 남성뿐만 아니라 여성도 참여해야 할 의무와 권리, 여성이 교육받아야 할 당위성과 권리를 강조하였다. 즉 남녀평등을 이루기 위해서는 무엇보다 여성교육이 급선무라고 인식했다.

통문을 주도한 여성 인사들과 지지자들은 1898년 9월 찬양회(讚揚會)라는 최초의 여성운동 단체를 조직하고 여성교육 실시와 여학교 설립을 주장했다. 1898년 10월 11일 부인 100여 명이 정부에 상소를 올려 관립 여학교 설립을 청원한 것이다.

이렇게 여성 스스로 나서는 흐름에 『독립신문』 1898년 10월 18일자 기사에서 당시 전국적으로 정부가 설립한 여학교가 하나도 없는 것을 개탄하면서 여성단체인 찬양회(讚揚會)가 관립 여학교 설립 운동을 전개하자 이를 적극 지원하고 나섰다.

다행히 『독립신문』과 찬양회 부인들의 관립 여학교 설립 운동이 영향을 미쳐 조선 정부에서 이들의 주장을 수용하고자 1899년도 예산에 여학교비(女學校費) 3,750원을 배정하였다. 아울러 학부에서 동년 5월 「여학교 관제 13조」를 제정하여 각의에 상정시켰다.[19] 그러나 이 제도는 정부가 약 2년여 동안 끌다가 결국 1900년 1월 23일 정부 회의 참석자 10명 가운데 찬성 4 반대 6으로 '여학교설시 칙령안'을 부결시킴에 따라 흐지부지 폐기되었다. 그 이유는 '재정이 부족하니 재정문제가 해결되면 그때 시행하자는 것'이었다.[20]

만약 이것이 발포되어 시행되었다면 한국의 관립 여학교 설립은 1908년 세워진 관립 한성여자고등학교에 10년을 앞섰을 것이다.

고등여학교령 공포 및 한성고등여학교 설립

1908년 정부는 칙령 제22호로 여성의 중등교육을 위한 「고등여학교령(高等女學校令)」을 공포하였다. 제1조에 그 설립목적을 "여자에게 필수(必須)한 고등 보통교육 및 기예(技藝)를 수(授)함을 목적으로 한다"고 천명했다.[21]

근대적 교육을 위한 법령이 1895년 공포된 것에 비해 13년이나 늦었지만, 신교육이 수용된 이래 여성교육을 위한 최초의 법령, 제도적 기반을 마련했다는 점에 그 역사적 의의가 크다. 늦어졌지만 그나마 정부로 하여금 변화로 방향을 돌리도록 선택을 유도한 데는 기독교 선교사들의 여성교육 활동도 자못 큰 영향을 끼쳤을 것이다.

정부는 위 법령에 따라 1908년 4월 1일 관립 중등 여학교인 한성고등여학교(漢城高等女學校, 현 경기여자고등학교)를 설립하고, 어윤적(魚允迪)을 초대 교장으로 임명하였다. 당시 순종의 비 순정효황후(純貞孝皇后)는 한성고등여학교에 여성교육을 장려하는 「여성교권학칙어(女性校勸學勅語)」를 내려 여성교육에 대한 관심을 표명하였다.[22] 여학교의 편제는 3년제의 본과, 2년제의 예과와 기예 전수과로 나누었다.

1908년 7월 4일 관립 한성고등여학교에서 입학식을 거행하여 드디어 한국에서 관립 여학교 교육의 첫걸음을 내디뎠다.[23] 당시 언론에 게재된 입학식 정경은 다음과 같다.

> (1908년) 7월 4일 관립한성고등여학교에서 입학식을 거행하였는데 상
> 황을 략문(略聞)한즉 일반직원 및 학도간에 상견례를 행한 후, 교장 어
> 윤적씨가 황후폐하(皇后陛下)의 휘지(徽旨)를 낭독하고 학부대신 및 차
> 관이 각기 권면연설(勸勉演說)함에 학도 부형중 유성준(兪星濬)씨가 대
> 표로 답사하였다더라.

개교 초기에는 본과와 예과 각 1학급씩을 설치하였지만 아무리 관립
여학교라고 해도 역시 학생 모집은 만만치 않았다. 당시 여자가 공부한
다는 것을 받아들이지 못하는 일반적인 풍습하에서 '내외법(內外法)'에
따라 여성교육에 대한 인식이 부정적이었다. 비록 관립 여학교라 할지라
도 딸을 공개된 학교에 보낸다는 것을 용납하지 못했다. 이점을 파악한
학교 측에서 어윤적 교장 손수 각 가정을 방문, 학생을 모집하였다.

이러한 노력으로 여성교육에 대한 인식도 서서히 변화되면서 개교 1년
후인 1909년에 이미 본과 90명, 예과 68명, 합계 158명의 여학생이 학
교를 다니게 되는 성과를 거두었다.[24]

학생 수가 늘어나 1910년 8월에는 당시 한성부 서쪽에 있던 교사를 재
동 신축 교사로 이전하고 1911년 2월 제1회 졸업생 31명을 배출하였다.[25]

관립 여학교 설립 초기, 학생들 이름에 관한 웃지 못할 일화가 전해진
다. 당시 사회에서 여성은 가정이란 울타리 내에서 생활하다 보니, 초기
여학생들은 1909년 민적법(民籍法)이 제정되기 전까지는 자신의 이름
을 가진 경우가 드물었다. 그래서 기독교계 여학교의 여학생 역시 이름

이 없을 경우는 선교사들이 지어 준 세례명을 이름으로 대신하기도 하였다. 한성고등여학교 학생들도 이름이 없는 경우가 다반사이니 어윤적 교장이 이들에게 일일이 이름을 지어 학적부에 기재하였다고 한다. 지금은 상상조차 못 할 해프닝이지만 불과 120여 년 전의 일이다.

학교의 교육방침은 초대 교장 어윤적의 '인재 양성은 현모의 손으로'란 여성교육관을 토대로 교육목표를 부덕함양(婦德涵養)과 솔선수범에 두어 현모양처를 길러내기에 힘썼다. 항상 율곡의 어머니 신사임당을 본받으라고 가르쳤다.[26] 순종비 교육관련칙어도 현모양처형의 교육적 여성상을 제시하고 있음을 알 수 있다. 비록 근대적인 모습의 여학교를 세웠지만 교육목표는 종래의 전통적 여성교육관에서 크게 벗어나지 못했음을 엿볼 수 있다.

1908년 4월 1일 관립한성고등여학교(경성여자고등보통학교) 2회 졸업식.
사진 중앙 초대 교장에 어윤적(魚允迪). (1911년)

한성고등여학교의 대표적인 교수로 윤정원이 있다. 윤정원은 1909년 3월 4일자로 한성고등여학교 교수로 서임(敍任)되었는데,[27] 최초의 한국 관보에서 임명장을 받은 여성 교사였다. 윤정원은 1898년 일본에 유학

한국 최초의 관립 한성고등여학교 교수, 윤정원

윤정원(尹貞媛, 1883~?)은 대한제국 시기 대표적인 여성 지식인으로 1908년 최초로 관립 한성고등여학교의 교수에 임명된 역사적 인물이다. 대한자강회 부회장을 지낸 부친 운정(雲庭) 윤효정(尹孝定)의 장녀로 태어났다. 신여성으로서 성장하길 바라는 부친의 권유로 일본 유학을 떠나 메이지여학교와 도쿄음악대학에서 영어와 음악을 공부했다.

16세가 되던 1898년에 일본으로 유학을 떠났다 이 해는 '조선여성'이 주체적으로 여성의 교육권, 참정권, 직업권을 주장한 「여학교설시통문(여권통문)」이 발표된 의미 있는 해이기도 하다. 윤정원이 아버지의 권유에 따라 유학간 것은 남성 지식인층 사이에서 여성교육의 필요성에 대한 인식이 퍼지고 있음을 반영한다. 동시에 이런 사회적 변화를 수용하여 여성의 권리를 인식한 북촌 여성들이 이 통문을 발표한 것이다.

또한, 당시 부친의 후원으로 유럽에 유학, 벨기에를 출발점으로 해서 영국, 프랑스, 독일 등에서 공부했다. 귀국한 후 한성고등여학교 교수가 되었고 순종의 계비 순정효황후 윤씨(純貞孝皇后 尹氏)의 논어 강관(講官)으로 내정 받은 신진 여성이었다.

「여학교설시통문」의 발기자들이 그토록 만들고자 했던 관립 여학교 '한성고등여학교'의 교수가 된 것이니, 윤정원은 최초의 여자 일본 유학생으로 최초로 여자 교수로 「여학교설시통문」의 정신을 실현한 인물이었다.

윤정원은 또한 1909년 4월 28일 당시에 서궐(西闕: 경희궁)에서 거행된 '여성 유학생 환영회'에 당시 고종황제로부터 우리나라 최초의 여성 유학생을 축하하는 자리에서 은장을 훈장으로 수상하는 영광을 누렸다.(『황성신문』 1909.5.5.)

1910년 한국이 일본의 식민지로 전락하고, 학교도 조선총독부로 넘어가 '경성여자고등보통학교'로 변경되었다. 더하여 지배층에 대한 회유정책의 일환으로 윤정원도 한성고등여학교 교수 직위가 1910의 8월 24일 각의 결정에 따라 9품에서 6품으로 특별 승진하게 되었다. 그러나 윤정원은 나라를 잃어버린 처지에 교육의 뜻도 잃어 교수직을 사직하고 중국 북경으로 망명의 길을 떠났다. 남편 최석하도 이회영, 이시영 등과 함께 독립운동의 전초지로 서간도를 향해 떠나게 되어 윤정원은 교육에 뜻을 접고 남편 최석하와 망명의 길을 선택하였다.[28]

1920년대 종로구 재동의 한성고등여학교(후에 경성여자고등보통학교,
경기여자고등학교) 전경 (출처: 서울역사박물관)

하여 메이지여학교와 도쿄음악대학에서 영어와 음악을 공부했으며 유럽
에도 다녀왔다고 알려졌다.

그런데 한성고등여학교는 지금의 도림동 부근에 있었던 한성부 서쪽
의 공조(工曹)에서 쓰던 기와집을 학교로 사용하고 있었다. 별도의 학교
건물이 없던 탓에 운동회를 할 공간이 마땅치 않은 데다가 남녀의 내외
가 존속했던 시절이라 어명에 의해 궁궐에서 운동회를 열기로 하였다.
엄격하게 출입이 통제되는 궁궐에서 여학교 운동회가 열린 것은 매우 이
색적인 사건이었다.

창덕궁 비원 안 옥류천이 흐르고 푸른 잔디가 깔린 뜰에서 열린 운동
회에서는 평소 여학생들이 연습했던 달리기, 뜀뛰기, 공 던지기, 맨손 체
조와 아울러 그네뛰기가 펼쳐졌다. 당시 기호흥학회의 잡지에 이에 관한
기사가 실려 있다.

△여교원족(女校遠足) : 관립 한성고등여학교(官立 漢城高等女學校) 학
도(學徒)가 창의문외(彰義門外) 삼계동(三桂洞) 운현궁정자(雲峴宮亭子)
에서 원족회(遠足會)를 설행(設行)ㅎ얏다더라.　　『기호흥학회월보』4호

창덕궁 운동회에서 여학생들이 경쟁
한 각종 체육 종목을 지도한 이가 외국유
학에서 이를 배운 윤정원 교수였다. 고종
황제와 순정효황후 윤씨는 운동회에 직
접 참관하였으며, 윤비는 이 자리에서 따
로 한성고등여학교 교수 윤정원을 불러
강연(講筵: 왕 앞에서 경서를 강론하는
일) 문제를 논의하기도 하였다.[29]

한성고등여학교는 1910년 일제의 식
민통치 하에서 1911년 8월에 공포된 「조
선교육령」에 따라 관립 경성여자고등보
통학교로 개편되었다.

한성고등여학교 운동회가 열렸던 창덕궁 후원 부
용지 일대 (출처: 문화재청)

3. 「여학교설시통문」과 비기독교계 사립 여학교의 설립

「여학교설시통문」의 발표

관·공립 여학교보다 더 활발하게 학교설립이 진행된 것은 민간인 사립 여학교였다. 사립 여학교 설립의 첫걸음은 바로 선각자 '조선' 여성들에 의해 이루어졌다.

그 시작점은 1898년 9월 1일 서울 북촌 양반 여성들이 주축이 되어 이소사(李召史), 김소사(金召史)의 이름으로 발표된 「여학교설시통문」이었다.

『황성신문』 1898년 9월 9일 1면에 당시로는 획기적인 기사가 실렸는데 논설 대신 「여학교설시통문」을 실었다. "북촌의 어떤 여중군자 서너 분이 개명(開明)에 뜻이 있어 여학교를 설시하려는 통문이 있기로, 하도 놀랍고 신기하여 우리 논설을 없애버리고 게재하노라"라는 설명과 함께 그 선언문을 그대로 실었다.

당시 깨어난 한국 여성을 대표한 북촌 여성들은 「여학교설시통문」에서 문명개화를 이루는 데 남성뿐만 아니라 여성도 참여해야 할 의무와 권리, 여성도 남성과 마찬가지로 평등하게 직업을 가질 권리가 있다고 주장했다. 특히 여성이 교육받아야 할 당위성과 권리를 강조하였다. 문명 개화한 국가의 여성처럼 학교 교육을 받아야 남성에게 구속받지 않으며 동등하게 된다는 것이다. 즉 남녀평등을 이루기 위해서는 무엇보다 여성교육이 급선무라고 주장했다.

여학교설시통문 (현대문으로 고친 글)

「황성신문」, 1898.9.9., 「여학교설시통문」

북촌사는 뜻있는 몇 분이 여학교를 열겠다는 선언문을 발표해 너무 놀랍고 신기해서 우리 신문의 논설대신 그분들의 선언문을 싣는다" 면서 전면을 할애했다.

"대저 물이 극하면 반드시 변하고 법이 극하면 반드시 고침은 고금의 떳떳한 이치라.

아 동방 삼천리 강토와 열성조 오백여 년 기업으로 승평 일월에 취포 무사하더니 우리 성상 폐하의 외외탕탕 하신 덕업으로 임어하옵신 후에 국운이 더욱 성왕하여 이미 대황제 위에 어하옵시고 문명개화한 정치로 만기를 총찰하시니

이제 우리 이천만 동포형제가 성의를 효순하여 전일 해태한 행습은 영영 버리고 각각 개명한 신식을 준행할 새 사사이 취서되어 일신우일신함은 사람마다 힘쓸 것이어늘 어찌하여 일향 귀 먹고 눈먼 병신 모양으로 구습에만 빠져 있는가. 이것이 한심한 일이로다.

혹시 이목구비와 사지오관 육체가 남녀가 다름이 있는가? 어찌하여 병신모양으로 사나이가 벌어주는 것만 앉아 먹고 평생을 심규에 처하여 남의 절제만 받으리오.

이왕에 우리보다 먼저 문명 개화한 나라들을 보면 남녀가 동등권이 있는지라 어려서부터 각각 학교에 다니며 각종 학문을 다 배워 이목을 넓혀 장성한 후에 사나이와 부부지의를 맺어 평생을 살더라도 그 사나이에게 일호도 압제를 받지 아니하고, 후대함을 받음은 다름 아니라 그 학문과 지식이 사나이와 못지 아니한고로 권리도 일반이니 어찌 아름답지 아니하리오.

슬프도다, 전일을 생각하면 사나이가 위력으로 여편네를 압제하려고 한 갓 옛글을 빙자하여 말하되, 여자는 안에 있어 밖을 말하지 말며, 술과 밥을 지음이 마땅하다 하는지라. 어찌하여 사지, 육체가 사나이와 일반이거늘 이 같은 압제를 받아 세상 형편을 알지 못하고 죽은 사람 모양이 되리오.

이제는 옛 풍규를 전폐하고 개명 진보하여 우리나라도 타국과 같이 여학교를 설립하고 각각 여아들을 보내어 각항 재주를 배워 후에 여중군자들이 되게 하려고 방장 여학교를 창설하오니 유지하신 우리 동포 형제 여러 여중 영웅호걸님네들은 각각 분발심을 내서 귀한 여아들을 우리 여학교에 보내시려거든 곧 착명하시를 바랍니다.

1898년 9월 1일
여학교통문발기인 리소사 김소사

통문을 주도한 여성 인사들과 지지자들은 1898년 9월 찬양회(贊襄會)라는 최초의 여성운동 단체를 조직하였다. 회장에는 양성당 이씨, 부회장에는 양현당(養賢堂) 김씨, 창설 당시에는 약 400명의 회원이 있었다. 찬양회는 정기 집회, 연설회, 토론회 등을 통해 여성교육 실시와 여학교 설립을 주장했다.

당시로는 선각자적인 여성들의 주장이 담긴 「여학교설시통문」이 보도된 후 『독립신문』도 이를 크게 다루었다. 『독립신문』은 1898년 9월 13일자 논설에 그 논조를 이어 여학교 설립을 찬성하는 글을 실었고, 학교 이름을 '순성여학교'로 정했다는 사실, 발기인 400여 명이며, 개화 신사 윤치호가 남성 지지자 대표라는 내용을 담은 기사를 1898년 9월 15일자 『독립신문』에 실어 여학교 설립 운동을 전폭적으로 지지했다.

통문에 서명한 이소사와 김소사는 순성여학교 창립을 주도한 찬양회의 회장 양성당 이씨와 부회장 양현당 김씨로 북촌 사는 양반집 여성이었다. '나라를 찬양한다'의 의미를 담은 찬양회는 서울에서 조직된 최초의 여성 개화 운동 단체다. 이어 관립 여학교 설립 운동을 전개하고 1898년 10월 11일 부인 100여 명이 정부에 상소를 올려 관립 여학교 설립을 청원하였다. 이들의 청원은 정부로 하여금 이러한 요청을 받아들여 관립 여학교 설립을 위한 관제가 각의에 상정되기에 이르렀던 사실은 앞에서 언급하였다.

찬양회 회원들은 가까운 시일에 관립 여학교가 설립되리라 믿었다. 이를 믿고 찬양회 부인들이 주도하여 1898년 12월에 학생을 모집하고 부인회 임원들이 직접 교육을 담당하도록 하였다. 이듬해 2월 26일 서울에 30명 정원의 순성여학교(順成女學校)를 개교하여 운영하기 시작했다. 이

학교는 7, 8세에서 12, 13세 연령의 여학생들을 대상으로 소학교 과정을 교육하였다.

찬양회 회원들은 수차례에 걸쳐 학부를 찾아가 여학교 경비 집행과 여학교 설립 촉진을 청원하였으나 정부는 근 2년을 끌다가 1901년 1월 23일 「여학교시설칙령안」을 부결시켜 버렸다.

관립 여학교 신설이 지지부진하다가 무산되자 찬양회는 회원들이 운영하는 순성여학교를 관립 여학교로 만들고자 시도했으나, 재정 부족 및 여성교육을 반대하는 세력에 의해 실현되지는 못했다.

순성여학교는 1900년 초부터 교장 양현당 김씨 혼자 힘으로 어렵게 운영되었다. 이후 양현당 김씨는 학교를 처분하고 정선여학교를 새로 세워 운영상 어려움이 많았음에도 1903년 3월 19일(음력) 운명할 때까지 가재를 털어 손수 여성교육에 헌신했다.[30]

북촌 여성들이 결성한 선구적 여성단체인 찬양회는 관립 여학교 설립운동과 민간 여학교 설립과 운영이란 목표를 달성하지 못했지만, 정부의 여성교육에 대한 무관심을 일깨웠고 당대 사회에 여학교 설립의 필요성을 알렸다는 점에서 높이 평가될 선구적 여성활동이었다.

여성교육 단체의 확산과 여학교 설립

1905년 이른바 「을사조약」이 체결된 이후 국가적 위기를 직면하며, 민족의식의 자각과 함께 국민의 교육열이 급상승하였다. 교육구국(敎育救國)의 인재양성은 남자뿐 아니라 여성교육으로 확산되어 민간인에 의

한 여학교의 설립이 활발해졌다. 당시의 여성들은 '배우는 것이 힘'이라는 신념하에 직접 교육 사업에 종사하거나 여성교육단체를 조직하였다. 진명부인회(進明婦人會)·여자교육회·양정여자교육회(養貞女子教育會) 등이 그것이다.

1905년 서울에 태평동여학교(太平洞女學校)가 세워졌고, 1906년 4월 진명여학교(進明女學校)가 설립되었다. 이 학교는 경선궁과 영친왕궁이 희사한 토지 200만 평을 기초로 설립되었으며 초대 교장은 엄준원(嚴俊源)이 취임했다. 진명여학교의 초기에는 이화학당 출신의 황메레(黃袂禮, Mary Whang) 학감과 서양인 교사가 학생들을 가르쳤다.

1906년 5월 명신여학교(明新女學校)가 설립되었다. 고종의 계비인 순헌황귀비(純獻皇貴妃 嚴氏)의 하사 자금과 영친왕궁(英親王宮)의 토지 1,000정보를 기반으로 교장 이정숙(李貞淑) 등이 주도하여 설립된 것이다. 당시 한성부 박동의 용동궁 자리에 지어진 교사는 대지 480평에 75칸으로 지어진 한옥 건물이었다. 학교 운영은 황실 지원의 보조금으로 충당하였다. 엄귀비 사망 이후에는 하사받은 황해도 등의 농지를 기본 재산으로 삼아 재단을 설립했다.[31]

처음 여학생 5명으로 시작했는데 이들 여학생은 엄귀비가 보낸 황실의 상궁이었다.[32] 즉, 엄귀비가 황실의 내부 운영을 근대적으로 시행하고자 상궁들에게 근대 교육을 받게 한 것이다. 당시 유럽식 양장을 입고 졸업 사진을 찍은 것을 통해 알 수 있다.

개교 당시에는 학도들의 복장과 학용품 일체는 물론 식비까지도 학교에서 부담하면서 학도 모집에 노력하였다. 1909년(순종 2) 5월에 반포된 「고등여학교령」에 따라 사립 숙명고등여학교(淑明高等女學校)로 이름을 바꾸었다. 헌종비의 조(趙)상궁이 숙명여학교 제1회 졸업생이 되었다. 또한 당시 민간에서는 숙명여학교가 자리한 곳이 한성부 박동의 용동궁 자리여서 '박동학교'라고도 부르며 매우 부러워하였다고 한다. 숙명여학교는 설립 초기부터 일본식 교육 즉 일본의 학습원(學習院)을 지향했기 때문에 일본인 교사로 구성되었다.

1906년 7월 진학신·김운곡·김송암 등에 의해 조직된 여자교육회에서 양규의숙(養閨義塾)을 설립하였다. 그밖에 애국 여성단체나 애국지사들에 의해 여학교가 설립되었는데, 1907년에는 명진여학교(明進女學校)와 여자보학원(女子普學院), 1908년에는 동원여자의숙(東媛女子義塾)·보명여학교(普明女學校)· 양정여학교(養正女學校) 1910년에는 양덕여학교(養德女學校) 등이 각각 세워졌다.

이들 비기독교계 사립 여학교도 앞서 살핀 기독교계 여학교나 관립 여학교와 마찬가지로 각 가정을 호별 방문하여 학생을 모집하였다. 학생이 학교에 나오면 공책·연필·교과서 등을 무상으로 공급해 주어 계속 나오도록 신경을 썼다. 학교 당국은 부녀자들이 읽기 수월하게 쓴 「권학선전문(勸學宣傳文)」을 휴대하였다. 그 내용은 '귀한 따님 학교에 보내십시오', '여자도 배워야 합니다', '무식하면 짐승이나 같습니다' 등의 표어로 서두를 시작하는 글로서 선진국 여성들의 교육실태를 예시하고, 과거 우리나라 전통적 풍습의 그릇됨을 지적한 내용이었다.

1910년까지 여성단체를 비롯한 애국지사들이 설립한 비기독교계 사립 여학교를 정리한 것이 〈표 2〉이다.

표 2. 1898년-1910년 설립된 비기독교계 사립 여학교[33]

설립연대	학교명	비고
1898	순성여학교(順成女學校)	승동여학교
1905	태평동여학교(太平洞女學校)	–
1906	진명여학교(進明女學校)	진명여자중고등학교 전신
1906	보신여학관(普信女學館)	숙명여자중고등학교 전신
1906	양규의숙(養閨義塾)	덕수소학교로 개칭
1907	명진여학교(明進女學校)	–
1907	양정의숙(養貞義塾)	–
1907	여자보학원(女子普學院)	보학원유지회로
1908	동덕여자의숙(同德女子義塾)	동덕여자중고등학교 전신
1908	동원여자의숙(東媛女子義塾)	동덕여자의숙과 합병
1908	양심여학교(養心女學校)	–
1908	양원여학교(養源女學校)	–
1908	승동여학교(勝洞女學校)	–
1908	영신여학교(永新女學校)	–
1910	양정여학교(養正女學校)	양정여자교육회 설립

1 I. B. Bishop, *Korea and her Neighbours*, Reprinted by Yonsei University Press, 1970, p. 341

2 한국교육개발원, 『한국 근대 학교교육 100년사 연구(1)-개화기 학교교육』, 1994, 13쪽

3 郭安全, 『韓國敎會史』, 大韓基督敎書會, 1961, 68쪽

4 L. H. Underwood, "The Need of Education for Poor Korean Girls," *Korea Mission Field*, Nov. 1911, 330

5 김지은, 박용규, 「개화기 한국장로교의 학교교육과 민족운동의 상관성 연구」 『신학지남』, 87-3, 280쪽

6 이정, 『개화기 여학교 역사교육의 실태』, 이화여자대학교 석사학위논문, 1996.

7 앞 글,

8 이화여자대학교, 『이화 80년사』, 이화여자대학교 출판부. 1966, 44쪽

9 앞글, 86쪽.

10 정신여자중고등학교에서 출간한 『정신백년사』 상·하권(1989)에서는 엘러스 아주 가끔 앨러스라고 표기하는데, 한국100주년기념재단에서는 앨리스로 표기하므로 본서에서는 이를 기준으로 삼아 앨러스로 표기한다.

11 주선애, 「여성교육의 관점에서 본 한국 기독교 여성교육의 초기 현황과 미래 전망」, 『기독교교육논총』, 13집, 2006, 59-61쪽.

12 정신여자고등학교 사료연구위원회, 『애니 앨러스: 한국에 온 첫 여의료 선교사』, 83-135쪽.

13 「19세기말 선교사들 둥지 튼 양인촌, 정동」 (민족문제연구소 2014.2.11.)

14 한국 기독교여성 백주년기념사업협의회 여성분과 편, 『여성, 깰지어라, 일어나라, 노래할지어다』, 대한기독교서회, 1985, 114-117쪽.

15 한일여성공동역사교재 편찬위원회, 『여성의 눈으로 본 한일 근현대사』, 한울 아카데미, 2005, 24쪽.

16 최명인, 「세계 여성교육의 동향과 한국 여성교육: 세계 속의 한국 여성교육」, 서울시교육연구원, 1979, 18쪽.

17 김지은, 박용규, 앞글, 손인수, 『한국교육사연구 (상)』, 문음사, 1998, 239쪽.

18 국사편찬위원회편, 『신편 한국사 45권, 신문화운동 II』, 2000, 참조

19 『독립신문』 1898.10,13.; 5.26.

20 손성희, 『관립한성여학교의 설립과정과 교과과정연구』, 이화여자대학교 교육대학원(석사), 2005, 29-30쪽.

21 『순종실록』 1년 4월 2일

22 『舊韓國官報』, 1908.5.26. 『畿湖興學會月報』, 1908.8.

23 앞글.

24 高橋濱吉,『朝鮮教育史考』, 帝國地方行政學會 朝鮮本部, 1927, 284쪽. (『신편한국사』 총설 신문화운동)

25 1911년 8월에 공포된 「조선교육령」에 따라 관립 경성여자고등보통학교로 개편되었고, 1913년 4월 별과(別科)·기예과(技藝科)를 신설하였다. 또한 보통학교를 부설함에 따라 재동의 교사를 부속보통학교가 사용하고 관립 경성여자고등보통학교는 교동으로 다시 이전하였다. 1914년 사범과를 설치하고, 1919년에는 임시 여자 교원양성소를 부설하였다. 1938년 4월 경기고등여학교로 개칭하고, 1945년 10월 서울 중구 정동 구(舊) 경성 제일공립여자고등학교 자리로 이전하고 광복 후 고황경(高凰京)이 초대 교장이 되었다. 1947년 6년제 경기여자중학교로 개편되었다가 1952년 「교육법」 개정으로 경기여자중학교와 경기여자고등학교로 분리되었다. 1971년 중학교 평준화 정책으로 경기여자중학교는 폐교되었다. 1988년 경기여자고등학교는 서울특별시 강남구 개포동 현재의 위치로 이전하였다.

26 京畿女子中·高等學校,『京畿女高五十年史』, 1958, 3-4쪽.

27 『大韓每日申報』, 1909.3.23., 「高等女師」

28 정현주, 「한국 최초의 관립한성여자고등학교 교수, 윤정원」, 강영경·강영심·김수자·신영숙·안명옥·이방원·정현주,『'여권통문' 새 세상을 열다』, 역사여성미래, 2021. 53-65쪽

29 『皇城新聞』, 1909.5.15., 「尹貞媛講官內定」

30 『皇城新聞』 1903.3.19.

31 순헌황귀비는 개교 후에도 학교의 운영자금을 지원하였고, 1911년 황실로부터 하사받은 재령군을 비롯한 황해도 일대와 전라남도 완도군의 농지를 기금으로 숙명재단을 설립하였다.

32 헌종비의 조 상궁은 숙명여학교 제1회 졸업생이 되었다. 숙명은 진명과는 달리 설립 당초부터 일본식 교육 즉 일본의 학습원(學習院)을 지향했기 때문에 일본인 교사로 구성되었다.(역사넷)

33 손성희, 「官立漢城高等女學校의 設立過程과 教科課程 研究」, 이화여자대학교 교육대학원(석사), 2005, 29-30쪽.

2장

정신여학교의 교육과정

1. 정신여학교의 시작

정신여학교의 창립자 애니 앨러스(Bunker, A. Ellers)의 입국

정동 일대에 자리한 정동여학당

1887년 정동여학당이 세워진 곳은 서울 서대문부근 정동(貞洞)이었다. 그런데 정동 일대는 옛날 황화방(皇華坊)이라고 불렸던 곳으로서 정동여학당이 처음 설립될 당시에는 이미 미국공사관을 비롯해 이화학당, 정동 감리교회 제1예배당, 영국, 독일, 러시아, 이탈리아, 프랑스 등 각국 공사관과 미국개신교 선교사들의 거주지들로 집중되어 있었으니 당시 근대 한국 외국 문화의 중심지라 할 수 있다.(1장 27쪽의 지도 참조)

고종이 생활하던 덕수궁과 인접한 이 정동 일대는 구한말, 대한제국 시기의 정치, 문화, 외교, 교육, 그리고 선교 등의 새로운 거점으로 부상하고 있었다.

의료 선교사 애니 앨러스 입국, 여의사로 활동

1885년 고종은 서울에 체류한 선교사를 통하여 미국 교육위원 이튼(John Eaton)에게 한국에서 관립 학교의 운영을 담당할 유능한 미국 젊은이 3명을 추천하도록 부탁했다. 이에 1886년 이튼의 추천을 받은 미국인

교사 길모어(1856~, George W. Gilmore), 벙커(1853-1932, Bunker, A. Dalzell. 房巨), 헐버트(1863~1949, Homer B. Hulbert) 3명이 한국으로 입국하였다.[1]

뒤이어 1886년 7월 4일 정신여학교를 설립한 애니 앨러스가 제물포에 입국하였다. 앨러스도 한국 정부의 정식 초청으로 왕실과 고관들의 여인 환자의 병간호와 치료를 담당할 여의사의 임무를 띠고 한국에 온 것이다.[2] 앨러스는 아직 정식으로 의대를 졸업하지 못한 상태이지만, 한국에서 급히 여의사 선교사를 찾았기 때문에 선교본부에서 의대 1년을 수료한 그녀를 의료진으로 합류하도록 함으로써 한국행이 이루어졌다.

한국에 도착한 앨러스는 곧바로 제중원(濟衆院) 부녀과에서 알렌을 도와 의료선교사로 일하게 되었고, 왕실과 고관의 부인들로부터 환영을 받았다. 또한 제중원에서 근무하는 동안 명성황후의 시의(侍醫)로 시무하였다. 시무 중 황후의 가슴에 청진기를 대고 진찰한 최초의 여성 의료인이란 영광도 얻게 되었다. 명성황후를 치료한 공로로 애니 앨러스 선교사는 1888년 1월 정2품 정경부인에 제수되었다고 전한다.[3]

조선 왕실에서는 앨러스의 의료활동에 감사하며 1887년 7월 벙커 선교사와 결혼했을 때, 결혼을 축하하여 신혼부부에게 집을 장만해 주었으며, 신부에게는 조선산 금 60돈(8온스)으로 만든 커다란 팔찌를 선물로 주었을 정도로 특별한 대우를 해주었다.

앨러스는 제중원에서 여성 환자들을 치료하면서 그들의 병을 살피는 것에 그치지 않고 한국 여성이 처한 불우한 처지를 알게 되었다. 그들을 치료하는 것도 중요하지만 한국 여성들이 스스로 열악한 환경에서 벗어나기 위해서는 무엇보다도 그들에 대한 교육이 급선무임을 깨달았다. 앨러스의 깨달음은 앞장에서 살핀 바와 같이 곧바로 여성들을 가르치는 작은 여학교의 시작이란 결실로 이어졌다. 하지만 당시 주변 여건은 앨러스의 바람과는 달리 장로회 본부는 물론 동료 선교사들에게도 어떤 도움을 기대할 수 없었다.

제중원 사택에서 정동여학당 시작

이 땅의 여성을 깨우치겠다는 목표를 정한 앨러스는 정동 소재의 제중원 사택에서 '정례'라는 다섯 살 난 고아를 가르치는 것으로 여성교육의 첫발을 내디뎠다. 이것이 바로 정동여학당의 시초였다.[4] 여학당이 시작된 자리가 바로 현재의 서대문구 정동 1번지이다.[5]

앨러스가 시작한 여학당은 그해 가을 학생이 3명으로 늘었다. 이듬해 1888년부터 학생 수가 7명으로 늘었다. 앨러스는 학교운영에 집중하기 위해 의료선교 관련 업무는 홀튼 의료 선교사에게 넘겨 주었다. 앨러스가 의료선교에서 물러난 것은 아마도 그녀의 의료 경력에 대한 주변의 논란을 고려한 때문으로 파악된다. 한국에 선교사로 입국할 당시 앨러스는 보스턴의대를 마치지 못한 상태여서 정식 의사가 갖추어야 할 수준이 아니었던 것이다. 아울러 시카고여자의과대학을 졸업한 감리교의 의료선교사 메타 하워드(1862~1930, Meta, L. Howard)가 입국하여 1887년 10월부터 시병원에서 여성진료를 시작한 사실도 고려한 선택으로 추측된다.

엘러스는 의료선교의 부담에서 벗어난 후 정동여학당의 운영에 매진하였다.

초기 정동여학당의 창립과 발전

정동여학당의 시작

앨러스가 제중원 사택에서 5살 난 여아를 데려다가 글을 가르치기 시작했던 정동여학당의 시초와 관련된 보다 자세한 내용이 있어 여기에 소개한다.

고춘섭이 편저한 『경신사』에는 언더우드(1859~1916, Underwood, H. G, 元杜尤)가 설립한 경신학교(儆新學校)와 앨러스가 세운 정신여학교는 한국 장로교단 최초의 남매 학교였다는 점에 주목하였다. 또한 『경신사』에서 다음과 같이 적고 있다.

> 1887년 언더우드학당에 고아 몇 명이 들어왔다. 여느 때와 같이 목욕을 시킨 다음 새 바지저고리를 입히고 머리를 곱게 빗어 땋아 주었다. 그런데 목욕을 시키는 과정에서 한 아이가 여자임을 발견하고 언더우드는 기겁을 했다. 곧바로 제중원 여의사 앨러스가 거주하는 옆집으로 보내 정동여학당의 첫 걸음이 되었다.

이처럼 정신의 시작이 된 '정례'라는 고아는 언더우드가 경신학교 학생을 관리하는 과정에 들어온 여자아이였으며, 남녀를 구별하던 당시 학교 운영상 앨러스에게 보내게 된 것이다. 그 여아를 가르침으로서 정동여학당을 시작할 수 있게 되었다.

이렇게 한 명, 두 명 부모가 없는 아이를 제중원(병원)에서 데려 왔는데 언더우드 박사의 경비로 인해 뒷받침은 든든했다. 앨러스가 고아를 데려다 양육하면서 글도 가르쳐 주는 것을 보며 앨러스의 '정동의 사택'을 사람들이 '고아원'이라고도 불렀다. 한국 여성교육에 뜻을 둔 앨러스가 이들에 대한 본격적인 교육을 시작하려 하였다.[6]

이듬해 1888년부터 학생 수가 7명으로 늘었다. 앨러스는 학교 운영에 집중하기 위해 의료선교 업무에서 벗어났다. 이후 학생 수가 늘어나자, 장로회에서 정식으로 지원을 받게 되어 마침내 1889년 12월 미북장로회

선교부가 세운 정동여학당 교사가 첫 선을 보였다.[7]

앨러스 곁에서 선교활동을 했고 여학교 교육 분야에서 선교 활동했던 언더우드 박사의 부인은 1891년 9월 미국 선교부에 보낸 보고서에 앨러스가 시작한 여학교에 대해 다음과 같은 내용을 남겼다.[8]

> 도티 양의 지도 밑에 있는 이 여학교의 학생은 이제 8세가량 되는 여아 9명이 있다. 그들은 할 수 있는 한도까지 자기의 일을 자신이 스스로 하고 있으며 한국식으로 음식을 만들고 옷을 만드는 일을 배우고 있다. 그들은 영어를 배우지 않고 다만 한문과 한글을 배우며, 무엇보다도 성경과 기독교인의 생활을 배우고 있다. 외국식 교육을 함으로써 이들을 한국식 가정에 맞지 않는 교육을 한다는 것은 큰 과오라고 생각한다. 우리의 목적은 그들을 기독교적인 한국인으로 만드는 데 있고 미국 여성을 만드는 데 있지 않다....(이하 생략)

학생 수가 늘어나자, 겨울부터 사택 뜰의 한식 기와집으로 교사(校舍)를 옮겼다. 이 한옥 교사에는 방이 3개로 이루어졌는데 2개는 교실로 사용하고 나머지 하나는 학생들을 돌보는 보모가 사용했다.

이 학당의 교육이념은 애니 앨러스의 세계관과 교육관에 기초했다. 개신교 선교사로, 여학교 선생으로 그의 교육이념은 '만유의 주 하나님의 엄외(嚴儀)하신 은총을 받들어 학당을 세우고 사랑으로 어린 학생을 가르치자는 것'이었다.

앨러스가 내세운 초창기 건교 정신은

① 하나님을 믿자.

② 바르게 살자.

③ 이웃을 사랑하자.

라는 3가지 큰 목표를 내걸고 학생들을 지도하였다.

'미국 여성이 아닌 기독교적인 한국인' 양성이 교육목적

그런데 언더우드 부인이 지적한 '미국 여성이 아닌 기독교적인 한국인'으로 양육하겠다는 앨러스의 교육목적이란 대목을 주목할 필요가 있다. 즉 앨러스는 미국식이 아닌 한국식 가정에 맞는 교육에 초점을 두어 한문과 한글, 그리고 성경과 기독교인의 생활을 가르치고 있다고 보고했다. 앨러스가 목표한 정신여학교는 '한국적인 여성상'이 기본바탕이며 그 위에 기독교적 세계관을 세우려 한 것이라 하겠다. 이같은 앨러스의 교육방침은 지속적으로 정신여학교의 교육이념에 스며들어 민족의식이 투철한 학생 교육으로 이어졌고 훗날 민족적인 여성 지도자의 산실로 평가받는 여학교로 성장하였다.

이 세 가지 목표는 이후 정신여자중· 고등학교로 계승되어 '굳건한 신앙, 고결한 인격, 희생적 봉사'란 교훈 속에 같은 이념으로 새겨져 현재까지 이어지고 있다.

정동에서 학교가 창설된 이듬해 9월에는 헤이든(1857~1900, Mary, E. Hayden)에게 학당직을 인계하고 일선에서 물러났다.[9] 앨러스는 1887년 7월 벙커 박사와 결혼하고 장로회에서 감리교로 옮겼으며, 벙커 박사가 배재학당에 근무하게 됨에 남편을 따라 배재학당에서 교사로 근무하게 되었다. 아마도 앨러스가 소속이 변경되면서 정동여학당의 교육 관련 업

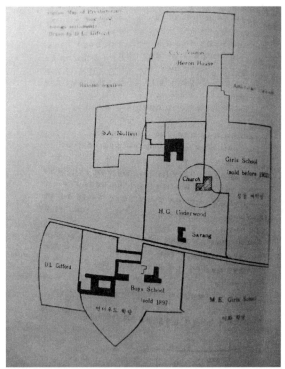

『정신75년사』 중
정동여학당의 초창기 모습

무도 정리한 것으로 추측된다.

최초의 학교 건물이 있던 위치는 서울의 정동 미국대사관 서쪽에 정동
여학당이 있었다. 즉, 현 정동제일교회를 왼편으로 끼고 돌아가면 바로
이화학당의 맞은편 러시아공사관이 있고 그 동쪽에 그레이하우스가 있
는데, 바로 그 옆이 여학당이다.

2. 정동여학당 시절의 교육

기독교 정신과 한국 풍습의 조화가 교육 방향

정신여학교의 창립에 기여한 이들은 학교를 시작한 1대 교장 애니 앨러스, 2대 교장 헤이든(Mary E. Hayden, 1857-1900), 3대 교장 도티(Susan A. Doty, 1861-1903), 그리고 그들을 도운 교사 엘렌 스트롱[10]과 아버컬로 다섯 명이 학교 초창기에 심혈을 기울여 창설의 공이 컸다. 이들의 공로로 정동에 자리한 북장로교 한국 선교회의 정동여학당에서 시작된 여성교육이 큰 발전을 보게 되었다.

그런데 선교사로 정동여학당 선생으로 학생을 가르친 이들은 기본적으로 학생들을 한국식 풍습에 맞게 키워야 한다는 신조로 모든 생활풍습을 한국식으로 했다는 점에서 기독교 정신과 한국풍습의 조화에 바탕한 선교사의 교육방향은 한국학생들에게 유입된 서구사상과 고유전통을 균형있게 융화시킬 수 있는 길을 열어 주었다.[11]

감리교 선교사이자 배재학당의 설립자 아펜젤러가 교육의 목표를 기독교 선교에서 더 나아가 "자유로운 교양인(liberally educated man)의 배양"에 두고 있다고 밝힌 바처럼 조선에 파견된 여선교사들이 지향하는 여성교육 역시 이 틀에서 크게 벗어나지 않을 것이라 생각된다. 물론 당시 남성과는 다른 처지에 있었다 할지라도 여학교 교육 역시 여성 의식 계몽과 더불어 다양하고 유용한 지식을 갖춘 교양인을 기르고자 노력했다.[12]

그러면 이제 정동여학당(1887~1894), 연동여학교(1895~1902), 연동여자중학교(1903~1908), 정신여학교(1909~1935)로 발전해 간 정신여학교의 초기 교육과정은 어떠했는지 살펴보자.

교육 내용

선교사들에 의한 교육이 시작되기 이전에는 한국의 초보적 교육기관인 서당에서 교육받을 수 있지만 이는 남자만의 배움터였다. 당시로는 여아가 글을 배운다는 것은 꿈에도 상상 못 할 일이었다.

유교 사상이 뿌리 깊은 당시 한국 가정에서 여아들이 교육받는다는 것은 쉽지 않았다. 당시의 평민이나 상민 집 딸들은 밥 짓는 것, 의복 짓는 법, 가정 살림일반의 일이나 배우며 문밖으로 외출하지 못한 채 14세가량이 되면 시집가는 것이 일반적인 혼인풍습이었다.

초기 교과목은 성경, 산술, 역사 이야기

이런 분위기에 정동여학당에서는 여자아이들도 남자아이들처럼 글공부를 하게 된 것이다. 초기에는 성경·산술 두 과목 이외에 역사 이야기를 들려주면서 가르쳤다고 한다.

이런 면에서 당시의 서당에서는 아직 동양학인 공맹(公孟)의 도를 닦고 사서삼경 등 이른바 전통적인 동양학문을 가르쳤지만 정동여학당에서는 기독교사상에 입각한 서양의 신교육을 가르쳤다는 차이가 있었다.

물론 정동여학당 초기인 1887년 6월~1887년 말까지는 학과목이래야 한두 과목에 불과하였지만 점차 체계를 갖추어 나갔다.

① 성경 과목을 위해서 국문을 가르쳤고 한문도 섞어서 가르쳤다. 또한 중국어도 가르쳤는데 이는 중국어 성경을 읽을 수 있도록 하기 위함인데 학생들의 학업 속도가 더뎠다.[13]

비록 정동여학당에서 성경을 가르칠 목적으로 국문과 한문 그리고 중국어를 교습했지만, 글도 읽지 못하던 여학생들이 학교에서 우리말과 한문을 배워서 읽고 쓰는 수업을 받으며 문맹의 암흑에서 벗어날 수 있게 되었으며 더하여 중국어란 외국어도 접할 기회를 얻었다. 이들은 이러한 어학 습득 과정을 거쳐 문해력을 키울 수 있게 성장하는 계기를 갖게 됨은 당연지사였다. 이런 점에서 선교계 여학교의 교육 선교가 한국 여성의 지적인 성장은 물론 여성의 학문적 욕구를 촉진시켜 여성 의식 고취에 기여한 바가 크다 하겠다.

② 셈 수를 가르쳤으니 곧 산술 과목이다. 아직은 아라비아 숫자인 1, 2, 3, 4를 배우는 산술 공부 정도였다.

③ '이야기' 과목이 있었는데 옛 역사 이야기를 구술했다. 옛 역사 중에는 주로 구약 성경에 나오는 이야기들과 서양 신문화에 대한 것을 가르쳐 주었다.

이즈음 교과서는 선생님만 가지고 있었다. 대부분은 미국 어린이들의 교과서를 앨러스가 친히 한국말로 번역하여 직접 펜으로 적어 놓은 것을 교과서로 썼다. 이후 3, 4개월 지나서 또 앨러스가 직접 교과서를 또 한 권 제작하였으니 수학책이었다. 이렇게 교과서는 지도하는 선생님이 만들어서 가르쳤던 것이 당시의 실정이다.

칠판, 석필, 손짓이 교육 수단

학생들이 수업하는 교실에는 앉은 자세로 공부할 수 있는 책상이 두어 개 있었다. 그리고 자그마한 칠판 하나가 벽에 걸려 있었다. 연필은 없었고 그 대신 석필(石筆)로 글을 썼다. 석판에 석필로서 글을 쓰고는 고무가 아니라 헝겊으로 지우고 다시 쓰곤 했다. 석판은 분판 이라고도 했다. 석판은 한쪽이 두 뼘~세 뼘 정도 길이를 면적으로 하는 판이었다. 학습 도구 역시 앨러스가 미국에서 직접 공수해 온 물건들이었다.[14]

정동여학당 초기의 수업에서는 미국인 선생님과 한국 학생 사이에 서로 의사소통이 원만하지 않아서 거의 손짓으로 가르칠 수밖에 없었다. 선생이 쓰는 언어가 삼분의 이 이상이 영어였기 때문이다. 한국말을 잘하지 못하므로 겨우 한마디씩 사용하는 정도였으니 어린 여학생들이 알아듣

1891년 하이든교장, 게일목사, 마펠박사와 학생들[15] (출처: 『정신백년사』)

기 힘들었을 것이다. 가르치는 선
생님이 여러 번 손짓으로 형용하
여서야 겨우 의사가 소통되는 것
이 다반사였다. 한국에 온 지 불과
1년도 되지 않은 선생이 여아 교
육을 시작한 것이니 가장 큰 장애
는 다름아닌 언어불통이었다.

1891년 도티교장 하이든교장과 학생들(정동여학당시절)[16]
(출처: 『정신백년사』)

　그나마 수업을 듣는 여아들은
인사말 정도의 영어를 알아들 수
있었으나 그 이외의 말은 알아듣
지 못했던 것이다. 어쩔 수 없이 선생은 손짓이 모자라면 곧잘 석판에 석
필로 그림을 그리거나 영어로 된 미국 아동 교과서 원본 페이지를 찾아
설명하는데 필요한 그림을 보여 주며 열심히 가르쳐 주었다. 선생님은
여아들에게 한 명 한 명에게 글쓰기의 자세와 글 모양 등을 석판에 그리
고 또 써서 가르쳐 주었다.[17] 이러한 피나는 노력이 쌓여 학생들이 조금씩
성장하기 시작하였다.

수업연한과 학생의 하루 일과

　정동여학당의 모든 학생의 학비와 숙식비용은 모두 무료로 그 모든 비
용은 여학당이 부담하는 완전한 장학제도로 운영되었다. 즉, 정동여학당
의 운영비는 미국 선교본부에서 오는 헌금과 선교사들의 희생적인 보조

로 충당되었으니, 그야말로 진정한 선교 차원의 교육이었다.

수업연한, 초등학교부터 중고등과정까지

정동여학당의 수업연한은 결혼하지 않는 한 끝이 없었으므로 초등학교 과정부터 중고등학교 과정을 모두 가르쳤던 것으로 보인다.

이러한 전 과정을 교수하게 된 근본적인 원인은 정동여학당 학생 모집의 어려움에 기인한다. 여학당은 1889년부터 1890년 사이 학생 수는 7명에 그쳤고 1893년 도티 교장 당시는 9명이었다. 대체로 정동여학당 시절에는 학생이 10명 이내에 그쳤다.

이렇게 아주 적은 수의 학생으로 운영되는 여학당은 학생들이 입학하는 대로 가르치고 익히게 하였고 입학하는 대로 진도가 늦은 학생끼리 개별로 가르치는 방법으로 지도하였다. 즉 이 시기에는 정해진 수업연한이 없이 소학교 과정, 여학교(현재의 중고등학교)과정으로 누진 승급시켜 이를 마치게 하는 과정으로 일단락 지어 졸업시키게 된 것이다.[18]

그리하여 20여 세가 될 때까지 교육시켜 좋은 신랑감을 골라 결혼까지 시켜 주는 경우까지 생긴 것이다. 정동여학당이 생긴 10년 후부터 3차례에 걸쳐서 결혼식을 올려 준 일이 그 좋은 예이다.

특히 정동여학당의 학생들에 대한 주변의 시선에 변화가 생긴 것도 학교 교육의 성과였다. 즉, 정동여학당의 여아(女兒)들이 수업받으며 지내는 모습을 곁에서 보고 있던 주변 사람들은 정동여학당의 학생들이 시간이 갈수록 용모가 단정하며 언행이 바르게 변해 감을 알게 되었다. 이 학생들이 일반 가정에서 자라는 아이들보다 영리하게 보이기도 하였다.

특히 정동여학당 근처에 사는 한국인들은 이 놀라운 발전상을 직접 보고 듣게 되었다. 이렇게 변화시키는 교육의 힘을 보고 한국인들은 크게 놀랐으며 심지어 처음 서양인들을 무서워할 때 받은 놀라움보다 더욱 이상야릇한 감명을 받았다고 한다.[19] 이런 변화는 정동여학당 앨러스 선교사의 여성교육이 가져온 성과에서 비롯된 것이다.

이러한 성과는 교육의 가치가 읽기, 쓰기, 산수, 바느질, 유아교육 등에 있지 않고 여러 해에 걸쳐 매일 그리고 매시간 교류함으로써 기독교인의 모델에 따라 인격을 형성하는 것이라고 한[20] 선교사들의 교육철학을 실현함에 있다고 할 것이다.

학생의 하루 일과

- 아침 6시 잠자리에서 일어남.
- 30분간 세수, 양치하고 머리 빗고 심신을 깨끗이 한 후 아침 기도회로 모임.
- 7시 아침 식사. 아침 식탁에 둘러앉은 어린이들 기도 올리고 식사.
  식사 전 특히 손 씻기는 절대로 빼놓을 수 없는 엄한 규율 (7시 30분까지 식사)
- 7시 30분~8시 자유시간으로 휴식.
- 8시~9시 준비시간 마당을 쓸고 방안을 정돈함.
- 9시 선생님의 학당 입실. 선생님께 평절로 아침 인사 후 정돈하고 자리에 앉기
  선생님은 기도로 학과를 시작, 기도 후 학과 공부.
- 정오 12시 점심 식사.
- 오후에는 학습한 것을 복습, 체조도 배움. 율동 수준의 가벼운 운동
- 이후 6시까지 놀며 자유시간
- 6시 저녁 식사. 식사 후 한참 놀고 공부 복습 등 자유롭게 지냄
- 8시 30분 취침.

『정신75년사』, 66~67쪽

3. 연동여자중학교 승격과 교육

도티 교장 때 연동여학교(蓮洞女學校)로 교명 변경

정동여학당의 3대 교장 도티(1861~1931, Susan, Doty, A)는 29세 되는 해인 1890년 미국 북장로교 선교사로 내한하여 교장직을 맡은 후 13년간 재직했다. 이기간 동안 정신여학교를 운영하면서 진정한 근대 여성교육기관의 체계를 세워서 근대 한국 여성교육의 기초를 다졌다는 평가를 받은 도티교장은 1904년 프레데릭 밀러선교사와 결혼한 후 청주에서 선교활동을 이어갔다.

도티 교장은 1895년 10월 20일 학교 교사를 연못골(蓮池洞)으로 이전하였다. 이전하면서 학교 이름도 연동여학교로 변경하였다. 이때의 학생수는 전부 10명이었으며, 10월 20일 첫 수업을 시작하면서 이날을 개교기념일로 정하였다.

연못골에는 미국 북장로회 소속의 모삼열(1860~1906, S. F. Moore)이 1894년 전도하여 그래함 리(이길함) 선교사와 서상륜이 연지동의 초가에 세운 연못골교회가 있었다. 연동교회의 전신인 연못골교회가 운영되고 있었기 때문에 연동여학교도 이리로 이전하게 된 것이다. 연지동으로 이전한 후에도 상당 기간 학생 수는 별로 변화가 없었다.

정동여학당이 연지동으로 이전하게 된 근본적인 이유는 1893년 5월 도티 교장이 선교본부에 보낸 보고서에서 찾을 수 있다. 『선교편지』 170쪽의 보고에 의하면, 도티 교장은 당시 여성 선교사역에 있어 가장 좋은 전략이 바로 여학교 운영에 있는데, 정동여학당이 자리한 건너편에 이미 감리교단의 M.E학교(이화학당)이 운영되고 있음을 지적하고 있다. 더구나 M.E학교(이화학당) 안에는 인쇄소, 여성병원, 남성병원이 함께 설립되었다는 점 등을 들어 감리교단의 이곳 사역을 편하게 할 수 있도록 우리가 다른 장소에서 사역을 수행할 필요가 있다는 점을 강조하고 있다.

또한 정동의 학교 건물은 학교를 위해 지어진 것이 아니라 알렌의 주택을 빌어 교사로 사용한 까닭에 공간상 곤란한 부분이 있고 수리도 부분만 가능하다는 문제점도 덧붙이고 있다. 이런 문제점을 해결하고자 연지동으로 교사를 이전한 것으로 추측된다. 연지동으로 이전한 뒤 학교에서 가르친 과목은 이전보다는 다양해졌다.

학교 수업과 선생님들[21]

기본적으로 학교 수업은 8시에서 12시까지의 정규시간과 별도로 저녁 공부 시간을 두었다.

일주일 중 6일간 수업하며 공부 시간 이외에도 함께 가사일, 빨래, 그리고 다림질 등도 매일의 일과로 정하여 학교생활이 구성되었다. 이는 도티의 여학교 운영계획에 들어있는 학습 단계다.

교실 수업 중 성경 수업은 교리문답, 오늘의 묵상, 『요한복음』, 『마가복음』, 『마태복음』, 『사도행전』, '복음 이야기', '두 친구', 또는 몇몇 소책자 등을 이용해 이루어졌다. 즉 위의 책 몇 권을 매일 읽고 있으며 학생들은 각자 매일 성경을 읽고 얻은 가르침을 실천하도록 하였다.

다음으로 한국어 읽기 쓰기 수업은 1895년에도 한 수업이고, 체계적인 조선 지도 그리기, 간단한 산술, 지리 수업, 그림을 이용한 생리학 기본과정 및 복습 등으로 구성되었다. 그 외 일반주제들에 대한 몇 가지 수업으로 진행되었다.

수업 이외에 바느질 시간을 갖는데 이 시간 동안 그들의 기술이 향상되면서 각자의 옷을 완성해 냄으로써 자기의 일을 스스로 감당하는 자립정신이 생기는 것을 볼 수 있었다.

그 밖에도 학생들은 수업하면서 필기하며 요점을 정리하고 책으로 필사하는 작업을 하여 수업 교재 제작을 지원하는 역할도 해냈다.

이 즈음 학생을 지도하던 선생으로는 20주 동안 학생들에게 노래 수업을 가르쳤던 '왐볼드(1866~1948, Katherine C. Wambold, 皇甫)' 선생이 있고, 쓰기 수업을 맡은 이(李)선생은 1894년 청일전쟁의 역사를 한문이 섞여 있는 글에서 언문으로 번역하여 도움을 주었다. 『선교편지』에 언급된 이 선생은 아마도 이창직을 지칭한 것으로 추측되지만 확실한 자료는 없다. 그 밖에 학교에서 학생들에게 바느질을 가르치고 학생 감독의 일을 맡은 보조교사 강여사를 들 수 있다.

왐볼드는 미북 장로교회 선교사로 한국에 파송되어 1895년부터 1934년까지 40년간 사역했는데 초기에 정신여학당의 선생으로 활동했다.

『그리스도신문』 1897년 4월 22일자에서 이 시기 왐볼드가 교사로 활동하던 여학생들의 당시 학교생활을 다루고 있어 흥미롭다.[22]

… 1897년 4월 16일 오후 네 시경에 서울 동대문 안 연동교회의 여학당에서 조선 여학생 38명의 학생들이 공부하는 모습을 여러 외국선교

사들과 부인들에게 공개하는 시간을 가졌다. (여학생의) 그 공부한 내용은 신구약 성경과 지리와 산술과 찬미가와 체조 공부를 매우 조리 있게 배웠고 또 조선 독립가를 참 잘하고 또 그 가운데 우수한 여학생들은 바느질과 음식 만드는 법과 손님 접대하는 여러 예절을 다 잘 배웠으니 조선에서는 처음 이루어진 일이므로 매우 소중해 보였다.

이 자료에 의하면 당시 학생들의 학과목은 성경, 지리, 산술, 찬미가, 체조 등이었고 그 외에 앞서 다룬 바느질과 요리, 손님 접대 예절 등 일상생활에 필요한 예의를 공부했음을 알 수 있다. 그리고 '조선 독립가를 잘한다고' 언급한 것은 학교에서 조선 독립가를 가르쳤다는 의미이므로 연동여학교의 교육방침이 여학생들에게 민족의식을 고취시키는 교육을 중시했다는 사실을 말해준다.

또한 왐볼드 선생은 재직 중에도 미국식 옷이 아닌 한복을 즐겨 입으며, 조선의 전통을 학생들이 잃지 않도록 교육하였다. 선생이 가르친 '체조' 과목은 지금도 수준급의 교과과정으로 알려져 있다고 한다.

그리고 정신여학교에는 오래도록 학생들의 어머니 같은 신마리아선생이 있다. 특히 신마리아는 초창기부터 정신여학교의 교사로 봉직하였는데 초기에는 하급반의 학생을 주로 지도하였다. 헤이든 선생 등은 매일 한 시간씩 상급 수준 여학생들과 협력자인 신마리아와 함께 수업을 듣도록 조치하여 일정 정도의 수준을 갖출 수 있도록 하였다. 이런 과정을 통해 신마리아는 하급반에서 좀 더 향상된 수업을 할 수 있게 되었다. 또한 신마리아에게 연구 시간을 갖도록 30분 정도 저녁 공부를 추가할 수 있게 조치하여 교사로서의 자질을 높이고자 노력하였다. 신마리아가 정규

교육을 받은 교사가 아니므로 교장은 지속적으로 신마리아의 교육 수준을 교사에 준하는 수준으로 만들어 갔다. 이같은 과정을 거쳐 신마리아는 정신여학교의 버팀목 선생이 될 수 있었다.

선생님들이 직접 만든 학과목과 교재

① 세계사 수업은 헤이든 선생이 담당해서 준비하였다.

② 산수 수업은 도티 교장 등이 중국교재 번역본을 활용했다.

③ 지리 수업은 도티 교장이 담당했는데 지리학과 극지방의 역사를 결합하여 가르쳤다.

④ 생리학 과목을 개설하였는데 페인(1869~1909, Paine, J. Ophellia 이화학당장 역임)과 프라이(1868~1921,Lulu E. Frey 이화학당장 역임)가 담당하였다. 이 과목은 전 학교에 큰 관심사로 대두되어 두 교사가 열정적으로 수업을 진행하였다. 또한 상급반을 위한 심화학습을 위해 도티 교장이 이 수업을 보충하여 진행하였다. 수업에 차트와 삽화 등이 활용하여 재미와 현실감을 더했다.

연동여학당 시기의 교과서는 수업을 가르치는 선생님들이 직접 산수, 세계사와 지리 과목의 교재를 만들 계획을 세워 기본적인 자료집을 마무리하여 본부의 재정 지원을 받아 출판했다. 그러므로 재정 지원이 없으면 편집상태로 대기했다고 한다.

또한 이러한 교재 제작에 노력하는 선생들은 중국어로 번역된 세필드(1841~1913, Devello Z. Sheffield)의 세계사 책을 조선어로 번역하면 교재로 사용 가능하다는 점을 인식하고 중국어 교재들을 확보해 두는 수고도 아끼지 않았다.

학생들의 행복하고 충실한 학교생활

선교사들은 학생들의 학교생활에 대해 여학생들은 감동과 기쁨이 되는 공부를 매우 좋아했고 학습 이외의 임무에 있어서도 똑같이 행복하고 충실하였다고 평가한다. 또한 모든 학생이 보여주는 뛰어난 영적인 자세와 목표 의식, 그리고 학구열이 대단하다고 평했다.

여학생 5명은 연못골의 주간 여학교(연동소학교)에서 30분~1시간씩 학생들을 가르치는 활동을 하였으며, 고학년 학생들은 의료봉사를 하기도 하였다.

도티 교장의 여학교 시범 운영계획

앞서 살핀 바와 같이 연지동에서 새롭게 교육체제를 구축해 나가면서 도티 교장은 여학교 운영계획을 세웠다. 즉 1896년경 도티 교장이 작성해 장로회 선교본부에 보낸 선교 편지에 「여학교 시범 운영계획」이 들어 있다. 도티 교장은 연동여학교를 이 계획으로 학습하고 학생들을 지도하고자 하였으며 가능하면 이 계획이 해마다 실행되도록 노력하겠다고 다짐하고 있다.

이 계획은 1~4학년의 구성으로 전체가 4학년 과정으로 짜여있으며 학년별 심화학습으로 발전시켜 가는 방식이다. 크게 학습, 재봉 가사일로 분야를 나누어 학습안을 계획하였다. 이 계획을 통해 당시 연동여학교의 학습 내용을 구체적으로 파악할 수 있다. 그 내용은 아래와 같다.[23]

이 계획은 이미 실행하고 있던 수업을 토대로 계획을 구성하였는데 총 4년제로 하여 각 학년별의 학교 활동을 교과목 수업하는 '학습'과 여성이 배워야 하는 일상생활에 필요한 기술인 '재봉'과 '가사일' 그리고 활동(play)으로 배분하였다. 그 내용은 학년이 올라갈수록 학습의 심화와 재봉이나 가사일 역시 심화 단계로 진전되는 방향으로 기획한 안으로 구체적인 내용은 아래와 같다.

1학년

(학습)
- 성경 수업
- 한글 읽고 쓰기
- 교리 수업: 누가복음 2장, 마태복음 5장, 마가복음 4장, 그 외 복음서에서 발췌한 구절을 학습, 주일학교수업과 교훈책 삽화가 있는 예수님의 일생(예수 행적) 『훈아진언(訓兒眞言)』(1893년 스크랜톤이 한국어로 번역하여 간행한 개신교경전) 등 읽기
- 암산의 기본 수업들

(재봉) 박음질·홈질·감침질

(가사일) 침실 교실 식당 일은 2학년과 함께 할 것

(활동(play)) 읽기 쓰기 교리와 가사 등은 조선인 교인인 신마리아 여사가 담당, 지도. 도티 교장은 1주일에 한번씩 학생들의 학습 내용 검사 감독함. 또 다른 교사 강여사는 빨래와 재봉 담당(이 계획은 가능하면

해마다 실행되도록)

2학년

(학습)

• 성경 공부 누가복음
• 『복음요사』(찰스 포스터 지음 기포드 역, 1895)
• 일부 시편
• 구약 이야기책
• 기억에 남는 사건에 대해 글쓰기
• 숫자 쓰기와 암산
• 덧셈과 뺄셈

(재봉) 가봉·수선 1학년에서 배운 바느질을 좀 더 섬세하게 반복함

(가사일) 1학년 학생들과 식당 교실 침실에서의 일을 함께 담당

(활동)

3학년

(학습)

• 성경 공부; 요한복음
• 발췌한 시편들
• 주일 학교 교리수업과 교훈
• 『두 친구들』(장원량우상론; 밀른 저, 마펫 역, 기독교의 기본 교리를
  두 친구(장씨, 원씨)의 신앙문답 형식으로 해설한 전도서)·『천국으로
  가는 길』(天路之歸, 윌리암 베어드역 1893)·『성전의 문지기』·『가족을
  바른 길로 인도 하기』(引家歸道: 1894, 올링거 목사역, 최초 기독교번
  역 소설) 읽기
• 1학년 학생들에게 말씀 가르치기
• 읽기

- 작문과 편지쓰기
- 곱셈·나눗셈 계산·분수 암산
- 지도를 이용한 지리 수업-조선 지도 그리기

(재봉) 재단하고 자신의 옷 만들기 가봉

(가사일)

- 4학년 학생들과 함께 요리하기
- 4학년 학생들과 함께 빨래하기
- 염색·풀 먹이기·다림질

4학년

(학습)

- 사도행전, 발췌된 잠언, 창세기, 발췌한 이사야서
- 『천로역정』
- 주일학교 교리 교훈책
- 체계적으로 성경을 공부하기 위한 관련 자료 학습
- 『구원의 계획』(救世眞詮, J.K 매켄지, 1893)
- 선교사역 돕기
- 적성이 특별히 맞는 직업들에 대한 특별한 강의
- 분수 계산하기: 3학년의 이자에 대한 기본 원리를 복습
- 작문
- 다양한 직업에 대한 종합정보제공
- 여의사의 생리학과 위생학 강의
- 여의사와 함께 가정방문 및 진료소에서 돕기 활동

(재봉) 남성복과 여성복 만들기

(가사일) 요리·빨래·다림질·염색·풀먹이기

위 계획상의 4학년 학습 내용을 보면 적성에 맞는 직업에 대한 특별한 강의 및 다양한 직업에 대한 종합정보제공이란 강의를 두어 졸업 후 학생들의 진로를 염두에 둔 계획임을 엿 볼 수 있다.

학생들은 연동여학교에서 수업하며 지적으로, 정신적으로 성장하며 공부의 즐거움도 알게 되었다. 더 나아가 자신들에게 다가오는 여성들의 영혼을 구원하겠다는 그들의 진실한 열망을 표출하는 수준으로 성장하였다. 사실 남자아이들도 신식 학교에서 교육받을 기회가 많지 않던 당시의 실정에 글도 몰랐던 자신에게 주어진 여학교 교육 기회를 얻어 서양의 신문화를 습득할 수 있었다는 사실은 어쩌면 놀라운 축복이었으리라. 따라서 여학교의 학생들은 대다수 수업은 물론 학교생활의 모든 면에서 선생들에게 순종하며 최선을 다해 공부했을 것이다.

학생 선발과 중학교 교육 내용

학습의 내용이 질적으로 변화되는 한편, 연지동에서 학교가 점차 정비되어 가자 학생 수도 늘어갔다. 학생 수의 변화는 정확하진 않지만, 장로회 본부에 보낸 선교사들의 편지 중 여학교 관련 보고서에서 확인되는 연도별 학생 수를 대략 정리해 보면 〈표 3〉과 같다.

표 3. 연지동시절 연동여학교 학생 수의 변화

연 도	학생수(명)	『선교 편지』 기록
1892	13	입학 지원 3명(1893년 24명이란 기록이 있음)
1895	13	연지동 이전 초기
1896	17	대개 1년에 19명이 등록 (370)
1900(1899)	20	5개도 출신 (절반이 지방 출신, 7명 경기도 이외, 390쪽)
1903	20	38명으로 늘어남 교육위원회 권고로 줄임 (434쪽)
1908 3	50	446쪽
1910 3	50	458쪽

학생 선발 기준은 건강상태, 연령, 예의범절 등

　이제 연동여학교에서 학생을 어떻게 선발하는지에 대해 살펴보자.

　학교설립 초기에는 여학생 모집에 어려움을 겪었다. 그러나 도티 교장이 1896년의 연례보고서(『선교편지』, 366쪽)에 "1895년에는 학생 19명이 입학을 희망하였으며 그 중 겨우 3명만을 입학을 허가해 주고 5명은 입학허가 후보로 허가해 주었다."란 사실을 밝히고 있다. 학교설립 9년 후에는 입학을 원하는 학생들이 19명으로 늘어나 학생을 선별해 뽑을 정도의 학교로 성장했음을 보여 준다.

　학교의 학생 선발에 있어 주된 기준은 학생의 건강 상태, 수업이 가능한 연령인지, 그리고 예의범절이 있는지 등 이었다. 건강 상태는 학교에서 실시하는 필수적인 의료 검진을 거쳐 입학 허가 여부를 결정하였다. 이러한 선발 기준을 통해 19명의 지원자 중 3명만이 입학이 허락되었으니, 연동여학교 학생이 되는 것이 그리 쉬운 일은 아니었음을 알 수 있다.

학생 선발의 중요 기준으로 인성과 예의범절을 중시했다. 그 이유는 학생들이 조선인들 사이에 인정받으며 함께 지낼 수 있어야 했기 때문이다. 학생이 주변 사람들에게 해를 끼치지 않고 예의 바른 사람이 되려면 조선의 관습에 대해 모르거나 부주의해서는 안 된다는 것이 교육방침이었다.[24]

엄격한 기준을 통과해 합격한 학생 3명 중 2명이 기독교 가정 출신이었다는 것과 입학을 희망하는 사람들 중 기독교 가정 출신이 많다는 점은 이시기 선교계 여학교가 가진 특징 중 하나라고 할 수 있다.

1900년의 사례를 살피면 전국 8개도 중 5개 도에서 온 학생이 20명이 있었는데 그중 13명은 경기도 출신이고, 나머지 7명은 경기도 이외의 4개도 출신이었다. 4년 과정의 수업을 진행하였으므로 2년 정도 계속 공부할 가능성이 없는 학생은 받아들이지 않는 방침을 세웠다. 그리고 학생들의 성향을 분석하면 일반적으로 입학을 희망하는 학생은 기독교 가정 출신이 많고, 학생들은 기독교를 잘 믿었다. 그리고 학생들의 부모와 친구들이 학교 교육에 열의가 있고 학업 지원에 적극 협조하려는 기독교 가정 출신들이 대다수였다.

중학교 학제의 교과목과 교과서

1903년 정식 중학교 학제를 택하면서 학교명도 연동여자중학교로 승격하게 되었다. 연동여자중학교로 바뀐 이후의 학과목은 성경과 국어, 한문, 역사와 지리, 산술, 습자와 도화, 음악, 가사와 침공, 전체 고용 문답이었다. 그러면 이 시기 교과목이 다양해지면서 학생들은 어떤 교과서로 공부하였을까?

각종 한글 교과서 출판 사용

당시 한국은 아직 학교의 교과서를 제정 발행하는 때는 아니었으므로 앞에서 언급한 대로 사립 선교학교의 경우 교과서는 선교사가 가져온 미국학교의 교재를 스스로 번역하여 교재로 사용한 경우가 많았다.

연동여학교의 경우도 가르치는 선교사 선생들이 개별적으로 미국 교과서 등을 번역하여 교재로 사용하다가 1906년 교과서를 편찬하는 일에 착수하였다. 1906~1908년 사이에 비로소 교과서의 출판이 이루어졌다.[25]

교과서 체계를 잡혀가기 전이지만 연동여학교는 1903년부터 정식 중학교 학제를 확정, 학과를 개편하였다. 교과목은 중학 과정의 성경, 한문, 가사, 침공, 수예, 음악, 체조, 습자, 이과, 지지(地誌), 역사, 어학, 수학, 동물, 식물, 생리, 도화(미술), 작문 등의 교과목을 가르쳤다. 교사는 주로 미국 선교사들이었고 교재는 아직 마련되지 못했지만 미국 여자 중학 수준으로 지도하였다. 대체로 선교계 학교에서는 서양인 선교사가 교사로서 소지한 도서나 직접 그들이 작성한 노트를 교과서로 사용하였다는 점이 특징적이다.

아래에 설명한 학과목과 교재는 연동여학교가 중학 학제를 받아들이기 이전부터 교재로 사용했던 것으로 추측된다. 그 이유는 교재가 출판된 연도가 1903년 이전에 제작된 것도 있으므로 여기서는 연지동 교사 이전 이후 학습 체계가 갖추어지면서 교재의 제작과 출판이 자리 잡아

간 것으로 보이므로 시기를 나누지 않고 교재들을 정리해 보았다.

① 성경

선교계 학교이니만큼 가장 주력하는 과목은 역시 성경 과목이다. 선교가 최종 목표이니, 신앙인의 사표를 육성하기 위한 것이었다.[26]

성경 과목은 선교사들이 성경을 가르치는 과정에서 한국인들의 암송 실력이 탁월하다는 점을 미리 알아 학생들에게 성경을 매일 한 장씩 외우게 하는 교수 방법을 취하였다.

도티 교장의 학습계획에서 언급한 내용을 참조하면, 성경 수업 시간에는 누가복음, 마태복음, 마가복음의 주요한 장, 요한복음, 복음서 발췌한 구절, 발췌한 시편, 사도행전, 발췌한 잠언, 발췌한 이사야, 창세기 그리고 구약 이야기책 등을 다룬 것으로 추측된다.

성경 과목은 순 한글로 요약해 만든 『복음요사』를 교재로 사용하였다. 이 책은 1895년 찰스 포스터가 저술하고 헤이든의 남편인 기포드가 한국어로 번역한 책인데 아마도 연지동 이전한 이후 교재로 사용하면서 학생들이 책을 읽고 중요한 부분을 학생들에게 암송케 한 것이다.

『복음요사』 (출전: 매향도서관 자료)
1895년 찰스 포스터 지음 기포드
(D.L.Giffort)[27]가 한국어로 번역한 책

② 한문

한문은 성경을 제외한 일반학과 중 가장 중요시한 과목이다.

그 이유는 한문학과는 국문(한글)을 합쳐 구성된 과목으로 정동여학당 시절의 읽기 쓰기에서 체계적으로 발전되었다는 특징 때문이다. 특히 도티 교장이 구상한 여학교 교육 계획 중 1학년의 국문 읽고 쓰기 과목을 반영한 것으로 추측된다. 따라서 교본은 국한문혼용 『유몽천자(牖蒙千字)』로 천자문을 토대로 나아가 『명심보감(明心寶鑑)』, 『사략(史略)』 등도 거침없이 읽을 정도로 학습했다.

나라가 풍전등화와 같은 위기에 처한 시기이기 때문에 이 학과를 더욱 중요시하여, 다루는 내용들이 자기 나라 고유한 것임을 깨달아 알아차리도록 가르치고자 하였던 것이다.

교과서인 『유몽천자』는 게일(1863~1937, Gale, J. S, 奇一) 선교사가 해주 출신으로 정신여학교 1회 졸업생인 이혜경(대한민국애국부인회 핵심인물)의 부친 이창직과 함께 1901년부터 1904년에 걸쳐서 편찬한 아동 학습서이다. 제목 중 '유몽(牖蒙)'은 '어린이를 계도한다'는 뜻이고,

『유몽천자』(연동여중학당)
(출처: 국립한글박물관)

'천자(千字)'는 한국 아동들의 전통적인 교과서 역할을 했던 '천자문'과 대비시킬 의도에서 붙여진 말이다.

특히 현재 국립한글박물관에 소장된 『유몽천자』는 '연동여중학당'이란 글씨가 적혀 있던 것으로 보아 연동여학당의 교재로 사용된 자료로 추측된다. 이 책에 대한 박물관측의 자세한 서지사항에서 게일이 이창직(李昌稙)과 함께 아동의 한자 및 한문 학습을 위해 저술한 책으로 1901년 발행되었다고 한다고 한다. 그 서지사항은 조선성교서회(朝鮮聖教書會)에서 발행하였고 1권, 67쪽의 국한문혼용으로 세로쓰기 한 구성이다. 목차는 (1)지구(地球)의 약론(略論) (2)인종(人種)의 약론(略論) (3)습관(習慣)의 약론(略論) 등 25과로 구성되어 있다.

사침선장(四針線裝)으로 장정하였고, 표제는 검정펜으로 써서 제첨하였다. 앞표지 이면에 '연동여중학당(蓮東女中學堂)'이라고 쓰여 있다.

『유몽천자』는 이 판본 이외에 전체 4권 4책 구성으로도 발행되었다. 각 권마다 30여 개의 과로 나눠 주제별로 설명하고 있다. 설명에 앞서 본문에 나오는 약 천여 개의 한자어와 한자의 새김과 독음을 소개한다.

『유몽천자(牖蒙千字)』(앞뒤 표지)
(출처: 국립한글박물관)

1, 2, 3권까지는 국한문혼용체로 천문학, 세계사, 보건, 근대 사상, 영미 문학, 생활 교훈 등의 다양한 주제의 내용을 담고 있다. 그리고 4권에서는 『동국여지승람(東國輿地勝覽)』, 『동문선(東文選)』 등에서 발췌한 내용을 한문으로 소개하고 있다.

이 책은 근대 계몽기의 소학 교육에 대한 이해를 도울 수 있던 귀중한 자료였다. 이 책이 당시 지식인들에게 준 영향을 유추해 볼 수 있는 자료가 있다.

특히 이 책이 당시 지식인들 사이에서 어느 정도 알려졌나를 가늠할 수 있는 자료가 있어 소개한다. 구한말 한성 감옥에 수감된 사람들이 옥중에서 도서를 대출할 수 있었는데, 1903년 1월~1904년 8월 31일 중 대출한 도서의 순위를 조사해 보니 1위를 차지한 책이 바로 『유몽천자』였다. 당시에 트렌디한 책이었음을 알려 주고 있는데, 그 대출자 명단에 이승만, 김구, 이신재 등이 기록되어 있다. 이른바 애국지사라 하는 선각적 지식인들이 주목해서 읽었던 책을 정신 학생들이 교과서로 학습했다는 사실은 학생들의 교과서 수준을 가늠케 한다.[28] 즉 이 책을 통해 애국지사들과 세계관과 민족의식을 공유할 수 있는 계기가 마련된 것이다.

③ 역사와 지리

역사 과목은 특히 한국 역사를 자세히 가르쳐서 애국심을 고취시켜 연동여학교 출신 학생들이 민족 독립운동가로 성장하는 밑거름이 되었다.

지리는 『사민필지』 교과서로 학습하였다. 그 외 서양사와 천문은 게일 목사에게 배웠다.

『사민필지』는 육영공원 교사였던 헐버트가 교과서로 사용하기 위해

1889년 순 한글로 저술하였다. 이는 학생들이 서양에 대해 호기심을 갖고 신기하게 생각하고 있는 것에 호응하여 세계의 역사와 지리에 관한 내용을 정리한 것이다. 후에 한문으로 번역되기도 하였으며 많은 학교에서 교과서로 사용하였던 것으로 한국 최초의 한글교과서였다. 책 이름은 '선비와 백성 모두가 반드시 알아야 할 지식(士民必知)'이라는 뜻을 담았다. 이 책을 통해 헐버트는 세계의 다양한 환경과 정치, 학문 등을 소개하여 앞으로 조선이 나아가는데 필요한 기본적인 지식을 갖추는 계기를 마련하고자 했다. 이 책은 교과서였을 뿐만 아니라, 당시 상류층에게는 인기 서적이었다. 특히 지금까지 러, 일, 청만 주로 알고 있던 당시 조선인들에게 세계 여러 나라를 알게 해 준 계기가 된 책이다.

하지만 5대 밀러(E. H. Miller) 교장은 지리학을 공부하여, 그동안 교재로 쓰던 헐버트의 사민필지가 내용이 부족하다고 여겨 수업에 큰 불편을 느꼈다. 이에 1906년 10월 『초학지지』를 저술, 편찬하였다. 그 내용은 세계 각국의 지리를 서술 형식으로 각국의 위치 풍토, 풍습, 정세, 역사 등 내용과 실측에 의한 8면 천연색 편찬도에 이르기까지 상세하게 소

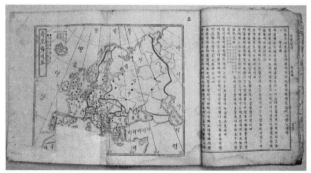

『사민필지』(출처: 한글박물관)와 『초학지지』

개된 현대적 교과서의 하나였다. 정신여학교 뿐 아니라 경신학교 등 시내의 대다수 사립학교가 이 교과서로 수업하였다.

이 책은 미국 북장로회 선교사 에드워드 밀러(1873~1966, Edward H. Miller)의 부인 매티 헨리 밀러(Mrs. E.H.Miller)가 번역 조사 오천영과 함께 저술한 초등 지리 교재다.

『ᄉ민필지(士民必知)』(1889)에 비해 한국 지리에 대한 내용이 자세하다.

밀러 부인은 1906년 가을부터 연동 합성중학교(경신학교)와 여학당(정신여학교)에서 초등지리를 가르치고 있었고, 교재가 없어 첫 수업을 위해 준비했던 자료를 기반으로 『초학지지』를 집필했던 것으로 보인다.

④ 산술(算術) 수학

연동여학교 시절의 산술은 정도가 상당히 높아 분수, 대수까지 도달하였다. 교과서는 『산학신편(算學新編)』이었다. 연동여학교의 산술은 도티 교장의 여학교 시범 운영계획에 따라 1학년은 암산의 기본 수업, 2학년은 숫자 쓰기와 암산, 덧셈과 뺄셈, 3학년은 곱셈 나눗셈 계산 및 분수 암산, 4학년은 분수 계산하기 단계의 심화 과정으로 진행되면서 산술(수학) 수업이 진행되었을 것으로 추측된다.

1907년경 『산학신편』이 출판되면서 이를 교재로 채택하여 수업을 진행했던 것이라 하겠다. 『산학신편』(상·하, 1907)은 대한예수회에서 발간한 교과서다. 중학 교과서로 만들었고 미국 책의 번안판이며, 전면 가로쓰기에 순 한글이다. 구구단이 12단까지 실려 있는 특징을 가지고 있다. 특히 일본도서가 아닌 미국 도서를 직접 번역한 것으로 보여 당시 다른 교재에 비해 아주 특이하다. 『고등 산학신편』은 필하와(Eva Field)가 저

술하고, 신해영이 역술(譯述)하
여 대한야소교서회에서 발간했
다. 이 책은 당시 가격이 80전
으로 산술 교과서 교재는 당시
쌀 한 가마 값과 비슷할 정도로
비싼 편이었다. 연동여학당에

『산학신편』(출처: 매향디지털역사관)

서 교재로 한 책이『고등산학신편』인지 혹은 『초등산학신편』인지 확인
되지 않아 추기해 두었다. 『초등산학신편』은 국문으로 1907년 밀러가 쓰
고 오천경이 편역하여 대한예수교서회에서 출판하였다.[29]

⑤ 습자(習字), 도화(圖畫)

붓글씨와 미술 시간이며 붓글씨 공부는 일주일에 두 시간씩 배웠고 우
수한 붓글씨는 당시 유일한 신문인『대한매일신보』에 게재하여 학생들
의 서예 학습과 실력향상을 격려하는 방법을 택하였다.

미술 시간을 도화(圖畫)라 불렀고 이 시간에는 스케치와 수채화 정도
를 배웠으며 특히 우리 한국 지도를 많이 그렸다.

⑥ 음악

음악 시간에는 예배음악인 찬송가 부르기부터 기타의 노래 공부를 했
는데 찬송가가 노래의 대부분을 차지하였다. 곡조 찬송가가 없었으므로
곡조를 손으로 베껴 가면서 공부하였다.

1915년 선교회 본부에 보낸 연례보고서에 의하면 '애비슨'(선생)이 학
교 수업을 담당했는데 성악 시간과 기악 시간을 맡았으며 그가 가르친

학생 중 다수가 여러 교회에서 오르간 연주를 하게 되었을 정도였다고
하니, 학교와 학생들에게 큰 영향을 주었음을 알 수 있다.

물론 지금처럼 완전한 틀을 갖춘 음악교육은 아니었어도 서양음악을
직접 교육받은 선교사 선생에게 배운 기악과 성악 교육을 통해 당시 사
회에 새로운 서양음악이 유행되는 통로가 되고 있었음을 추측할 수 있
다. 또한 각지에 세워진 교회에서 불려진 찬송가는 학생들뿐 아니라 일
반인들에게 새 음악이 유행되는 계기가 되기도 하였다.

다만 음악 시간에 부르던 찬송가의 가사 중에는 이스라엘 민족이 위기
와 박해 속에서 믿음과 단결로 역경을 헤쳐 나가는 내용을 담고 있어 학생
들에게 용기와 담력을 주어 인내심과 민족을 위한 희생정신을 키우는데
유효했을 것이다. 이같이 민족을 향한 사랑과 희생정신을 체득할 수 있도
록 배운 학생들은 후일 독립운동에 나서는데 주저함이 없었을 것이다.

⑦ 가사와 침공(針工: 바느질 기술)

가사는 선생님과 보모들의 지도를 받으며 아침 저녁밥을 만들어 먹으
면서 실제로 실습이 시작되며, 그 외에도 떡, 김치, 반찬 만들기, 장담그
기 등 폭넓은 일반 한국 상류 가정의 생활상을 배웠다.

또한 당시에는 편물 자수를 많이 배웠다. 침공과 수예는 특별히 취급
하여 많은 시간을 할애하여 가르쳤다. 이는 무엇보다도 바느질 솜씨를 여
성의 최고 덕목으로 여기는 것이 당시의 일반적인 풍조였기 때문이다. 이
수업에서 한 단계 더 나아가 전통자수 기술을 학생들에게 교습하였다.

학생들은 이 같은 바느질 기술을 배워서 자기 옷을 손수 지어 입는 것
은 물론, 바느질로 만든 작품으로 식비와 학비를 충당하는 부수입의 방

법으로 이용하여, 경제적으로 자립하려는 학생들도 적지 않았다. 이들의 작품은 학교 내의 담당 부서를 통해 국내나 미국지역으로 판매되었고 그 수익금으로 학생들의 학비로 지원했다.

그 외 정신여학교의 졸업식에 학생들이 제작한 다양한 작품을 교내에 전시하여 일반인에게 공개되기도 하였다. 그날 학생들의 재봉, 코바늘 뜨개 자수 작품들과 꽃꽂이 한국요리, 미술작품, 중국어 일본어로 지은 작문 등을 전시해 두어 학생들의 지적 예술적 수준을 널리 알리고자 하였다. 누군가는 이 전시회를 통해 정신여학교 학생들이 훌륭한 가정주부가 될 것이라는 광고가 될 수 있을 것이라고 말하기도 하였다.

⑧ 전체 고용문답

전체 고용문답은 생물 시간에 모든 인체구조를 문답식으로 배운 위생학 과목이다. 당시의 과학 생물, 인체, 생리, 화학, 물리 등은 제중원에 가서 의학생과 같이 배웠고 실험 표본으로는 소의 염통과 쇠머리를 사다 놓고 배우기도 하였다.[30]

이 책은 1908년 애니 베어드 (1864~1916, Annie L.A.Baird)가 순한글로 번역한 식물학 교과서였다. 애니 베어드는 '모든 교육은 한국어로 진행하고 교재는 한글로 인쇄해야 한다'는 원칙을 세웠으며 주로 생물학에 큰 관심을 가져 숭실학교 교과서

『식물도셜』 1908년 초판의 영인본.
애니 베어드(Annie L.A.Baird) 역. (출처: 국립한글박물관)

로 사용된 『식물도셜』, 『동물학』, 『생리학초권』을 번역했다. 식물학 교과서로 학생들에게 서양의 근대과학을 배울 기회를 주었다. 이 책은 아사 그레이(1810~1888, Asa Gray)가 1858년 뉴욕의 아메리칸 북 컴퍼니(American Book Company)에서 출간한 *Botany for young people and common schools : how plants grow*를 번역한 것이다.

수업 이외의 학교생활

공부상, 엄한 규율과 비교과 활동 활발

① 각종 시상제도

교과 공부 이외에 학생들을 격려하기 위하여 공부상, 행실상을 만들어 학업을 독려하였다

첫째, 공부상은 공부잘하는 학생에게 주는 상인데 상품으로 연필, 종이와 책 등을 수여하였다. 아울러 공부를 뛰어나게 잘하는 학생에게는 월반의 특혜도 주었다.

다음, 풍금상은 학업성적이 우수하고 품행이 탁월한 학생에게 풍금을 칠 기회를 주는 것이 바로 상이었다. 이같이 특별한 상은 당시 얼마나 풍금이 귀했으면 풍금 연주할 기회를 상으로 활용할 수 있었나 상당히 흥미로운 대목이다. 그 시절 연동여학교 학생들과 관계가 깊은 연동교회에도 풍금이 없어 일요일마다 연동여학교의 풍금을 빌려서 사용할 정도로 풍금이 귀한 것이었다. 그 당시 풍금을 소유한 곳은 아마 연동여학교, 배

재학교 정도였다고 한다.

그리고 행실상은 행실이 방정하고 품행이 모범이 될 만한 학생에게 주는 상으로 만들어졌는데 학생들의 성취도를 올리는데 유익한 방법이었다.

상품으로는 학용품, 진기한 미국제 카드, 귀한 장난감을 주었는데 가끔은 의복도 상으로 주었다고 한다. 특히 미국에서 온 좋은 옷감으로 '품행 적삼'이란 한국 저고리를 만들어 입혀서 칭찬해 주어 학생들이 품행 적삼 입기를 기대하곤 했다.

② 엄한 규율

교복은 흰 저고리와 검정치마로 검소한 정신과 생활을 단련시키려 하였다. 여학생들의 규율을 엄격하게 하여, 교문 밖 출입 엄금, 정결, 정직, 근면, 예의를 강조하였으며 학내에서 규칙적 활동을 통제하였다. 또한 수업 시간 중 남자 교사가 강의를 할 때는 보모가 지켜 감시하도록 하여 당시 부모들의 남선생에 대한 우려를 불식시키고자 하였다.[31]

③ 비교과 활동

교과 활동 이외에 학생들이 학교생활에서 참여하게 된 비교과 활동으로는 바자대회나 토론회, 전도회, 정신 학생 기독청년회가 있었다.

바자대회는 제주도 풍물부터 함경도 풍물을 모두 각자 자기 고향의 특징 있는 물건을 만들어 대회에 출품케 했다.

토론회는 여학생들끼리 그룹 활동을 통해 시작되어 학생들의 자유스러운 학생 자체 회의였으나 전도회로 발전하여 후일 학생회나 기독청년회 등 학생회의 모체가 되었다. 토론회는 매학기 모임을 하며 훗날 1917, 18년사이 뚜렷한 진보를 나타냈다. 토론반의 일반적인 활동뿐 아니라 여학생들의 의사 전달 방식이나 능력이 향상되는데 유익한 활동이었다.[32]

전도회는 교내외에 전도사를 파급시키는 것으로 발전하여, 후일 일제와 대항하는 여성단체구성을 하는데 큰 교훈이 되었다. 실질적으로 기독청년회로 형태를 바꾸어 일제 말까지 계속되었고 일본의 눈을 피해 지하조직적으로 이어졌다.

수학여행이나 소풍이나 운동회도 시행되었다.

비교과 활동 중 정신 학생기독청년회의 활동이 있었다. 정신학생기독청년회는 종교부, 지육부, 사교부, 체육부, 음악부로 광범위하게 조직되어 전교생이 비교과 활동에 참여하도록 하였다.[33]

④ 1907년 연동여학교 첫 졸업

연동여자중학교에서 완전히 중학교의 학제를 마치고 졸업하게 된 것은 당시의 사회와 국가적인 보배라고도 할 만한 일이었다.

1887년 학교 문을 연 이후 한두 명씩 입학한 학생들이 늘어가면서 교육과정도 해가 갈수록 점차 체계를 갖추었으며 1903년 비로소 중학 학제를 도입하여 중학 정도의 학습과정이 진행되었다. 마침내 1907년에 이르러 첫 졸업생을 내보내게 되었다. 그야말로 20년 만의 경사였다.

1887년 어린아이로 정동여학당에 수용되었던 학생들은 이미 20세가 넘는 젊은 여성으로 성장하였고 인품과 학덕을 겸비한 숙녀가 되었다. 연동여학당으로 이전한 후 입학한 학생들도 1895년부터 1907년까지 12년간 교육을 받고 일정한 이수 규정을 인정받아 졸업하였다. 물론 이

연지동 정신여학교 구 본관 건물인 세브란스관 전경(1910년, 출처: 국가보훈부)

들 중에는 1900년 이후 입학한 학생으로 1907년 같이 졸업한 학생도 있어 각자의 학습 역량에 따라 학업 연한이 달랐다. 1회 정식 졸업생은 '김필례'와 '이원경' 2명뿐이었고 후일 1회 졸업 전에 학교를 마친 학생들을 추가시켜 졸업시킨 것이다.

1907년 6월 16일에 역사적인 제1회 졸업식이 거행되었다. 장소는 1908년 제2회 졸업식이 거행되었던 연동야소교예배당(蓮洞耶蘇敎禮拜堂)이었을 것으로 추측된다. 당시 졸업식에 참석한 귀빈은 전직 구한국군인인 노백린, 연동교회 목사 전필순, 그리고 게일 선교사 등 3인이었다. 이날 졸업식에서 졸업생들에게 미국에서 가져온 공책을 선물로 주었다. 정신여학교로서는 역사적인 첫 졸업이었다.

이를 언급한 자료는 확인되지 않지만 1908년 6월 13일에 거행된 2회 졸업식을 다음과 같이 보도한 신문 기사가 있다.

" 本日(13일) 下午二時의 蓮洞貞信女中學校第二回卒業式을 蓮洞耶蘇教
禮拜堂니의셔 擧行ᄒᄂ디 卒業生은 五人이라더라"

『대한매일신보(국한문)』, 1908.6.13.

졸업식에 대한 자세한 설명은 없어 거행 사실만 확인할 수 있다. 그런
데 1909년 거행된 3회 졸업식이 『대한매일신보(국한문)』 1909년 6월
2일자에서 보도하였는데 여기에 학부대신 이재곤(李載崑)이 참석한다는
내용이 있다. 그날 정신여학교 졸업식에 지금의 문교부 장관, 학부대신
이 참석하여 졸업식의 권위를 더했다고 하겠다.

민족의식을 가르친 남다른 선생들

정신여학교 교육의 귀감(龜鑑) 김원근(金瑗根, 1867~1944)[34]

김원근
(출처: 『정신백년사』)

평교사로 오로지 학교 교훈을 통해서 학생들의
정신 교육과 인격 형성에 큰 영향을 미친 교사로 김
원근이 있다.

김원근은 1867년 서울 창덕궁 뒤편 마동에서 출
생하였으며 호는 지재(止齋)이다. 어려서 서당에
서 한학을 배운 후 배재학당을 졸업한 한학자였다.
1900년경 배재학당에서 교사로 근무하다가 1906년 정신여학교로 옮겼
다. 이후 1941년까지 정신여학교에서 평교사로 학생들을 가르쳤다. 한

글 및 한문과 습자(서예) 과목을 담당했다. 한문 과목을 맡아 성현들의 행적을 통하여 인간이 지녀야 할 기본자세와 동양의 미덕을 높이 평가하여 가르쳤고, 이를 통하여 전인교육을 시켰다. 또한 역사교육에 있어서 한국역사를 바로잡아 줌으로써 학생들에게 애국적 민족정신을 북돋아 주었다. 한문교육에서 성현들의 근본 사상과 동양인의 예의범절이 전수됐고 나라의 길과 민족의 얼을 강론한 역사교육에서 애국심은 뿌리를 내렸다.

김원근의 수업에서 생긴 유명한 일화가 있어 소개해 둔다. 김마리아의 정신여학교 재학시절 있었던 국어 시간의 글짓기 일화다. 글짓기 시간에 다른 학생들이 자연의 아름다움을 쓸 때 김마리아는 일본의 탄압상을 신랄하게 비판한 글을 써서 학생들 앞에서 읽었을 때 김원근은 놀라지 않고 칭찬을 아끼지 않았다고 한다. 이때 김마리아는 "선생님 내 나라 내 주권을 찾아야겠다는 마음이 당연하지 않아요?"라고 해서 이야기를 듣고 있던 학생들은 애국심이 끓어올라 감동된 얼굴로 김마리아를 바라보았다는 내용이다.

이처럼 학생들에게 애국심을 심어준 김원근은 정신여학교 제자인 장윤희(張允嬉)와 1920년초 경성비밀독립단(京城祕密獨立團)의 창가집 배포 활동을 돕게 되었는데 이 일로 일경에 체포되었다.

이 일은 경신학교 학생 박인석(朴仁錫)이 3월 1일과 3월 5일 만세운동의 주도에 연관되어 재판받는 도중 미결수(未決囚) 신분으로 서대문 감옥에 수감된 상태였던 1919년 10월 무렵 「경성독립비밀단」, 「혈루(血淚)」 등 학생들의 독립운동 참여를 독려하는 노랫말을 작성한 것에서 시작되었다. 그는 11월 6일 집행유예로 풀려난 후 이 자료들을 가지고 나와, 조선 독립운동을 지원하여 그 목적을 달성하지 않으면 안된다'는 뜻을 세우고 '경성독립비밀단'이란 이름으로 창가집을 인쇄·배포하여 조선 독립운동을 계획하였다.

1920년 1월 말경 전도사 송창근(宋昌根)에게 부탁해 세브란스병원 안에서 등사기를 이용하여 창가 600부를 등사하였다. 이것을 동료 정후민(鄭侯敏)·장윤희, 교사 김원근(金瑗根) 등과 같이 세브란스병원 간호사, 경신학교·배재고등보통학교·이화학당·정신여학교·중앙학교 등 각 중등학교 학생들에게 나누어 주어 애국심을 고취시켰다.

장윤희는 이 중 수십 부를 전달받아, 정신여학교 스승인 김원근을 통해 정신여학교 학생들에게 반포케 하였다. 이 일로 김원근은 장윤희, 박인석, 정후민, 전도사 송창근 등과 함께 체포되어 정치범죄 처벌령 및 출판법 위반으로 재판받았다 제자인 장윤희와 같이 1920년 3월 19일 경성지방법원에서 징역 3월 집행유예 2년을 받았다.[35]

이러한 김원근이야말로 거룩하고 애국적인 위대한 지조와 정신을 바탕으로 연동여자중학교의 애국자를 길러낸 밑거름이 된 스승[36]이라고 평가되고 있다. 정신여학교 학생들이 여학생으로 3·1운동에서 다양한 영역에서 활동한 것, 대한민국애국부인회의 핵심 인물 대다수가 정신여학교 출신이었다는 점은 이를 여실히 증명해 준다.

특히 김원근의 딸인 김영순(金英順)은 정신여학교 출신으로 본교의 교사로 재직 중 대한민국애국부인회의 서기란 핵심 직을 맡아 독립운동을 펴다 검거되어 1920년 12월 대구 복심법원에서 2년형을 선고받고 옥고를 치렀던 독립운동가였다. 두말할 필요 없는 아버지와 정신여학교의 국가관과 시대관을 그대로 발현한 것이다.

이밖에도 김원근은 한국 전통문화와 역사에 대한 연구를 게을리하지 않았다. 김원근 선생은 YMCA에서 발간하는 월간지 『청년(靑年)』에 1921년부터 1938년까지 「조선 고금(朝鮮古今)의 미술대가(美術大家)」, 「조선 고금 시화(朝鮮古今詩畫)」, 「조선 영종 대왕(朝鮮英宗大王)」, 「조선의 발명가」, 「조선 중세 상업가」, 「경성 세시 풍속(京城歲時風俗)」, 「허란설(허난설헌(許蘭雪軒))의 문장」과 「선도(仙道)」 등의 글을 59편이나 투고하였다. 그의 조선 역사와 민속에 대한 관심과 연구의 깊이를 가늠케 하는 대목이다. 이를 통해 김원근이 수업 시간에 학생들에게 가르쳤던 주제들도 짐작해 볼 수 있다.

전도부인 성경 교사, 신마리아(1873~1921)[37]

정동여학당 최초의 '조선인' 여교사다. 1896년 연동여학교 교사로 시작해 30여 년을 함께한 한국인 교사이자 전도 부인이다.

신마리아는 서울 출신으로 김홍택과 이씨 사이에 둘째 딸로 태어났다. 아버지 김홍택은 1886년부터 미북장로교회 선교사 아펜젤러 목사의 선교동역

신마리아
(출처: 『정신백년사』)

자로 일하면서 기독교 가정을 이루었고 자녀들도 기독교인이 되었다. 신마리아도 세례받아 세례명이 김마리아였으나 신정우와 결혼하여 남편의 성을 따라 신마리아로 불렸다. 한국 최초의 여의사 박에스더(김점동)의 언니다. 신마리아는 결혼하고 맏아들을 낳은 뒤인 1893년 비로소 정동여학당에 입학하여 신학문을 접할 수 있게 되었다. 신마리아는 도티 교

장에게 성경을 배웠으며 1896년 연동여학교의 보모로 일을 시작하였다. 초창기에는 하급반의 학생을 주로 지도하였던 것으로 추측된다.

도티 교장의 선교 편지에 의하면 신마리아에게 '매일 한 시간씩 상급반 여학생들과 수업을 듣도록 조치하여 신마리아의 학력 수준을 향상시켜 그녀가 담당한 하급반의 수업의 질을 높이도록 지원하였다. 또한 신마리아에게 저녁 공부 시간을 할애해 교사로서의 자질을 높이고자 노력하였다. 그 외에 신마리아는 1897년부터 3년간 제중원 부속의학부에 가서 남학생들과 함께 생리학 화학 산학 지리 역사 천문학을 배웠다. 이렇게 신마리아는 학교 당국의 도움과 스스로의 노력으로 교사가 갖추어야 할 학력의 수준과 학생 교습 능력을 확대해 나갔다.

신마리아는 성경 과목을 맡았다. 성경을 암송시키는 방법밖에 없던 초창기였지만 학생들을 감화시켜서 매일 새 각오와 결심을 다지게 했으며 신앙을 가져야 세파를 이길 수 있다고는 삶의 교육을 성경에서 찾도록 했다. 구약의 모세의 행적을 사례로 수업하면서 국권 회복과 자주독립, 애국정신을 고취시키고자 하였다.

신마리아의 교육목표는 경천애인(敬天愛人)하는 국민을 튼튼하게 양성함에 있었다. 둘째 민족과 국가를 사랑해 목숨을 아끼지 않는 애국적 인재를 기르는 것이 시대적인 요구라 생각했다. 성경에 바탕을 둔 선생의 교육 이념은 '썩은 한 알의 밀알이 되는 것'이었다.[38]

학생들은 가정의 빈부 귀천에 관계없이 누구나 평등하게 신앙심과 애국심을 토대로 한 인격의 구현을 통해 정직과 근면 정결과 검소 우애와 예의를 갖추는 교육을 신마리아 선생으로부터 받았다.[39]

신마리아는 산술도 가르쳤는데 이것은 선교사 밀러 목사에게 개인적으로 배운 것이다.

정신여학교 6회 졸업생으로 김원근 선생의 딸인 김영순은 신마리아 선생을 "현걸(賢傑)차고 기상이 늠름하며 여걸풍이셨다"고 강조하면서 수업 중 '사람이라고 다 사람이라 할 수 있느냐, 사람 노릇을 해야 사람이지'란 가르침을 기억하고 있다고 말하였다.[40]

게일과 함께 천로역정을 번역한 이창직(李昌稙,1866~1936)

이창직은 월남 이상재의 손자뻘로 캐나다 선교사 게일의 어학 교사 겸 번역 조사로 1889년~1927년까지 함께 성경 및 소책자 번역과 어학 교재, 사전 등의 저술을 도왔던 인물이다. 이창직은 게일과 『천로역정』(1895)을 공동 번역했으며, 한국인 성경 번역 위원으로 성경 번역에 참여하였다. 두 사람의 인연

이창직
(출처: 연동교회)

은 게일이 1889년 3월 내지(內地)답사를 겸한 순회 전도를 하며 도착한 황해도 장연군 소래에서 평생의 동료이자 동역자인 이창직을 만나며 시작되었다. 이창직은 게일 선교사의 조력자가 되어 떠났다. 이창직의 자녀들은 장연군 송천리에 사는 삼촌 댁에 살면서 송천리의 김순애, 김필례, 김마리아 식구들과 자연스럽게 교류하게 되었다. 이들은 같이 소래학교에서 공부하며 인연을 이어갔다. 1900년 게일 목사가 연동교회 위임목사로 부임할 때 이창직과 가족들도 상경해 서울 효제동에 살았다. 이즈음부터 정신여학교의 교사로 재직한 것으로 추측된다. 게일은 1900

년부터 1927년까지 연동교회를 시무하였고, 그의 곁에 늘 이창직이 함께 하였다.

게일을 도와 번역해 낸 도서는 『유몽천자』, 『유몽속편』, 『루터교긔략』, 『연경좌담』, 『모자성경문답』, 『예수의 재림』 이외에 영문 『한국역사 History of the Korean people』 『한국민담 Korean Folk Tales』, 『구운몽 The Cloud Dream of Nine』 등 한국연구 도서출판에도 공이 컸다.[41]

이창직의 자녀 중 딸 셋은 1903년경 정신여학교에 입학해 1907년 전후에 졸업한 여성들이다. 그중 이혜경은 졸업 후 1909년의 7형제 애국단, 1919년 대한민국애국부인회 등 여성 독립운동 조직의 핵심 인물로 활동을 주도하던 독립운동가였다. 그 외 이자경, 이은경도 함께 독립운동을 도왔다. 막내아들 이신규는 연희전문학교 서기로 재직 중에 독립선언서와 '대한독립회(大韓獨立會)' 명의로 된 격문 수십 장을 가지고 1919년 3월 24일 경기도 양평군 갈산면 양근리의 독립 만세운동을 주도하였다가 체포되어 10월 23일 고등법원에서 징역 2년을 받고 옥고를 치렀다. 그는 출옥 후 옥고 후유증으로 요양하다 28세에 사망한 독립운동가(2006년 애국장)였다.

자식들을 민족의식이 투철한 독립운동가로 키운 이창직은 일찍이 기독교를 받아들여 선교사를 통해 서구 문물을 직접 접촉하며 기독교적 사상에 바탕한 평등, 사랑, 그리고 봉사 등을 중시하였고, 선교사들과 공동 번역 작업을 통해 서구문화나 서양 교육에도 눈을 뜬 것이다. 이런 면은 이창직이 '국민야학교'를 세워 노동자들에게 공부를 가르치겠다는 취지를 밝힌 글에서 잘 드러난다.

이창직은 1908년 2월 12일 『황성신문』에 「국민야교(國民夜教)」란 제목하에 "뜻 있는 신사(紳士) 이창직(李昌稙)·최재학(崔在學)·조중길(趙重吉) 세 사람이 국민야학교(國民夜學校)를 발기(發起)하고 그 취지를 반포(頒布)한다."고 밝혔다. 여기서 그는 지금 한국이 국가의 위기를 맞았는데 이를 만회할 방책은 바로 교육이라고 선언하고서, 부강한 나라는 반드시 온 나라의 남녀가 모두 보통 지식을 가져야 한다고 주장하였다. 그 일환으로 지금 국민야학교를 설치하고 그 취지는 반드시 일반 노동하는 동포를 모집해 우리 조국의 정신을 불러 일깨우고, 그 정수(精髓)를 관철하여 이것으로 분발케 하며, 이것으로 생활하게 하며, 이것으로 활동하여 국민의 의무를 다하게 하는 데 있다고 공포하였다. 이를 통해 이창직의 교육론의 일단을 엿볼 수 있다.

이창직의 전국민교육론은 그가 정신여학교에서 교사로 재직하면서 여학생들에게 전달되었을 것이다. 조국의 정신을 일깨우고 국가를 일으키기 위해서는 여학생도 남자와 같이 공부하여 국민의 의무를 다해야 한다고 일깨웠을 것이다.

그러므로 정신여학교의 역사에 김원근, 신마리아 뿐아니라 이창직도 학생들의 정신교육과 인격 형성에 큰 영향을 미쳤다고 볼 수 있다. 이들 한국인 교사로 인해 학생들에게 한국 여성으로서의 정체성과 민족정신 그리고 독립정신을 몸에 익히게 되었다.

1910년대 일제강점기의 무단통치는 한국인의 다양한 구국운동을 봉쇄하고 억압했다. 엄혹한 통치하에서 민족의식을 교육하려는 사립학교에서는 가능한 모든 수단을 동원하여 표면적으로 식민교육에 동조하지만 실제로는 민족교육을 병행하면서 항일 저항 의식을 고취시켜 나갔다. 이를테면 교과과정에 조선어, 조선 역사, 음악, 체육, 민속 교과에 관심을 두고 정규수업 시간에 이중적 구조로 가르치거나 과외수업 혹은 비밀수업으로 민족의 얼과 사상을 전수하기도 하였다. 정신여학교의 교사 김필례가 교습했던 서양사 시간에 한국사를 가르치는 방식도 그 좋은 예다. 정신여학교의 교사들이 각자의 방식으로 민족의식과 독립정신을 고취시켰던 노력은 수많은 여성 독립운동가를 배출하는 결과로 이어질 수 있었다.

4. 1910년대 이후 학교의 변화와 학생들

'정신여학교(貞信女學校)'로 교명 변경, 지정학교 인정, 마침내 폐교

1909년 정신여학교로 교명 변경

러일전쟁에서 승리한 일제는 조선의 식민지화에 착수해 1905년 11월 17일 대한제국과 '을사조약(제2차 한일협약)'을 체결하고 대한제국의 외교권을 박탈하였다. 곧이어 1906년 조선통감부(朝鮮統監府)를 설치하고 조선에 대한 내정간섭을 본격화하였으며 앞선 갑오개혁에서 추진된 교육개혁을 부정하고, 식민지 교육체제의 기틀을 마련하기 위한 일련의 법령을 공포하였다.

통감부의 교육정책은 광범위한 학제 개편으로 나타났다. 학제 개편은 한국의 교육을 재정비해서 일제 침략에 대항하는 민족교육운동이 확대되는 것을 저지하려는 의도를 배경으로 한다.

1906년 9월 「보통학교령」과 「고등학교령」이 반포되었는데, 보통학교는 4년제로 고등학교는 5년제의 학제로 개편되었다. 이어 1908년 여자교육제도로 「고등여학교령」이 발표되었다.

고등여학교의 학제는 본과와 예과로 편제되고 수업연한은 본과가 3년이, 예과는 1년으로 이루어졌다. 이에 의거 설립된 한성고등여학교 본과의 교과목은 1장에서 언급한 바와 같이 수신·국어·한문·일어·역사·지리·산술·잇과(이과)·도화·가사·수예·음악·체조·제2외국어 등이다.

그런데 정신여학교는 이미 1903년부터 중학교 학제를 적용하고 이에 상당한 교과목 수업을 진행해 왔으므로 1908년 고등여학교령의 학제나 과목 체제 규정을 1903년경부터 적용했다고 보아도 무리가 없다. 또한 도티 교장의 4년제 여학교 운영계획 틀이 고등여학교령의 4년 학제와 일치하고 있어 이 점에서도 역시 선구적인 여학교 운영안이라고 평가할 수 있다. 따라서 1906년~1908년 일련의 학제 개편에 의한 영향을 받지 않았다고 할 수 있다.

통감부는 여기서 더 나아가 구국 교육 운동에 앞장선 사립학교를 규제하기 위한 장치를 구축하고자 하였다. 1908년 8월에 「사립학교령」과 「교과서용 도서 검정규정」 등을 제정·공포하여 사학 통제를 위한 후속 법률적 장치들을 마련하였다. 「사립학교령」에서는 사학의 설립에 필요한 요건들을 명시하고 이 요건을 충족한 경우에만 설립 인가를 받을 수 있도록 규제하였으며, 사립학교의 교원과 설립자의 조건을 엄격하게 규정하였고, 또한 통감부가 사립학교에 대한 폐쇄를 명령할 수 있는 조항도 마련해 두었다. 아울러 「사립학교령」에서는 학부 편찬이나 검정받은 도서를 교재로 사용해야 한다고 규정하여, 사학의 교과과정까지 감독, 통제하려는 의도를 드러내고 있다.

「사립학교령」 반포 이후 전국 사립학교의 절반 정도인 2,250개교 (1910년)만 설립 인가를 받을 수 있었으며, 그중 823개교의 선교계 학교가 포함되었다. 연동여학교 역시 이 사립학교령에 의해 인가받았다.

1909년 연동여자중학교를 정신여학교로 교명을 바꾸었는데 교명의 '정(貞)'과 '신(信)'은 여자의 곧은 절개와 굳은 신앙을 무엇보다도 귀하고 높은 신조로써 삼는다는 의미를 담은 것이다.

그러나 이전과 같은 정신여학교의 교육철학과 이념에 기반한 여성교육을 실행할 수 없는 통감부 교육 통제의 울타리로 들어가게 되었다. 그러므로 1909년 이후 일제의 식민지 교육정책의 체제하에서 감시와 통제를 벗어날 수 없게 되었고 이후 식민지 교육정책의 시대적 변화에 따라 정신여학교의 운영도 변화될 수밖에 없는 운명이었다.

이러한 일제의 통제하에서 정신여학교는 과거의 민족교육과 애국정신을 북돋으려는 교육방침을 굽히지 않겠다는 의지를 곧은 절개와 굳은 믿음을 잊지 않고자 '정신'이란 이름에 길이 남긴 것이리라.

1935년 지정학교로 지정

정신여학교는 1935년 지정학교로 지정받았다. 일제강점기 식민통치하에서도 정신여학교 학생들은 이전부터 학교 교육에서 배운 민족의식과 나라 사랑의 정신을 갖추고 조국 해방이란 민족 과제의 해결을 늘 생각했다. 이렇게 무장한 정신여학교 학생 그리고 교사들은 1919년 3·1운동과 1926년 6·10 만세 운동 등에 적극적으로 동참하였지만, 이 때문에 일제로부터 탄압과 감시를 받게 되었다. 1911년의 학제 개정으로 중등교육기관이 여자고등보통학교로 개편될 때, 일제 학무국은 이전부터 선교계 학교로 평등, 자유, 및 민족의식을 강하게 심어주는 여성교육의 온상이라 간주한 정신여학교를 여자고등보통학교로 인가해 주지 않았다.

일제는 1915년에 사학 통제 정책을 강화하는 방향으로 「사립학교 규칙」을 개정하였다. 개정된 「사립학교 규칙」에서는 모든 사립학교 교원들의 자격 기준을 강화하였고, 특히 일본어에 능통해야 할 것을 요구하고 있다. 민간 교육 영역에서의 일본어 보급과 일본인 교원 채용을 유도하기 위한 것이다. 개정된 「사립학교 규칙」은 사립학교가 받아들이기 어려운 조항은 바로 교육과정에 대한 통제에 있었다. 즉 규정에 포함되지 않는 교육과정이나 교과목은 아예 가르치지 못하도록 명시해 두었다. 이에 기독교연합회 내부에서 일제에 대처하는 견해가 강경론과 온건론으로 나누어졌다. 장로교 학교 경영자들은 앞으로 10년간 유예를 두고 투쟁하다가 성경 과목 실시가 받아들여지지 않을 때는 폐교하자는 전자의 입장에 섰다. 정신여학교는 자연히 폐교를 각오하고 강경한 입장에서 반기를 들었다.

더구나 1919년 고종황제의 국상 때 학생들이 단체로 복상하며 일제에 항거한 행동과 1919년 11월 세간을 떠들썩하게 만든 여성 독립운동단체인 대한민국애국부인회의 중심인물들이 거의 정신여학교 출신으로 밝혀진 사실 역시 일제의 탄압을 더욱 강화시킨 듯했다. 이후 동문(同門) 등에서 협조적으로 구명운동을 벌인 끝에 비로소 1935년 지정학교로 지정받을 수 있었다.

1945년 3월 폐교

하지만 1930년대 들어 전시체제로 전환한 일제는 기독교계 학교에까지 신사참배를 강요하였다. 신사참배는 종교의식이 아닌 국가 의식이므로 이 의식에 반드시 참여해야 한다는 규제였다. 이러한 일제의 논리는

기독교계 학교들을 일제에 순응하는 학교로 만들기 위한 책동에 다름아
니다.

이러한 일제의 교육정책에 1936년 미북장로회 선교부 회의에서 교육
사업 철수가 결의되어 이들이 운영하던 경신학교와 정신여학교도 폐교
문제가 대두되었다. 당시 한국인들은 학교 이사회, 동문회, 경성노회 등
각 단체에서 서울선교지부와 선교부 실행위원회 및 해외 선교부에 끊임
없는 학교 인계 방안을 모색하던 중 경신학교는 안악 김씨 문중과 협의
하여 북장로회 선교부에 사례금을 주고 경신학교를 인계받게 되었다.

정신여학교는 역시 경성노회와 동창회가 협력하여 학교를 인수 방법
을 모색하고 유력한 인계 후보자와 해외 선교부와의 여러 차례 논의 과정
을 거쳤지만 쌍방간 인수조건의 차이를 극복하지 못하고 실패하고 말았
다. 마침내 1942년 3월 언더우드의 학교 설립자 자격이 박탈되고 정신여
학교는 적산(敵産)으로 인수되어 일제 측이 경영하였다. 선교사들이 강제
추방당하게 되면서 학교는 풍문재단으로 흡수되었다. 이후 연지동에서
안국동 교사로 옮기고 당국에 고등여학교 승격을 신청하여, 1945년 3월
19일 '경성풍문고등여학교'가 되었다.[42] 결국 정신여학교는 1945년 3월
에 폐교되었다.

해방 이후 1947년 5월 복교되었고, 1950년 6월 정신여자중학교와 정
신여자고등학교로 분리, 개편되어 현재에 이르고 있다.

학생들, 그리고 정신여학교가 끼친 영향

자립, 사상적 성숙, 재능 나눔

정신여학교 학생 중 바느질이나 전통 자수 기술을 배워서 만든 작품으로 스스로 식비와 학비를 버는 경우가 적지 않았다. 정신여학교에 입학하는 학생 중 가정형편이 어려운 사람이 있어 학교에서는 이들로 하여금 자력으로 학비를 벌 수 있는 부업을 찾아냈다. 선교사들은 자신들이 미국에서 경험했던 여성의 부업인 바느질에 착안해 학생들에게 자수와 코바늘 뜨개질을 가르쳤다. 바느질은 정신여학교가 정동여학당시절, 연동여학당 시절 학과목과 함께 학생들에게 교습했던 주요 실기 과목이었다. 실기수업을 통해 자수와 코바늘뜨개질의 기술을 배운 학생들은 그 기술을 활용하여 좋은 작품을 만들었다. 학교에서는 학생들의 작품의 판로를 개척하여 그 판매의 수익금을 학생들의 학비로 쓸 수 있도록 도움을 주었다. 그중 한국에 주재한 미국공사관의 도움으로 한국을 찾은 미국 여행객들에게도 판매할 수 있는 기회를 얻기도 하였다. 그 외에 학교 차원에서 국내뿐 아니라 미국의 판로도 개척하여 한해 학생 15~20명 정도가 스스로 학비를 벌 수 있도록 지원하기도 하였다. 선교사들의 친구, 밀러나 겐소 선생이 학생들의 작품을 미국에서 팔 수 있도록 판로개척의 도움을 주었던 것이다. 이러한 수예 작품의 판매 활동은 1919년 결성된 혈성단애국부인회, 대한민국애국부인회의 회비나 경비를 확보하는 주요한 방법으로 이어져 빛을 발했던 사실도 주목할 지점이다.

1916년의 연례보고서에 의하면 수업 이외에 교내에서 행해진 기도나 혹은 부흥 집회의 다양한 기도 시간을 통해 참여한 모든 학생은 진리를 목표로 사랑과 정의를 실천하려는 기독교적 영성을 내면에 쌓아나갔다. 이러한 과정을 통해 학생들은 참된 기독교 사랑의 의미를 깨닫는 열매를 맺어 후일 국가와 민족을 위한 희생정신을 발휘할 수 있도록 단단해졌다.

진정한 기독교 정신을 알게 된 학생들은 자신이 깨달은 사랑을 이웃사랑으로 실천하였다. 예컨대 학생들이 여름방학에 귀향하여 고향 사람들에게 뜨개질과 바느질 배우는 것을 도와주고 주변의 할머니들에게 글 읽는 법을 가르친 활동도 이웃사랑의 실천이었다. 그 외에 상급반 학생들은 학교 재단이 운영하는 연동교회의 아침 주일 학교에서 학생들을 지도하는 선교활동에 나선 것도 그 일환이었다.

그 밖에 학생들은 본인들이 정신여학교는 물론 선교본부와 이를 도운 미국교회로부터 많은 것을 지원받았다고 생각하여, 감사한 마음으로 자신들이 받은 도움을 다른 사람들에게 나누는 일을 하였다. 학생들은 어려운 환경에서도 한 달에 4달러씩 헌금을 모아 서울 남부지역의 여전도사를 후원하기도 하였으니, 이런 나눔의 실천은 여학교를 졸업한 후에 각자가 처한 일상에서도 이어지는 경우가 많았다.

졸업 이후 학생들의 진로

정신여학교 교장이 장로회 선교본부에 보낸 연례보고서에 의하면 학교를 졸업한 학생들의 진로는 대개 3가지로 나뉘어 진다. 졸업 후 결혼하여 가정주부가 되는 경우, 교단에서 운영하는 초등학교나 여학교의 교사로 진출하여 후학을 양성하는 졸업생이 있다. 그리고 소수이지만 학업을 계속하고자 상급학교나 전문학교로 진학하는 사례도 보이는데, 이 들 중에는 미국이나 일본으로 유학을 떠나는 학생도 적지 않다. 초기 졸업생 중 유학을 떠난 대표적인 인물이 1907년 1회 졸업생인 김필례와 이혜경, 그리고 4회 졸업생 김마리아를 꼽을 수 있다.

자료를 살피면 1914년의 졸업생 12명 중 8명은 "강계부터 마산포에 이르기까지 기독교 학교에서 가르치고 있으며, 1명은 정신여학교에서 가르치고 있고, 1명은 보통 과정(정신여학교 내)을 밟고 있으며, 1명은 서울 성경학원에 다니고 있다."는 사실을 보고서에서 확인할 수 있다.

이 사실을 통해 한국 개항 이후 초기에 설립된 근대적 여학교의 초창기 졸업생은 졸업 후 모교와 여학교 교사로 재직한 이가 12명 중 9명, 상급학교나 성경학원으로 진학 12명 중 2명으로 정리할 수 있다. 다시 말해 정신여학교의 체계적 학교교육을 받은 학생들이 선구적인 여성으로 성장하여 사회로 나가 자신의 역할을 감당하고 있다는 의미가 아니겠는가. 이러한 양상은 1915년에도 비슷하게 나타났다는 점으로 미루어 어렵게 여학교를 졸업한 후 대부분이 교사로 취업하거나 소수의 학생이 상급학교로 진학했던 것을 알 수 있다. 1918년도 13명의 졸업생 중 7명이 기독교 학교의 교사(보조교사)로 취업했고 2명은 학업을 계속하였다는 자료에서 유사한 흐름이 나타났다.[43] 각지의 학교로 진출한 졸업생이 어떻게 학생을 가르쳤는지는 1919년 3·1운동이 발발한 그 시기 각지에서 교사로 재직하고 있던 정신여학교 출신 졸업생들이 각지 독립운동을 주도하는 중심 인사로 혹은 그 지역 3·1운동에 학생들의 참여를 독려하거나 자신이 그 시위에 앞장서는 활약 등으로 입증된다.

정신여학교 동창회 조직

1914년 여름에 정신여학교 동창회가 조직되었고, 이들은 매해 동창회를 열어 열성적으로 모임을 이끌었다. 이 조직은 졸업생 자체가 학교의 큰 홍보가 되고 있음을 보여 주며 1919년 3·1운동 이후 독립운동에서 정신여학교 졸업생들이 다양한 지역에서 지회를 만들고 독립자금을 모금하는데 지대한 공을 세운 바 있다. 특히 이러한 동창회의 지역조직은 3·1운동이 서울에서 각지로 확산되는데 기여하였으며, 1919년 3월 결성된 혈성단애국부인회, 그리고 6월 대한민국애국부인회로 발전하면서 더욱 활발한 지회설립이 확대될 수 있었던 것도 역시 지방의 정신여학교 출신자들의 협조로 가능했다. 이런 협조가 신속하게 가능할 수 있던 것은 바로 동창회 조직의 연결고리에 그 장점이 있었다고 추측된다.

정신여학교가 한국 여성교육에 미친 영향

비교과 활동의 적극적 실시

정신여학교는 이화학당과 비슷한 성격의 교과목과 교재를 사용하여 교양교육을 실시했으며 교사들도 형편에 따라 서로 왕래하기도 하였다고 한다. 특히 두 학교는 여학생들에게 비교과 과목의 중요성을 인식시켜 여학생들이 비교과 활동에 적극적으로 참여하도록 고무하였다.

서구의 학문과 교과목을 받아들이는 데 선구적 역할을 했다고 평가받고 있다. 전통 교과와 근대 교과를 동시에 설정하고 있다는 정신여학교나 이화학당과 같은 선구적인 근대 여학교는 여성교육과 한국 근대 공교육 체제의 형성에도 큰 영향을 미쳤음에 틀림없다.

영어보다 한글 교육, 자수, 요리에 역점

교과목과 관련해 정신여학교의 교육과정이 이화학당과 가장 두드러진 차이는 조선의 고유 언어인 '국문'과 요리, 조선식 자수를 배우고, 영어는 가르치지 않았다는 데 있었다. 그 이유는 설립자와 그를 도와 학교의 기반을 다진 선교사 선생들이 소녀들이 가정을 이루고 살 때 외국식 습관을 갖게 하는 것을 실수라고 여겼기 때문이라고 한다.

즉, 한국 여성을 한국 고유성을 지닌 기독교인으로 키운다는 목표로 교육시켰다는 점이다. 정동여학당의 학생들은 다음과 같이 생활교육과 신앙교육이 무엇보다 강조된 생활을 하였다. 정신여학교에서는 한국어 교육을 고수한 것이 차별화된 점이었다.

가사와 바느질과 생활교육 중시 여성교육 정신이 아무리 투철하다 할지라도 조선 여성으로서의 정신이 없으면 학생들을 제대로 가르칠 수 없다는 이유였다.

성경 중심의 신앙인 육성에 역점

다음으로 연동여자중학교의 근본 교육이념이 성경을 중심으로 신앙인의 사표를 길러내기 위함이기 때문에 성경 과목에 가장 주력하지만 민족 공동체의 한사람으로서의 역할을 수행하기 위해서는 민족의식 고취도 중시하므로 이를 담은 역사와 한문 과목도 중요시한 점이다. 그 외 일상

생활에서도 배움을 실천하는 선구적 여성의 모범이 되기 위해 가사와 재봉 등과 예의범절 교육도 중히 여긴 것도 눈여겨볼 부분이다.

아울러 당시의 학생이라면 누구나 '자신은 이미 나라에 바쳐져 있는 몸'으로 알았다. 그래서 여학생들은 더욱 기도 생활과 믿음 생활에 부지런히 최선을 다하였다. 이는 정신여학교 설립자인 앨러스가 세운 '하나님을 믿자, 바르게 살자, 이웃을 사랑하자'란 교훈은 어디까지나 나라를 사랑하고 복음을 중추로 삼는 여성 양육을 위한 교육에서 비롯된 것이다. 이 같은 교육을 통해 여학생들은 근대적 신학문의 지식을 수용하여 지적으로 성장하는 한편, 헌신적인 사랑과 희생정신을 바탕으로 민족을 위해 헌신하는 여성 지도자의 리더쉽을 발휘하였다.

1   백낙준, 『한국개신교사(1832-1910)』, 연세대학교출판부, 1973, 123쪽

2   정신여자중고등학교, 『정신백년사』 상권, 84-85쪽.

3   이를 입증하는 내용이 『고종실록』이나 『승정원일기』에서 확인되지 않는다. 또한 일부 자료에 『고종실록』 24권 1887년 11월 24일 혜론(惠論)에게 특별히 2품을 가자(加資)했다는 자료를 인용하였는데 여기의 혜론은 의사 (John W. Heron)이다.

4   주선애, 「여성교육의 관점에서 본 한국 기독교 여성교육의 초기 현황과 미래 전망」, 『기독교교육논총』, 13집, 2006, 59-61쪽.

5   『정신백년사』 상권, 109쪽.

6   정신여자중고등학교, 『정신75년사』, 1962, 57쪽 (『정신백년사』 상권, 113쪽에서 인용)

7   정신여자고등학교 사료연구위원회, 『애니 엘러스: 한국에 온 첫 여의료 선교사』, 83-135쪽.(이하 『선교편지』로 약칭)

8   오천석, 『한국신교육사(상)』, 현대교육총서출판사,1964, 57쪽.

9   백낙준 앞글, 123쪽.

10 엘렌 스트롱(1860~1903)는 8년간 서울에 거주하며 서울 남쪽 지역을 대상으로 순회 전도하고 , 정신 여학교 초기 여아모집과 교육 운영에 적극 협력하였다.
    [출처] 247. 엘렌 스트롱, 서울 남부 지역 여성 전도 활동 및 정신 여고 설립에 협력|작성자 둘로스

11 『정신백년사』 상권, 132쪽.

12 김향숙, 「개화기 여학교의 교과 및 비교과 교양교육 1)여학교의 교과 및 비교과 교양교육」 『교양교육』, 12-3, 2018.6 167쪽

13 『선교편지』, 136쪽.

14 『정신백년사』 상권, 118쪽.

15 앞글, 117쪽.

16 앞글, 116쪽.

17 『정신75년사』, 60쪽; 『정신백년사』 상권, 119쪽.

18 『정신백년사』 상권, 124쪽.

19 『정신백년사』 상권, 120쪽.

20 『선교편지』, 304쪽 (1894.8)

21 이 부분에 관한 자료는 『선교편지』(1899-1900)를 근거로 하였다.

22 「조선 여성을 미국식 숙녀가 아닌 하나님 백성으로 기른 왐볼드」『선교신문』 2020.11.24

23 『선교편지』 374~380쪽

24 『선교편지』 , 366-368쪽,

25 『정신백년사』 상권, 142-144쪽,

26 『정신75년사』, 117-8쪽; 한국교육개발원, 1994, 99쪽.

27 정동여학당의 헤이든 교장과 1890년 결혼하였고, 조선성교서회 창립위원, 경신학교교장 역임함

28 「구한말 한성감옥 도서대출순위」 (독립기념관제공) 2위는 『태서신서』, 3위는 『중동전기』 이다.

29 이상구 외, 「한국 근·현대수학 교재 연구」, 한국수학교육학회지 시리즈 E 『數學敎育 論文集』 제 31집 제1호, 2017. 2. 149-177쪽.

30 『조선일보』 1934. 11.28 기사

31 『정신75년사』, 122쪽.

32 『선교편지』, 560쪽

33 『정신75년사』, 219쪽.

34 『정신75년사』 129-130쪽 ,『김원근판결문』에 1920년 52살로 기록되어 있다.

35 『김원근 판결문』, 경성지방법원, 1920. 3. 19.

36 『정신교지』 7집, 20쪽

37 고춘섭편저,『하늘과 땅 사이에서 : 순원 신의경 권사 전기』, 금영문화사, 2001.

38 『정신75년사』 157쪽.

39 고춘섭, 앞글, 78쪽.

40 『연동교회 애국지사 16인 열전』, 331쪽.

41 『연동교회 애국지사 16인 열전』, 323~324쪽.

42 박혜진 「서울지역 미 북장로회선교부의 교육사업철수와 학교 인계 연구– 경신학교와 정신여학교를 중심으로 –」 「한국기독교와 역사」 제32호(2010년 3월 25일)

43 『정신백년사』 상권, 558쪽.

3장

정신여학교 학생들, 독립운동 전선에 서다

정신여학교 학생들이 국가와 민족을 생각하게 된 직접적인 계기는 1907년 8월 군대해산에 저항한 대한제국군 시가전 당시 대한제국군 부상병을 간호했던 '여도의거(女徒義擧)'란 사건이었다. 이를 시작으로 정신여학교 학생들은 일제 강점기 3·1운동 참가와 시위 주도, 1919년 3월 혈성단애국부인회(血誠團愛國婦人會)와 대한민국애국부인회(大韓民國愛國婦人會)의 결성 및 독립운동, 1926년 6·10만세운동, 1929년 11월 3일 광주 학생 투쟁으로 독립운동의 맥을 이어 항일투쟁에 나섰다. 이들은 학교에서 배운 지식을 실천하는 지식인으로 민족과 조국의 독립이란 시대적 과제를 해결하고자 노력하였다.

　　대한민국애국부인회는 정신여학교 독립운동을 대표하는 조직으로 핵심멤버는 물론 조직을 구성하는 회원 중 다수가 정신여학교 졸업생, 재학생이었고, 본부는 정신여학교에 설치되었으며 지부조직도 정신출신과 연계되었다. 특히 주요 임원 9명 중 8명이 정신여학교 출신이었던 점은 주목을 요한다. 『정신백년사』에 따르면 1907년 1회 졸업생 이후 1922년 14회까지 졸업한 학생 총수가 169명인데 이중 3·1만세운동을 비롯한 다양한 독립운동에 참여한 인원이 80여 명에 달한다. 이는 졸업생의 50%에 해당되는 수치다.

　　1898년 한국 여성들이 자발적으로 「여학교설시통문」을 선포하며 여성에게도 교육의 기회를 달라고 세상에 외친 지 불과 20여 년이 지난 시점에서 여학교에서 교육받고 독립운동 전선에 과감히 나선 그들의 용기와 결단은 가히 선구적인 여성의 귀감이라 할 수 있지 않을까.

　　이러한 결과를 가져온 원인은 무엇일까? 정신여학교(정신여자중고등학교)에서 펴낸 『정신75년사』에서 그 답을 찾을 수 있다.

(정신여학교) **교육의 초점은 국권의 회복과 자주독립, 애국정신을 고취시키는 데 있었고** 특히 **모세와 바울의 행적**을 사례로 주입됐다. 학생들로 하여금 성경 속 예화로 감동 감화시켜서 매일 새 각오와 결심을 다지게 했고 … **삶의 교육을 성경에서 찾도록 했다.** 특히 신마리아 선생은 교육 목표는 **경천애인(敬天愛人 : 하늘을 숭배하고 사람을 사랑함)**하는 국민을 튼튼하게 양성함에 있었다. … 둘째 민족과 국가를 사랑해 목숨을 아끼지 않는 애국적 인재를 기르는 것이 시대적인 요구라 생각했다… 성경에 바탕을 둔 선생의 교육이념은 '썩은 한 알의 밀알이 되는 것'이었다.

(진한 글씨는 저자 표시)

1. '1907년 군대해산'과 민족·조국에 대한 새로운 경험

정미의병 발원터 기념 표지석
(출처: 한국학중앙연구원)

1907년 일제는 헤이그특사사건을 구실로 고종을 강제 퇴위시키고 순종을 등극시킨 다음 「한일신협약(韓日新協約)」을 강요하여 차관 임명권 등을 탈취하였다. 조약의 부속 밀약으로 「한일 협약 규정 실행에 관한 각서」를 교환하였다. 이 각서의 체결로 군사주권도 빼앗기게 되었다.

1907년 7월 31일 「군대해산 조칙」(『순종실록』 1907.7.31.)이 발표된 직후 8월 1일 군대해산이 서울을 시작으로 전국적으로 단행되었다. 이 과정에서 서울에 주둔한 시위대 제1연대 제1대대장 박승환(朴昇煥)은 지휘자로서의 책임을 통감하고 자결하였다.

연동여학교 학생들, 대한제국군 부상자 간호

대대장의 자결을 계기로 군대해산 명령을 거부한 채 무기를 반납하지 않은 제1연대 제1대대와 제2연대 제1대대 장병들은 무장한 일본군 2개 대대 병력과 남대문, 창의문 일대에서 교전하였다. 이 전투에서 일본군 은 30여 명이 전사하였지만, 한국군(대한제국군)은 100여 명이 전사하고 100여 명이 부상당했으며, 그 외 500여 명이 포로가 되었다.[1]

이 항거는 부상당한 한국군을 치료하는 과정에서 한국인 간호사는 물론 이들을 도와 부상병을 치료하며 함께 그 비극을 경험한 한국 여성들의 항일구국의식을 깨우치는 역사적인 계기가 되었다. 즉, 당시 교전(交戰)지역 근처에 자리한 세브란스병원 의사 에비슨(Oliver R. Avison, 어비신(魚丕信))은 그 상황을 묘사하고 한국인 간호사들의 의식이 변화되었다는 점을 지적하였다.

> (한국인) 젊은 여자 간호원들은 한 번도 남자 환자를 돌본 적이 없었다. 처음에 그들은 모여서서 수많은 부상병이 한꺼번에 누워있는 엄청난 광경을 눈앞에 보면서 안타까워할 뿐이었다. 그러다 이 병사들이 바로 자기 민족을 위해, …싸웠다는 것, … 간호원 중 한 사람이 그 오랜 관습

을 깨뜨렸다. 그러자 모든 간호원들이 너나 할 것 없이 그녀를 따라 나섰다. …조선 여성 간호원들은 … 일하느라 자기들이 간호하는 환자들이 남자라는 사실을 잊을 정도였다.[2]

갑작스럽게 발생한 한국군 부상병들을 살리기 위해 '남녀유별'의 오랜 관습 틀을 과감하게 무너트리는 '조선' 여성 간호사들의 진취적 선택을 확인할 수 있다. 이 시기 여성 간호사들에게 위기에 처한 민족구성원을 구해야 한다는 사명감과 민족과 나라를 지켜야 한다는 민족에 대한 새로운 경험이 싹트는 계기가 되었다.

그런데 당시 위급상황에서 부상병을 처치하기 위해서는 병원 간호사로는 부족하였다. 이때 간호사는 아니지만 여학생들이 자발적으로 부상병 간호에 나섰고, 지나던 여성은 주변 사람들을 독려하여 부상병을 병원으로 이송하는데 최선을 다했다고 신문은 전했다.

즉, 1907년 8월 4일 『대한매일신보』에서는 「여도의거(女徒義擧)」라는 제목으로 그날의 활약상, '여도, 즉 여학생'들의 부상병 치료를 의거라 칭하였다.

그저께 한일 병사들이 교전할 때에 부상한 한국 병정을 남대문 밖 제중원에 수용 치료한다는 말은 이미 게재하였거니와, 이 병원 남녀 간호원과 보구여관 간호원들이 지성으로 구호한 것은 거론치 않을 수가 없다. **연동중학교** 학생들이 회동하여 상의하기를 저 동포는 나라 위해 순절한 자도 있는데 우리들은 비록 여자이나 의로운 일을 하지 않을 수가 없다라고 하면서 그날 밤부터 제중원으로 가서 부상 장병들을 열심히 간호하였다. 그 장병들도 여학생들의 의거에 감복하여 눈물을 뿌리며 치사했다. 또한 그날 밤 양복한 한 여자가 일어와 영어에 능통한데 포탄이 비오듯 하는 속에 뛰어 들어가 군중을 향하여 "우리나라 동포를 우리들이 구하지 않으면 누가 하겠는가"라고 하고, 친히 스스로 분주하게 뛰며 부상병을 사면에서 찾아 병원으로 들 것에 실어 운반하였다.

「女徒義擧(여도의거)」
(출처: 『대한매일신보』 1907.8.4)

이 기사의 제목에서 언급한 '여도'는 다름 아닌 연동여학교 학생이다.

연동여학교 교사 김필례의 증언

당시 상황을 보다 상세하게 알려준 사람이 현장에서 부상병 치료를 도왔던 연동여학교 교사 김필례(金弼禮)다. 김필례는 연동여학교 1회 졸업생으로 졸업과 동시에 모교에서 수학 교사로 재직하던 중이었다.

…1907년 8월 1일 (중략) 비가 쏟아지고 있었던 거리엔 군인들의 피로 빨갛게 물들어 있었다. … 우리 집은 지금의 서울역 맞은편 구 세브란스

병원 초입에…있었는데 병원으로 조선군인들을 실어오는 수레가 연달
아 들어오고 있었고 그 밑으로 빗물과 사람피가 줄줄히 흐르고 있었다.
오후 2시쯤 병원 의료과장인 필순 오빠(김필순)가 내려오셨다. 나랑 순
애 언니(김순애, 3회 졸업) 그리고 큰 오빠네 세 딸인 함나(김함라, 2회
졸업), 미리엄(김미렴, 4회), 마리아(김마리아, 4회) 등 우리 다섯 처녀더
러 군인들을 간호하라는 것이었다. 어머니는 펄펄 뛰시면서 계집애들
을 어디다 내놓느냐고 처음에 반대하셨지만 오빠가 귀족의 딸이었으나
전장에까지 몸소 찾아가 군인들을 간호했던 나이팅게일의 얘기를 하며
설득하는 바람에 밤에 나가서 하라고 겨우 허락을 내리셨다. (하략)[3]

당시 김필례는 1908년 세브란스 의학전문학교 제1회 졸업생으로 신
민회, 서간도 지역 독립운동기지를 개척한 독립운동가였던 오빠 김필순
(金弼順, 1878~1919, 애족장)과 함께 살고 있었던 것으로 보이며, 그 위

서울역 앞 세브란스 병원(세브란스씨 기증으로 남대문 밖 복숭아골(현 도동)에 병원 신축,
세브란스병원으로 명칭 변경, 출처: 연세의료원)

치는 현재 서울역 부근으로 당시 세브란스 병원 근처였다.

김필례는 "…이때(1907년 여도의거) 체험은 나랑 우리 다섯 처녀들의 일생을 통해 나라 사랑하는 마음, 일본에 대한 분함과 증오, 그리고 우리나라가 독립해야겠다는 강력한 투쟁의지와 책임을 느끼게 하여 주었다.…"고 회고한 바 있다. 즉 이날의 경험이 본인은 물론 구호활동에 참여한 모두에게 나라와 민족의 중요성에 대한 자각, 일본의 만행직시, 독립을 위한 투쟁 등을 깨닫게 해주었다는 점에서, 이 사건이 당시의 간호사나 여학생들의 민족의식을 고취하는데 결정적 계기가 되었다고 해석할 수 있다.

그날의 경험을 함께 나눈 김마리아 역시 정신여학교 재학 시 국어 시간 중 작문에 얽힌 일화에서 그런 일면을 엿볼 수 있다. 이 내용은 2장에서 다루었지만, 간략히 재론하면 국어 수업 중 친구들이 감성적인 주제를 취한 것과 달리 글짓기 주제를 찾은 김마리아는 일본의 탄압상을 신랄하게 비판한 글을 써서 모두를 놀라게 하였고, '내 나라 내 주권을 찾아야겠다는 마음이 당연함'을 밝힌 마리아의 강렬한 민족 독립 의식은 김필례의 그것과 다르지 않았다.

2. 3·1운동과 정신여학교

1919년 3·1운동은 신분, 지역, 남녀의 차별을 뛰어넘어 당시 2천만 민족이 하나로 단결하여 일으킨 거족적 민족 독립운동이었다

여성들도 3·1운동의 준비 단계에서부터 자발적이고 적극적으로 참여하였으며, 전국적으로 확대되었을 뿐 아니라 국외에서 일어난 모든 시위운동에 참여하여 만세를 불렀다. 특히 부산, 해주, 천안, 아우내 지역 시위에서는 여성이 주도적 역할을 함으로써 '역사 주역 여성'이라는 사회적 인식의 변화를 가져오게 하였고, 여성 항일운동은 단순한 민족독립운동 참여에서 벗어나 단단한 조직을 통한 보다 적극적인 운동으로 발전하였다.[4]

고종 황제의 승하 소식과 정신여학교 학생들의 대응

흰 저고리 치마에 검은 댕기

1919년 1월 22일 고종황제가 승하했다는 소식이 전해졌다. 당시 나라 안에는 고종이 일본의 음모에 의해 독살되었다는 소문이 전국으로 퍼져갔다.

이러한 분위기 속에서 고종황제의 붕어 소식을 들은 정신여학교 기숙사의 70여 명 학생들은 흰 저고리 치마에 검은 댕기를 드리고 식당으로 내려갔다.

『선교편지』에서 루이스 교장은 본부에 이런 글을 보냈다.[5]

2월 초 학생들이 머리에 검은 '댕기'나 리본을 달고 온 것은 어떤 의미였을까, 그것은 선왕에 대한 작은 애도의 표시였다. 검은 댕기 자체는 작은 것이지만 그것이 상징하는 애국심과 나라 사랑의 깊이는 어느 누구도 말할 수 없을 것이다. 오후 시간에는 구름이 몰려드는 것과 같이 마침내 자기 확신과 자주적 생각이 폭우와 같이 쏟아졌다. 여학생 등을 설득하여 검은색 리본을 붉은 리본으로 바꾸어 달게 하는 것은 어려웠지만 그들이 교회로 갔다. 이는 학생들이 너무 주위의 주목을 끌지 않을까 하는 염려 때문이다.

3.1운동 당시 기숙사 사감이었던 정신여학교 출신 김영순(金英順) 선생도 당시 학생들의 자발적인 저항 모습을 다음과 같이 설명하였다.

고종황제 국상시 사감으로 있었는데, 갑자기 1919년 1월 22일 국상이 났다는데 일인이 독약을 썼다는 풍문도 들리고 … 기숙생들은 그 소문을 듣고 70여명이 흰옷과 검은 댕기를 드리고 단체행동을 하고 식당에 내려 왔습니다. 그래서 학교당국에서는 학무국의 지시가 있을때까지 흰옷을 벗고 댕기도 풀어 놓으라고 했으나 학교당국의 말을 듣지 않고 심지어 댕기를 치마춤에 감추어 가지고 다녔습니다. (하략)

『정신백년사』(285쪽)

김영순 사감은 속으로 학생들의 행동을 몹시 대견히 여겼지만, 학생을 지도해야 하는 사감으로서 학생들이 당할 불이익을 염려하지 않을 수 없었다.

루이스 교장은 총독부의 지시가 있을 때까지 복장을 풀라고 하였으나 학생들이 말을 듣지 않았다. 결국 학교 당국의 지시에 따르지 않는다는 이유로 강유감, 김경순(12회), 황희수(14회), 정한렬 등 7명의 주동 학생에게 정학 처분을 내렸다.

학생들은 이에 굴하지 않고 더욱 완강하게 나서서 스트라이크(동맹휴학)를 일으켰다. 학교 당국은 이 사태를 해결하고자 일본에서 유학 중인 김마리아를 귀국하도록 전문을 보냈다. 2월 21일 김마리아가 학교에 왔다. 당시 교장은 총독부 학무국으로부터 책임추궁을 받을까 염려해서 학생들에게 상장(喪章)을 달지 못하게 했지만, 한국인 선생들 역시 학생들과 같은 마음이라서 적극적으로 나서지 않았다. 김마리아 역시 교장의 의도와 달리 후배이자 제자인 학생들의 행동을 독려했다고 한다.[6]

정신여학교 학생들, 3·1운동 부상자 치료

한편 1919년 3·1운동에서 간호사들의 부상자 치료 활약상은 이를 곁에서 지켜 본 여학생들로 하여금 간호사 역할의 중요성을 일깨우는 계기가 되었다.

3·1운동 당시 세브란스병원 간호부양성소 교수였던 러들로우 부인(Mrs. A. I. Ludlow)은 3·1운동이 시작할 무렵 (정신여학교) 여학생들이 부상당한 한국인들을 간호하기 위해 즉시 병원으로 달려왔으며, 이들 중 10명이 현재 간호사 교육을 받기를 결심하였다는 것과 미국과 견주어서 전혀 실력이 떨어지지 않는 여학생 40여 명이 현재 간호교육을 받고 있

다는 점을 강조하였다.[7]

3·1운동에 참여한 정신여학교 학생들

3월 1일 정신여학교 학생들, 교문 밖으로 나오다

고종황제의 국장일 이틀 전인 3월 1일 오후 1시경 정신여학교 학생들의 동요를 포착한 선생들은 학생들이 다칠까 우려하여 교문을 막고 나가지 못하게 했지만, 학생들은 모두 빠져나갔다. 학생들은 베 헝겊 띠를 허리에 두르고 짚신을 들메로 묶고 뛰었다. 파고다 공원에는 시민들과 정신여학교 학생, 숙명, 이화, 진명 그리고 경신, 배제, 양정, 중앙, 휘문, 보전(보성전문학교, 현재의 고려대학교), 연전(연희전문학교, 현재의 연세대학교) 시내 각급 학생들 4천여 명이 모여들었다. 2시경 탑골공원의 팔각정 단상에서 「독립선언서」를 낭독해 불을 지폈다. 학생들은 태극기를 높이 들고 '대한독립만세'를 외치며 시가행진에 돌입했다.[8]

김마리아, 일본 유학 중 귀국 2·8 독립선언서 전달

김마리아는 일본에서 2·8 독립 선언운동에 관여했다는 혐의로 일경에 검거되어, 조사받다가 무혐의로 풀려난 후 서둘러 2·8 독립선언서를 숨겨 귀국하였다. 김마리아는 정신여학교 교장이 학생들의 고종승하에 대한 항거사태를 해결하고자 귀국을 종용한 점을 고려하여 서둘러 서울로 올라와 2월 21일 학교에 도착하였다. 부산, 광주를 거쳐 서울로 올라온 김마리아는 정신여학교 교사로 재직 중인 2년 후배 장선희(6회)를 찾아 왔다. 그녀에게 숨겨온 2·8 독립선언서를 보이며, "동지가 될 사람 없니? 이제 곧 서울에서 애국지사들이 독립운동 거사를 일으킬 계획이야 이 독립선언서를 전국 방방곡곡에 밀송해야 하는데 이 일은 우리 여자들이 해야 안전하니 빨리 동지를 규합해야겠어"라고 말했다.

선배 김마리아의 비밀스러운 거사언급을 들은 장선희는 정신여학교 5년 후배인 이성완(11회)과 세브란스병원 간호사 이정숙(11회)에게 알려 뜻을 같이하기로 하고 황해도 재령 사는 오빠와 역시 정신여학교 출신 황주의 신연애(10회), 평양의 변숙경에게 편지를 써서 황해도와 평안도로 가는 김마리아편에 주었다. 오빠에게는 자금을 보태주고 나머지는 잘 지도받으라는 간단한 내용이었다.[9]

장선희는 3월 2일 저녁 정신여학교 동지들과 각 지방에 3·1독립선언서 전달하는 임무를 부여받고 세브란스병원 지하실로 김태연 목사를 찾아가 선언서와 경고문을 받아가지고 왔다. 정신여학교 기숙사 212호실에서 비밀문서를 트렁크 바닥에 숨기고 두루마기의 뒷잔등이를 뜯어 독립선언서를 펴서 넣은 다음 꿰매었다. 정신여학교 동지들은 손을 잡고 독립선언서가 무사히 전달되기를 기도했다.

장선희, 황해도 재령에서 독립선언서 꺼내 들어

3월 3일 고종의 인산(국장)을 맞이해 서울의 주요지역은 일본 경찰의 삼엄한 경비태세 하에 학교 주변에는 사복형사 및 헌병과 순사가 배치되어 있었다. 이른 새벽 기숙사를 빠져나온 장선희는 서울역까지 걸어서 기차를 타고 황해도 재령으로 갔다. 사리원역에서 검색을 당했으나 무사히 넘겼다. 장선희 가족은 모두 재령의 해단병원 원장인 오빠(장인석)의 집에 살고 있었다. 오후 4시경 도착해 장인석과 의논한 끝에 명신학교 교장인 안병균과 그 부인 김성무 그리고 재령읍 교회 김용승 목사와 교인 김말봉(10회)을 오게 해 저녁 무렵 한자리에 모였다. 장선희가 독립선언서와 경고문을 꺼내는 순간 일동은 너나없이 감격했다. 장인석의 제안으로 재령의 독립선언일이 장날인 3월 9일로 정해졌다. 독립선언서 등사는 안병균이 맡고 김말봉과 장선희 어머니가 만들기로 했다.

재령에서는 3월 9일 오후 3시 30분 기독교인 및 천도교인 약 5백여명이 재령읍 장터에 집결해 각기 손에 태극기를 흔들며 독립 만세를 부르며 시위를 감행했다. 여기에 장터의 장꾼들과 학생들이 가담하면서 시위대의 수가 늘어나 2,000여 명을 헤아리게 되었다. 시위대의 기세에 놀란 헌병대가 발포하자 시위대는 돌을 던지면서 항거했다. 이때 여러 명의 부상자가 발생하였다. 주도한 사람 30여 명도 체포되었다.[10] 이렇게 격렬한 투쟁으로 전개된 재령 만세시위운동은 장선희가 직접 독립선언서를 소지하고 귀향하여, 독립선언의 소식을 알림으로써 격발되었으니 그 역할이 컸다.

정신여학생들, 3월 5일 2차 서울 만세시위에 적극 나서다

　1919년 3·1만세운동에 뒤이어 3월 5일에는 학생단이 주도한 서울 만세 시위운동이 발발하였다. 이 당시의 정신여학교 학생들의 움직임을 보여주는 자료가 루이스 교장의 1919년 선교보고서에 들어 있다. 다소 길지만 그날의 정경을 눈에 보듯 전하고 있어 인용한다.

　　3월 3일까지 학교는 운영되었지만 항상 불안하고 무슨 일이 터질 것만 같은 느낌이 들었다. 학생들은 신도 의식에 따라 일본인이 진행하는 장례식에는 참석하지 않고 장례식이 거행되는 이틀 동안 조용히 학교에 머물렀다. 그러나 우리들은 3월 5일을 잊지 못할 것이다.
　　그날 남녀 할 것 없이 모든 학생이 길거리로 나가 '대한독립만세'를 외쳤던 날이다. 아침에 우리 학교 학생 몇몇이 피신해 다니는 것을 보고 우리는 충격을 받았다. 우리는 그들을 말리려고 애썼지만 모두 허사였다. 일부 초등학교를 제외한 이 나라의 모든 학교들이 이 일에 연루되었다.
　　우리 학교 학생 중 여섯은 만세를 외치지 않았는데도 체포당해 경찰서에 연행 투옥되었다. 이 모든 것은 그들이 **자유사상을 사랑하고 자국의 자유를 원했기 때문이다.** … 시위가 끝나자 교장 선생님은 독립을 이룰 때까지 공부하지 않겠다는 학생들의 편지를 받았다.　　　　『선교편지』

　1919년 3월 5일 서울에서 학생단이 주도한 제2차 만세 시위운동에 동참하고자 정신여학교 기숙사 학생 30여명은 모두 검정 치마, 흰 저고리에, 댕기꼬리를 느리지 않고 머리를 꼭꼭 땋아 둘레 머리를 하고 버선발에 미투리를 신고 남대문역 시위 장소로 갔다. 시위대와 함께 대한문 앞에

3·1운동 당시 여학생의 만세운동
(출처: 국가기록원)

이르렀을 때 독립기를 흔들면서 목소리 높여 '조선독립만세'를 불렀다. 일제 경찰은 시위대 전부를 체포하였으며 현장에서 정신여학교 학생들 중 임충실(11회), 이아주, 박남인(11회), 김경순(12회) 등이 체포되었다.

이에 앞서 러시아 블라디보스톡에서 유학 온 3학년생 채계복은 1919년 2월 28일 저녁 4학년생 이성완(11회)과 함께 독립선언서를 전달받아 정신여학교 기숙생들에게 전달하는 역할을 하였다. 채계복도 3월 5일 제2차 만세시위운동에 적극 참가했는데, 미리 학생들에게 시위정보를 알리려고 "3월 5일 오전 8시 남대문역 앞 집합, 미투리(삼이나 노로 만든 한국의 전통 샌들)에 들메(먼 길을 갈 때 신이 벗어 지지 않도록 끈으로 발을 동여매는 것)하고 나올 것"이라고 적힌 쪽지를 교내에 떨어뜨려 학생들이 시위에 동참하도록 유도하였다. 채계복도 이날 체포되었지만 풀려났다.

선교보고서에서는 3주가 지난 후 4명은 풀려났지만 6월 13일 현재 2명이 아직 감옥에 있다고 설명하고 정신여학교 '딘' 선생이 겨우 특별 허가를 받아 학생 2명을 면회한 바 있다고 전하고 있다.

그리고 정신여학교 출신 세브란스병원 간호사였던 이아주는 조사 후 재판에 회부되어 11월 6일 경성지방법원에서 「출판법 및 보안법 위반」으로 징역 6개월을 선고받고 옥고를 치렀다.[11] 나머지 학생들은 풀려났다.

정신여학교는 학교 교육 일정에서 3월에 졸업식을 하고 학업을 수료한 학생들이 학교를 떠나는 시기인데 1919년 3월은 졸업식을 치를 수 없었다.

> 실망스럽게… 무척 희망에 부풀어 동이 튼 하루 오랫동안 공부시킨 20명의 여학생을 졸업시킬 수 있다고 기대했지만 졸업식을 치르지 못하였다.
>
> 『선교편지』

물론 졸업장은 나중에 학생들이 요구하면 수여하도록 하였다. 근대적 교육의 수혜를 입은 여학생이지만 일신의 영광보다는 조국의 독립을 중요시했던 선택은 지금의 우리에게도 본받을만하다.

정신여학교 출신 4인의 간호사, 훈정동 대묘 앞 시위 이끌어

1919년 12월 2일 당시 세브란스병원 간호부로 근무하던 정신여학교 출신 김효순(金孝順, 13회)과 같은 병원에서 일하는 동창생 간호사 박덕혜(朴德惠, 13회), 간호견습생 노순경(盧順敬, 4회), 이도신(李道信, 13회)은 12월 2일, 서울(경성부) 훈정동 대묘(大廟, 현재 종로구 훈정동 종묘) 앞에서 많은 시민들을 모아 '조선독립 시위운동'을 거행한다는 사실을

듣고 이에 참가하였다. 그날 오후 7
시경 인가(人家)가 조밀한 대묘 앞
에 도착하여 노순경은 '구한국기(舊
韓國旗)'를 들고, 동료 김효순은 '대
한독립만세'라고 쓴 붉은 천을 각각
흔들며 시위대 20여 명과 함께 '조

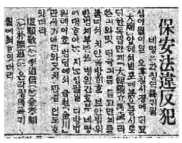

『매일신보』 1919.12.20.

선독립만세'를 소리쳐 외치며 만세운동에 앞장섰다.

시위 현장에서 함께 참여했던 세브란스 간호사 노순경, 이도신, 김효
순, 박덕혜 모두 일경에 의해 검거되었다. 이후 재판에 회부되어 1919년
12월 18일 경성지방법원에서 소위 제령(制令) 제7호 위반으로 징역 6월
을 선고받고 옥고를 치렀다.[12]

당시 『매일신보』에서는 이날의 시위를 이렇게 보도하고 있다.[13]

> 십이월 이일 오후 7시경에 대묘 앞에서 백포에 붉은 글씨로 「대한독립
> 만세」를 쓴 기와 태극기를 들고 만세를 불러서 '치안을 방해한 보안법
> 위반범' 세브란스병원 간호부 4名에게 京城지방법원에서 다음과 같은
> 판결 언도를 하였다. 盧順敬(18) 李道信(19) 金孝順(18) 朴德惠(20) 각 징
> 역 6월에 처했더라.   『매일신보』, 1919.12.20.

대묘 앞 대한독립만세 항거는 3·1만세운동 직후 일제의 서슬이 퍼렇던
시기에 경성 한복판에서 전개된 독립만세운동에 전문직 여성 간호사들
이 앞장서 만세운동을 불렀던 역사적 사건이었다.

3월 시위 당시 부상자 치료를 경험한 여학생들이 자극받아 민족을 사

랑하고 독립을 위해 헌신하는 간호사가 되고자 세브란스병원 간호부양성소에 입학했었는데, 그 중에는 정신여학교의 학생들도 있었는데 앞서 언급한 노순경과 이도신이 바로 그들이다. 독립운동가 노백린의 딸인 노순경, 김효순 그리고 이도신은 정신여학교 졸업생으로 재학 중 나라와 이웃사랑, 평화를 위해 늘 기도하는 교육으로 다져진 여성들이었다. 그런 마음가짐으로 정신여학교 출신의 간호사들이 뜻을 모아 민족독립을 위한 만세운동에 동참하여 솔선수범하여 깃발을 들고 만세를 소리쳐 불러 시위대를 선도하였다.

정신여학교 졸업생들, 광주, 부산 등지에서 3·1운동에 참여

정신여학교 졸업생들은 졸업 후 교사로 취업하거나 고향으로 돌아가 각자의 생업에 종사했다. 박애순(8회)은 정신여학교 졸업 후 광주 수피아여학교 교사로 재직하던 중 3월 10일 광주 3·1만세운동의 계획단계부터 참여하여 시위 당일 수피아여학교 학생 20여 명을 이끌고 이에 동참하였다. 시위대가 1,000여 명이 모인 대규모 시위로 태극기를 흔들며 대한독립만세를 외치며 행진하였다. 수피아여학교 학생들을 이끌고 시위대의 선두에서 만세를 불렀다. 일본군 헌병대가 출동하여 시위대 100여 명을 체포하였으며, 이 일로 수피아 여학생들과 함께 붙잡혀 1919년 4월 30일 광주지방법원에서 소위 보안법 위반으로 징역 1년 6월형을 선고받고 옥고를 치렀다.

1919년 3월 11일 부산 좌천동의 만세시위는 곧 주경애가 주도하였으며 이 시위를 기점으로 경남 각지로 퍼져 만세시위가 이어지는 역할을 하여 경남 3·1운동의 효시가 된 여성독립운동이다.[14]

졸업 후 일신여학교 교사로 재직 중인 정신여학교 졸업생 주경애(9회)는[15] 동료 교사 박시연(朴時淵)과 '우리 학교에서도 거행하자'고 논의하여 3월 11일 시위를 결의하였다. 거사 전날 3월 10일 밤 일신여학교 고등과 학생 11명이 기숙사에 모여 벽장 속에 숨어서 치마의 옥색물을 탈색하여 태극기 50 여장을 만들었다.

고등과 여학생 11명과 3월 11일 다시 연락하고, 그날 밤 고등과 김응수(金應守) 외 고등과 학생들은 교사 주경애·박시연과 더불어 오후 9시 준비한 태극기를 손에 들고 독립만세를 부르며 기숙사 문을 뛰쳐나와 좌천동(左川洞)거리를 누비면서 만세 시위를 전개하였다. 이때 거리의 대중들이 여기에 호응하였다. 학생들은 미리 준비한 태극기를 이들에게 나누어 주었다. 학생들과 합류한 시위 군중 수백 명은 감격에 넘친 힘찬 시위를 전개하였다.

주경애는 이 일로 재판에 회부되어 1919년 4월 17일 부산지방법원에서 보안법 위반으로 검사가 징역 2년형을 구형했으나 1919년 4월 26일 1년 6월형을 선고받은 것으로 추측된다. 함께 재판받은 박시연이 1년 6월형을 선고받은 것을 고려하였다.[16]

그 외에 3·1운동에 참여했던 주요 정신 출신 인물을 〈표 4〉로 정리하였다.

표 4. 3.1운동에 참여한 주요 정신여학교 출신 인물

순번	이름	3·1운동 활약상
1	강유감(재학)	고종독살설에 대한 정신기숙사생 항거
2	김경순(12회)	고종독살설에 대한 항거, 서울3·5일 만세시위
3	김말봉(10회)	재령 3·9만세시위
4	김신의(10회)	평북지역 3·1운동
5	김영순(8회)	3.1운동시 정신기숙생 보호,구속학생지원
6	김필례(1회)	광주 3·10 만세운동
7	김필애(10회)	마산 3·1만세 시위
8	김효순(13회)	12.2. 훈정동 대묘 만세시위
9	노순경(4회)	12.2. 훈정동 대묘 만세시위
10	박남인(11회)	서울 3·5일 만세시위
11	박덕혜(13회)	12.2. 훈정동 대묘 만세시위
12	박애순(8회)	광주 3·10 만세운동 주도
13	신연애(10회)	3·1운동 참여
14	신의경(10회)	황해도지역 3.1운동 참여
15	유보경(10회)	3·18 광림여학교 만세운동
16	이도신(12회)	12.2. 훈정동 대묘 만세시위
17	이성완(11회)	원산지역 3·1운동 참여
18	이순길(6회)	천안 양대리 지역 3·1운동
19	이아주	서울 학생단 3·5 만세시위
20	임충실(11회)	서울 학생단 3·5 만세시위
21	장선희(6회)	재령 3·1운동 추진
22	정순애(5회)	부산 3·1운동 참여
23	정한렬	고종독살설에 대한 정신기숙사생항거
24	주경애(9회)	3·11부산 좌천동 만세시위 주도
25	차경신(7회)	선천지역 3·1운동
26	황희수(14회)	고종독살설에 대한 정신기숙사생 항거

(이름 중 괄호안은 졸업 횟수임. 상세한 내용은 4장 참조)

3. 1919년 대한민국애국부인회와 정신여학교

1919년 3·1만세운동 발발 이후 4월 중국 상하이에 대한민국임시정부가 수립되었다. 독립운동의 구심체로 출발한 임시정부를 지원하려는 움직임이 국내외를 막론하고 독립운동계 내에서 다양한 방법으로 나타났다. 가장 대표적으로 임시정부 군자금 모집과 모집을 위한 단체들이 조직되었다. 여성들도 임시정부 지원활동에 적극적이었다. 정신여학교 출신여성들도 이 같은 움직임과 궤를 같이하였다.

7형제 애국단과 혈성단애국부인회 조직

7형제 애국단 결성

그런데 임시정부 후원 활동보다 앞선 시기 정신여학교 출신자들이 조직한 '7형제 애국단'이 있었다. 그 결성 시기는 자세히 확인되지 않지만, 정신여학교 1회 졸업생으로 대한민국애국부인회의 핵심 멤버였던 이혜경이 동창생 6명과 조직한 여성 독립운동단체였다. 1909년 12월 이재명(李在明)이 매국노 이완용 암살 의거를 감행했으나 실패하고 피체되어 옥중에 갇혔을 때 이 사건을 접한 이혜경이 그의 옥바라지가 절실하다고 느꼈던 것이 발단이었다. 이를 실행하기 위해 7형제 애국단을 결성하고 의연금 모금, 양기탁·임치정과 연락을 도모하며 활동했다는 일화가 전해진다. 7형제 애국단은 이혜경을 비롯해 정신여학교 동창생인 이자경(4회), 이인순(5회), 홍은희(4회), 이의순(5회), 고원숙(2회)[17], 최학현 등 7인으로 구성되어 지어진 이름이다. 다만 최학현의 인적사항은 알려진 바가 없다.

활동 시기는 이재명이 감옥에서 재판받는 기간인 1909년 12월 말부터 순국한 1910년 9월 30일 사이인 것으로 추측된다. 관련 자료는 확인되지 않지만 실제로 조직되어 활동했던 것으로 입증될 여지가 있어 단체의 이름을 밝혀 둔다. 정확하게 어떻게 옥바라지를 했는지는 밝혀지지 않았지만, 양기탁, 임치정과 연락해서 국권 회복을 도모했다고 알려져 있다.[18]

혈성단애국부인회 조직

다음으로 정신여학교 출신자들이 만든 여성단체가 1919년 3·1운동 직후 조직된 혈성단애국부인회(血誠團愛國婦人會)다. 이 부인회는 1919년 4월 상순 재령 명신여학교 교사 오현주, 군산 멜볼딘여학교 교사 오현관 자매가 정신여학교 교사 장선희, 세브란스병원 간호사 이정숙(李貞淑) 등과 함께 투옥된 애국지사의 옥바라지와 그 가족의 보호를 위해 조직한 단체다.[19]

오현관은 혈성단애국부인회가 어떻게 결성되었는지를 다음과 같이 회고하였다.[20]

1919년 3월 1일의 만세운동에 연이어 3월 5일 남대문역(현 서울역의 위치에 목조로 지은 역) 앞에서 학생들이 벌인 2번째 시위로 많은 학생이 수감되자 오현관은 그 중에서 여학생을 찾아 경찰서를 찾아다니면서 월경대를 수거했다. 명신학교 여학생들을 가르친 경험과 어려운 처지에 있는 사람들을 무조건 구제해야 한다는 가풍에 따른 것이었다. 그래서 모은 것을 함지박에 담아 머리에 이고 새벽녘 지금 서울사대 부속학교 앞 개천(복개한 대학천)에 내려가 빨았다.… 자갈 위에 널어 대충 말린 뒤 다시 함지박을 이고 집에 가서 잿물에 삶았다. (잿물은 지금 종로4가 전매청에서 거저 얻은 볏짚을 가져다 군불을 지핀 뒤 재를 모아 시루에 넣어 내린 문자 그대로 '잿물'이었다.) 정성 들여서 말려 접은 것을 다시 경찰서 유치장에 가서 유치장에 갇힌 여학생들에 차입하고 또 받아내고… 근 열흘 가까이 되풀이하는 이 일에 정신까지 빼앗겼던 어느 날 동생 오현주가 휴교사태로 집에 돌아와 언니 하는 일을 보더니 혼자 애쓸 일이 아니라 동지를 모아서 함께 하자고 해서 그로부터 구속된 애국지사들의 옥바라지와 그 가족들의 생계를 돕는 일로 확대하게 되었다.

4월경 오현주는 지난 3월 9일 재령 3·1운동을 주도한 후 피신하여 동대문 부인병원에 위장 입원해 있던 정신여학교 교사 장선희와 정신 출신 세브란스병원 간호사 이성완, 이정숙을 만나 혈성단애국부인회의 취지를 설명하며 참여를 권유하였다. 두 사람은 이를 받아들여 회원이 된 것이다.[21] 그 뒤 정신여학교 사감인 김영순(8회)도 합세했다. 이 초기 조직 구성원이 후일 대한민국애국부인회의 핵심 멤버로 주춧돌이 된 것이다.

이들은 투옥 인사의 사식 제공과 그들 가족에 대한 원호를 목적으로 '자선단'을 조직하게 되었다. 첫 사업으로 각 지방에 지부를 조직하고 전국적인 규모로 투옥 인사들의 원호대책을 마련하고자 의연금 모금을 추진하였다. 그 방법으로 우선 매달 1원 이상의 회비납부와 생활필수품수합에 의한 구호 재원 마련의 두 가지를 택했다. 그 외에 단원들이 손수 제작한 수예품을 직접 팔아 수익을 얻기도 하였다. 이런 '부수입'에 의한 자금확보책은 정신여학교 학생 시절 스스로 학비나 기숙비를 벌기 위해 배웠던 경험에서 빌어 온 것이다. 이 운동은 뜻있는 애국 부인들의 동조를 받았는데 오화영 목사의 딸 오응선과 차숙경이 그들이었다. 동창생 김말봉에게서도 지원금을 받았다.

그 후 최초의 '자선단'을 국권 회복과 여성 독립운동 단체의 성격으로 발전 확대시킬 계획을 세우며 이성완의 제의로 혈성단(血誠團), 혹은 혈성단애국부인회란 정식 명칭으로 바꾼 것이다. 조직의 대표자는 오현관(4회)이다. 장선희는 재무부장 겸 지방 통신원으로 조직부장의 역할을 담당했다.[22]

이즈음 군산에서 서울로 피신한 정신여학교 졸업생 이순길(李順吉,

「독립부인회남상은 혈성단애국부인회」
(『매일신보』 1919.12.19.)

6회)을 회원으로 합류시켰고, 이순길은 회령, 정평, 군산, 목포, 전주, 광주, 황해도 흥수원 등에 지부를 설치하는데 크게 활약했다.[23] 앞서 이순길은 3월 31일 군산 시위 중 일경이 태극기를 압수하므로 "우리 국기를 왜 모욕하느냐"고 항의한 일로 자신을 체포하려는 일경의 수사망을 피해 동창생 이정숙이 근무하는 세브란스병원으로 몰래 숨어 있었다.

대한민국애국부인회로 재조직과 활동

대한민국애국부인회로 재탄생

이 무렵 서울에 혈성단애국부인회와 목적이 비슷한 여성단체가 있었다. 1919년 4월 중순경 경성여자고등보통학교를 졸업한 김원경, 최숙자, 김희열 등이 대조선독립애국부인회(大朝鮮獨立愛國婦人會)를 결성하고 대한민국청년외교단의 이병철(李秉澈)을 고문으로 추대하였는데, 그 목적은 임시정부의 독립운동자금 모금이었다.[24]

두 여성단체는 대한민국청년외교단의 지도와 중재로 합병하기로 협의하고 1919년 6월 임시정부의 권유로 통합하여 대한민국애국부인회로 재탄생하였다.[25] 이어 조직을 개편하고 임원을 선출하였다.

통합된 부인회는 오현주(4회)를 회장 겸 재무 주임, 오현관을 총재 겸 재무부장, 김희열을 부총재, 최숙자를 부회장, 이정숙을 평의원, 장선희를 외교원, 김희옥을 서기, 이병철을 고문으로 선임하고 평양·개성·대구·기장(機張)·진주·밀양·거창 및 종전의 연락처(지부)에 지부를 설치하였다.

곧이어, 이순길을 연락원으로 하여 각 지부를 순회케 하였다.[26]

각 회원은 매월 의연금을 갹출하여 모집 금액의 3분의 1은 중앙본부에 독립운동자금으로 보내기로 정하고 동지가 갹출한 의연금을 상하이 임시정부로 송금하기로 계획하였다.[27]

지방통신원 조직 활동과 상하이 임시정부를 위한 모금활동

지방 통신원 장선희는 지부장 신임장에 찍어야 할 계인(契印)을 새겨 들고 전국의 연고있는 지역을 다니면서 지부조직을 구축하기 위해 비녀를 꽂은 쪽머리에 흰 옥양목 적삼에 옥색 모시 치마를 입고 나섰다.

동년 7월 초순경 장선희는 각도의 부와 군지역에서의 회원모집과 지부조직을 위해 첫 목적지를 황해도 흥수원으로 정하고, 그 곳에서 정신여학교 졸업생 문덕은(11회), 정근신(11회)과 접촉하였다. 정근신이 동회(同會)의 계획에 찬성하자 황해지부장으로 임명하고 지부조직을 의뢰했다. 문덕은도 이에 합세해 함께 헌신하기로 결의하였다. 또한 정근신은 회원의 성금을 1인당 1원으로 작정해 50명 예상의 50원을 선불했다. 그 부친 정창목도 1백 원을 기부했다. 이후 이 특별성금은 세브란스병원의 김태연 목사에게 전해져 독립신문발간비로 사용되었다. 흥수원의 지부조직을 마무리하고 다시 전국의 정신여학교 출신자를 찾아다니며 임명한 지부장은 〈표 5〉와 같다.

표 5. 대한민국애국부인회 전국지부와 지부장

순번	지부 명	지부장 명	기타
1	경성	이정숙(11회)	회원 수 약 40여 명
2	흥수원	정근신(11회)	약 20여 명
3	재령	김성무	약 20여 명
4	진남포	최매지	약 15 명
5	평양	변숙경(재학생)	약 30여 명
6	대구	유인경(5회)	약 30여 명
7	영천	이삼애(8회)	약 10여 명
8	부산	백신영(28회 추가)	약 30여 명
9	경남	김필애(10회)	약 20여 명
10	진주	박보렴(재학생)	약 20여 명
11	청주	이순길(6회)	약 15여 명
12	전주	유보경(10회)	약 30여 명
13	군산	이마리아(28회 추가)	약 30여 명
14	원산	이혜경(1회)	약 30여 명
15	성진, 함흥	신애균(성진 보신여학교 교사)	약 40여 명
16	황주	신연애	약 7,8 명
17	사리원	이선행	약 10여 명

출처: 『정신백년사』, 330~331쪽

북부지방의 지부 설치를 마무리한 후 7월 하순 장선희는 대구에 있는 동창 최정원(6회)과 접촉하여 동회의 조직 취지를 설명하자 대구 거주 동창들은 일경의 의심을 피해 '장선희환영회' 명목으로 모였다. 이 회합에서 대구지부가 조직되고 유인경 (5회)을 지부장으로 선출했다. 이날 모인 동창은 장선희 최정원, 유인경 외에 이희경, 김성매, 임성례, 조광수등 10여 명이었다. 대구지부에서 떠날 때 장선희에게 모금한 돈 1백 원을 전달했다.[28] 장선희는 경북 영천의 이삼애(8회)를 찾아가 지부조직을 부탁하고 30원의 지원금을 받았다.

이외에 지부 확장에 힘을 더한 이들 중 이신애(4회)는 장선희를 도와서 지부조직에 열성을 다해 평남지부장과 평양지부장을 물색해 조직을 추진토록 하였다.

장선희는 황해도 봉산의 이선행(8회)으로부터 2백 원을 지원받아 독립신문 편집인 김태연 목사에게 출판 보조비로 전하는 종횡무진의 활동을 했다.[29]

대한민국애국부인회의 경기지부장 간호사 이정숙은 간사부(幹事部)를 설치하고 김은도(金恩道), 장옥순(張玉順), 박봉남(朴鳳南), 박덕혜(13회), 김효순(13회), 김여운(金麗雲) 등 간호사와 박옥신(11회)도 회원으로 참여케 하였다. 이들에게 모두 회비 57원 가량을 받았다.

이후 이정숙은 7월경 고향 북청으로 휴가를 가서, 함경도 이원군의 보신여학교 교사 신애균(申愛均)을 통해 군자금 27원을 비롯해 추가회원 회원과 지원금도 확보할 수 있었다. 또한 함흥의 한일호(韓日浩)에게 60원의 지원금을 받았다.

그 외에 이정숙은 정신여학교 학생 김경순(12회)과 황희수(14회)도 회원으로 가입시켰다. 적극적인 이정숙의 회원확보 노력에 힘입어 세브란스 간호부 27명과 그 외 5명의 회원을 모집하는 성과를 거두었다.

또한 열성적인 모금 활동으로 짧은 기간 동안 747원을 지원금으로 확보할 수 있었으며 일차적으로 그중 300원을 상하이 임시정부에 군자금으로 보내는 결실을 맺었다.[30]

대한민국애국부인회가 출범 이후 지부 설치와 회원 확대 등 나름대로 활동을 전개해 나가다 다소 침체되던 즈음, 앞서 3·1운동 관련으로 피체, 조사받던 정신여학교 교사 김마리아, 경성 의학전문학교 학생 황애시덕(黃愛施德)이 1919년 8월 4일 예심에서 면소 방면되면서 자유로워졌다. 두 사람은 곧바로 대한민국애국부인회를 찾았다.

김마리아, 대한민국애국부인회 회장에 선출

마침내 9월 19일[31] 대한민국애국부인회의 중심인물들이 정신여학교의 천미례(Miss Dean) 부교장 사택에 모여 김마리아, 황애시덕의 출옥 축하연을 개최하였다.

김영순, 백신영, 신의경, 오현관, 오현주, 유보경, 유인경, 이성완, 이정숙, 이혜경, 장선희, 정근신, 홍은희(4회) 등 16명이 모여 기존의 조직을 활성화하기 위한 규모 확대와 여성 독립운동의 활성화 방안을 논의한 뒤 조직 재정비와 임원 개편을 결정하였다.

이때 김마리아는 다음과 같이 강력한 독립운동을 제안하였다.

> 우리 부녀들도 남자들처럼 혁혁한 독립운동을 해야 합니다. 들으니 그동안 다행하게도 오현주가 회장으로 부인회를 조직하여 독립을 위해 진력해 주었습니다. 그런데 동회는 조선의 일부 사람을 회원으로 했음에 불과하였습니다. 이번에 조선 각도에 지부를 설치하고 널리 회원을 모집하여, 전국부녀들이 독립을 위해 진력함이 어떠합니까?[32]

그 결과 김마리아가 새로운 회장으로 선출되었다. 이어 부인회 본부
및 동 지부 규칙을 제정하고, 부서 개정과 임원 개선 등을 단행하여 조직
을 혁신하였다. 새로 선임된 임원을 다음과 같다.[33]

- 회장 김마리아(정신여학교 교사)
- 부회장 이혜경(정신여학교 교사, 함경남도지부장)
- 총무 겸 편집원 황애시덕(의학전문학생)
- 임시 서기 신의경(정신여학교 교사), 김영순(정신여학교 교사)
- 부서기 박인덕(이화학당 교사)
- 교제원 오현관(전 메리볼던여학교 교사)
- 적십자장 이정숙(세브란스병원 간호부), 윤진수(세브란스병원 간호부)
- 결사장 이성완(배화여학교 교사), 백신영(전도사)
- 재무원 장선희(정신여학교 교사)
- 지부   이정숙 세브란스병원 회원 약 28명의 대표
         신의경 경기도 지부장
         이성완 배화여학교 내 회원 15명의 대표
         박인덕 이화학당 내 회원 24명의 대표
         김태복 동대문 부인병원 내 회원 20명의 대표
         성경애 성서학원 내 회원 18명의 대표

당시 임원이었던 신의경의 비망록에 각 부서의 역할에 대한 다음과 같
은 설명이 있어 참고가 된다.[34]

통신부가 있어 상하이 임시정부와 각 지방과의 연락을 취하게 하고,
각도 지부장은 본부에서 임명, 상하이 임시정부와의 연락은 본부가 주도
한다. 교제부를 두어 정부 요인 및 국외서 밀사로 잠입한 이들과 국내 애
국지사들과의 비밀회견을 알선 연락하는 역할을 담당케 한다.

회원은 매월 1원의 회비를 납부하며, 적십자부는 상해 임정과 투옥된

인사들의 가족, 망명인들의 가족을 찾아내는 업무를 담당했다. 결사대는 직접적인 투쟁이 있을 때 제1선에 나선다 등이다.

대한민국애국부인회 중앙에 적십자장과 결사장 두어

지부가 설치된 지역은 평양·대구·개성·진주·기장·밀양·거창·통영·양산·울산·부산·마산·회령·정평·목포·전주·광주·황주 등으로 각각 회원모집과 군자금 모금에 주력하였다. 각 지부에 속한 전체 회원의 수를 확인할 수 없지만, 앞서 확인된 세브란스병원, 동대문 부인병원, 배화여학교, 이화학당, 성서학원, 정신여학교 등 본부의 주요 지부 소속의 회원이 모두 105명인 점을 고려하면 조직 개편 이후 불과 2개월 만에 본부 회원이 백여 명으로 증가하는 괄목할 만한 성과를 거두었다.

개편된 조직 내에 적십자장과 결사장을 둔 점은 주목할 부분이다. 신설된 적십자장은 1919년 여름 임시정부에서 대한적십자회의 재창립과 동일한 취지에서 연결점을 찾아볼 수 있다. 즉, 1919년 중반부가 되자 임시정부 내에서 주력했던 외교론적 독립운동론을 탈피하여 본격적인 대일 독립전쟁이 필요하다는 인식이 확산되었다. 이에 따라 항일독립 전쟁에 대비할 필요성에서 1919년 8월 대한적십자회(大韓赤十字會)의 재건을 서둘렀다. 그 결의문에서 "일본과 독립전쟁이 발발하면 생명과 신체를 희생하고 국민의 의무를 다하는 동포를 구호하는 것이 적십자회의 제1요무(要務)요, 급선무"라고 밝히고, 독립전장에 의료진을 파견할 수 있도록 준비하려는 목적이었다. 국내에서도 이 방침을 받아들여 대한민국

애국부인회에 적십자장과 결사장이 신설된 것으로 추측된다.[35]

상하이의 대한적십자회는 회원 확대와 단세 확장을 급선무로 채택하였으며 그 일환으로 국내에 총 지부를 비밀리에 설치하고 전국에서 회원을 모집하려 하였다. 총지부조직은 각 도에 지부를 두고 학교나 직장 단위로 회원과 대표자를 선정하였는데, 대한청년외교단과 대한민국애국부인회의 조직과 회원들을 활용하였다. 일제 경찰에서 파악한 적십자회 관련자 77명 중 45명이 대한민국애국부인회의 본부와 지부의 회원들이었다[36]는 사실이 이를 입증한다.

간호사인 이정숙이 적십자장을 담당했던 것도 주목할 점이다. 대한민국애국부인회 조직이 발각된 후 관련자로 검거된 80여 명 중 간호부가 세브란스병원 간호부 28명과 동대문 부인병원 간호부 12명 총 40명으로 50%를 점하고 있다는 점도 이 조직의 특징이다.

40여 명의 간호부를 대표해 이정숙이 적십자장을 맡아 이를 이끌도록 하였다는 점 역시 위의 임시정부의 정책을 적극 수용한 결과로 보아도 지나치지 않다. 적십자장 외 결사장을 신설한 것 또한 여성들도 무력투쟁이나 독립전쟁 방략도 마다하지 않는다는 입장의 표명이라 하겠다.

대한민국애국부인회 취지문, 나라 사랑을 최고의 덕목으로 주장

새롭게 조직을 개편하면서 9월 20일 취지문을 발표하였다. 대한민국애국부인회 취지문 전문의 내용은 다음과 같다.[37]

고어(古語)에 이르기를, 나라를 내 집같이 사랑하라 하였으니 가족의 집이지만 가족 중 한 사람이라도 제 집을 사랑하지 않으면 그 집이 성립하지 못하고 나라는 국민의 나라이라 국민 중에 한 사람이라도 나라를 사랑하지 아니하면 그 나라를 보존치 못할 것은 우부우부(愚夫愚婦)라도 밝히 알리로다. 개인이 집을 잃어도 이웃집의 수모가 막심하거든 민족이 제 나라를 잃으면 이웃 나라로부터의 수욕(受辱)이 어떠하리오.

슬프다. 나라의 귀함과 민력의 간난(艱難)을 만나 간적(姦賊)과 강린(强隣)이 내외로 핍박하는 시기에 재(在)하여 신세계 신기원을 만들 방침이 어느 곳에 있느냐 할 것 같으면 사람들이 모두 말하기를 애국이라 하나니 과연 옳도다. 그러나 자강력(自强力)을 기르지 못하고 의뢰심을 가지고 앉아서 말만 할 것 같으면 무슨 공으로 이룰까. 어떤 방침으로 나라를 사랑하든지 시초에 고심 노력하여야 필경에 태평 안락할 것은 자연한 이치어니와 차(此)에 위반하여 언론과 행실이 부동(不同)하면 그 목적의 열매를 어떻게 맺으리오. 대저 인민의 근심은 사랑이 독실치 못한

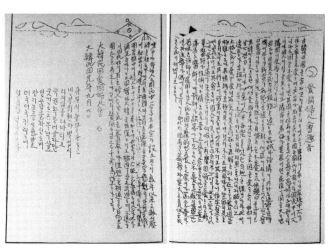

대한민국애국부인회 취지서

데 있고 약한 데 있지 아니하니 사랑의 도는 극난하도다. 그 정성이 지극치 못하면 첫째 불가요, 그 국체(國體)가 견고치 못함이 둘째 불가요, 그 행함이 진중치 못하면 셋째 불가요, 그 말함이 신실치 못하면 넷째 불가요, 그 회(會)함에 단합치 못하면 다섯째 불가이라. 이 다섯 가지 근심이 있으면 사랑의 도가 미진(未盡)하리니 어느 여가에 다시 나라 약함을 근심하리오. 의사가 기술이 정교하지 못함은 근심하지 아니하고 병의 위중함만 근심하면 실로 용렬한 의사이며, 장수가 모략(謀略)에 부족함은 근심하지 아니하고 적의 강성함만 [논함은] 우매한 장수라. 애국하는 인민도 나라의 미약(靡弱)만 근심하고 사랑의 독실치 못함은 근심하지 아니하면 그 흐르는 폐가 멸(滅)에 이르리니 이와 같이 고유한 의무와 막대한 책임을 잃은 인민이 어느 땅에 설 수 있겠는가.

오호라. 우리 부인도 국민 중의 일분자로 본 회가 설립된 지 수년 이래로 적의 압박을 입어 어떠한 곤란과 어떠한 위험을 무릅쓰고 은근히 단체를 이루며 비밀히 규모를 지켜 장래의 국가 성립을 준비하다가 독립국 곤란 중에 부인도 십(十)에 이(二)가 참가하여 세계의 공안(公眼)을 놀라게 하였으나 이것에 만족함이 아니요, 국권과 인권을 회복하기로 표준삼고 전진하여 후퇴하지 아니하니 국민성 있는 부인은 용기를 함께 분거(奮擧)하여 이상을 상통(相通)할 목적으로 단합을 위주하여 일제히 찬동하심을 천만 위망(爲望)하나이다.

대한민국애국부인회 아룀. 대한민국 원년 9월 20일

유무식을 물론하고	빈부귀천 차별없이
이기심을 다버리고	국권확장 네글자만
굳건하온 목적삼고	성공할 줄 확신하며
장애물을 개의말고	더욱더욱 진력하며 일심 합력하옵시다.

취지문은 본문과 강령이라 할 단문으로 구성되어 있는데, 동회를 조직한 목적을 취지문에 밝히고 이어지는 단문에는 조직의 이상을 실현하기 위한 강령을 담아 회원들에게 확신과 투쟁 의식을 고취하려는 의도를 담았다.

이 취지문에는 대한민국애국부인회의 독립 정신과 방략이 담겨 있다. 우선 동 단체는 '국권 확장'을 목적으로 하는 점은 취지문뿐 아니라 본부 규칙 제2조에서 명약관화하게 천명하고 있다. 이어 독립을 위한 국민의 할 일을 나라 사랑의 독실함, 국체의 공고함, 진중한 행함, 신실하게 말함, 단합함이라 강조하여 실행 방편도 밝혀둔 것이다. 나아가 나라 사랑을 독립운동의 최고가치 덕목으로 내세웠다.[38]

국민의 일원인 여성들도 국권과 인권 회복을 위한 독립운동에 용기 내어 합류해야 한다고 주장한 것이다. 여기서 김마리아와 애국부인회 동지들은 국권만이 아닌 '인권' 회복에도 관심을 두고 있다는 점이 주목된다. 아마도 여학교에서 받은 교육 중 여성 의식과 여권에 대한 자각이 그 저변에 자리하고 있음을 엿볼 수 있다.

다음으로 이혜경, 김마리아, 황애시덕(황에스더) 등이 본부 및 각도 지부 규칙을 작성했다. 서기인 김영순이 이 자료를 받아 본부 규칙 15매, 지부 규칙 20매, 취지서 20매를 원지에 쓰고 등사해 천장을 뚫고 보관했다.[39] 실제 동회의 회원이 체포된 후 일경에 압수된 목록에서 본부 규칙과 지부 규칙, 취지서의 존재가 확인되었다.

대한민국애국부인회 본부 및 지부 규칙 중 남아 있는 것은 본부 규칙(총7장)인데, 그중 주요한 것을 살피면 다음과 같다.[40]

본부　제1조 본회는 대한민국애국부인회 본부라 칭한다.

　　　제2조 본회의 목적은 대한민국 국헌을 확장하는데 있다.

지부　제1조 본회의 명칭은 대한민국애국부인회 지부라 칭한다.

　　　제2조 본회의 목적은 대한민국에 의무를 다함에 있다.

제2조에서 대한민국 애국부인회가 국권회복을 목적으로 하는 독립운동 단체임을 명백히 하였다. 또한 7장인 세칙 28조 '본 회원은 회에 대해 일체 사항의 비밀을 엄숙히 지킴'이란 규정에서 비밀단체의 성격을 엿볼 수 있다. 특히 규칙 18조에는 "통신부장은 정부 이하 각 기관과 연락하여 사업 진취의 계획을 도모한다."라고 명시하고 있다. 이는 애국부인회가 임시정부 및 임시정부 지원기관과 긴밀한 연락을 취하며 연합된 독립운동을 추진하려 했음도 간파할 수 있다.

대한민국애국부인회, 재무원 두어 독립운동자금 모금

본부에 설치한 재무원, 적십자장과 결사장은 각 지방의 지부장들이 걷은 매달 1원의 회비와 경향 각지의 유지들로부터 징수한 비밀 희사금을 상하이 임시정부에 송금하는 일과 독립지사들의 가족을 돌보는 일을 책임졌다.

재무장인 장선희는 회원들이 내는 회비 1원은 당시 소고기 몇 근에 상당하는 제법 큰 액수로 여성들이 마련하기 쉽지 않았다고 밝혔다. 그러나 회원들은 1원의 회비를 내지 못하면 한국의 여성이 될 자격이 없다고

스스로 인식하고 삯바느질
이며 별별 힘든 일을 해서
매월 어김없이 회비를 납부
했고, 재력이 있는 여인의
경우 금비녀나 금반지를 거
침없이 빼주곤 했다고 회고
한 바 있다.

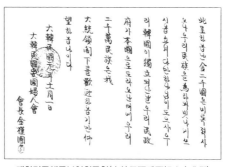
대한민국애국부인회공첩(大韓民國愛國婦人會公牒)

이러한 조직을 통해 독립운동 자금 수합 활동을 벌여 그해 10월 말경
6,000원의 군자금을 수합할 정도로 대단한 성과를 거두었다. 그중 2천
원을 군자금으로 11월 1일 김마리아의 이명 김근포(金槿圃) 명의로 이승
만 대통령에게 송금하였다.[41]

임원 중 이혜경은 본부(중앙부)와 지부의 인장을 직접 도안해 새겨오
고 비단으로 신임장을 만드는 작업을 맡았는데 여성의 단합된 독립 정신
이 잘 나타나도록 고안했다. 원형을 그린 다음 그 안에 태극문양을 배합
하고 원형 둘레 밖으로 간격을 두고 다시 원을 그렸으며 그사이의 한편
에 '대한민국애국부인회중앙부지인(大韓民國愛國婦人會中央部之印)'이
란 글자를 배치하고, 한편에는 영문을 넣었다. 또한 지부의 도장은 본부
의 인장보다 조금 작게 태극문 둘레의 영문을 빼고 경북지부의 경우, '대
한민국애국부인회 경북지부지인(大韓民國愛國婦人會 慶北支部之印)'이라
새겼다. 도안을 마친 후 당시 연동교회 장로로 시계포를 운영하며 도장
을 새기던 분에게 비밀작업으로 부탁했다.[42]

각도 지부장에게 보내는 신임장은 값비싼 비단에 싸서 보내기로 하여
김마리아와 이혜경이 비단을 사서 일정한 크기로 잘라 붓으로 썼다. 또

대한민국애국부인회의 인장(경찰 압수 자료)(출처: 『매일신보』 1919.12.19.)

한 회원들의 비밀활동을 하면서 동지임을 증명하는 증표 역시 비단에 타
원형의 '애성(愛成: 위 신문자료 중 중앙의 타원형 인장)'이라 새긴 도장
도 만들었다. 이런 비밀스런 사정들은 임원들의 회고에서 알려진 것이지
만 실제 일제 측에 몰수된 목록에서 그 실체가 확인된 까닭에 임원들이
언급한 내용 자체가 중요한 자료적 가치가 있다고 하겠다. '애성'이란 도
장의 존재는 대한민국애국부인회가 비밀결사체로 구성원의 상호 간의
비밀이 유지되도록 조직을 운영하였음을 의미한다.

애국부인회 회원을 확보하면서 전국에 지부를 설치했는데 대한민국애
국부인회의 지부 설치 과정이나 지부장 선정에 대한 과정을 확인해 주는
자료가 있다. 즉 이혜경의 제자인 신애균이 그의 자서전 『할머니 이야기』
에 함경북도 지부장을 맡은 일에 대한 기록이 그것이다.[43]

> 신애균이 보신여학교를 졸업하고 모교에서 교편을 잡고 있었다. 어느
> 날 낯 모르는 여자가 찾아와 봉투를 건네주었다. '신애균선생 귀하'라고
> 쓰인 봉투를 열어보니 '귀하를 대한민국애국부인회 함경북도 지부장으
> 로 명함'이라고 쓰인 임명장이 들어 있었다. …신애균은 임명자인 김마
> 리아는 도무지 누구인지 알 수 없는 인물이었다. 그런데 지방에서 하찮
> 은 교지에 있는 사람에게 그토록 성스럽고 명예로운 직함을 받은 것은

영광이요 꿈만 같았다. 그래서 그 후 학부형 및 교회 성도들을 대상으로 모금을 하고 학생들에게 자수를 놓게 해 그것을 판매한 대금 등을 모아 군자금 이름으로 대한민국애국부인회에 보내곤 했다.

대한민국애국부인회의 문건 중 『매일신보』 기사에 게재된 일본 경찰에 압수된 증거물 목록을 살피면 동회의 다양한 활동을 유추할 수 있어 그 목록을 덧붙였다.

본부 규칙서, 지부 규칙서, 취지서, 간사 규칙서, 회원명부, 입회신청서, 이동녕에게서 온 감사장, 의연금 영수증 수십 매, 상해에 파견된 김원경의 통신문, 안창호와 손정도의 통신서류, 애성 인장, 대한민국애국부인회 중앙부지인, 기타 수 점. 등이다.

다행스럽게도 압수된 자료 목록이 남아 있어 이를 통해 조직 운영 시스템을 짐작해 볼 수 있다. 우선 동회의 회원명부와 입회신청서가 작성되었다는 사실이다. 의연금 영수증이 수십 장이었다는 것은 동회에서 의연금 명목으로 수합한 군자금이 적지 않았으며 군자금을 받고 영수증을 발급하였음을 알 수 있다. 위에서 살핀 바대로 임원들의 군자금 모금 활동에 대한 자료가 사실과 부합하고 있음을 입증한다.

다음으로 동회의 규칙에서 밝힌 대로 임시정부 및 임시정부 지원기관과 연락 도모 및 연합활동 추진이란 목적을 실현하고 있다는 사실은 상하이 임시정부 요인들과의 통신을 통해 이동녕, 안창호, 손정도 등과 상호교류가 있었다는 자료에서 입증된다. 또한 대한민국애국부인회에서 파견한 김원경과도 연락을 주고받았던 점도 확인된다.

대한민국애국부인회 조직의 발각

그러나 대한민국애국부인회는 연계 조직인 대한민국청년외교단의 발
각과 동지의 배신으로 1919년 11월 28일 간부와 회원 80여 명이 일제히
검거되었다.

당시 회원들은 예상치도 못한 상태에서 일경에 검거되었던 탓에 회원
들의 체포 당시의 모습이 우리가 늘 보던 드라마의 바로 그 광경이었다.
실제 11월 28일 체포당했던 핵심 인사가 전하는 당시 상황을 통해 그 시
점으로 가보자.

대한민국애국부인회 임원들(출처: 『정신백년사』)
1. 김영순 2. 황에스더 3. 이혜경 4. 신의경 5. 장선희 6. 이정숙 7. 백신영 8. 김마리아 9. 유인경

오현관의 기억

오현관은 11월 28일 연지동 자택에서 들이닥친 형사에 의해 3살 난 딸을 업고 종로경찰서로 잡혀갔다. 젖먹이 딸을 두고 갈 수 없어 데리고 갔다. 이후 본정(本町) 경찰서로 연행됐다. 거기에 이성완 등 여러 동지를 목격했고 얼마 후 김마리아, 김영순. 신의경, 장선희 등이 잡혀 왔다. 이튿날(29일) 애국부인회 임원 15명은 포승줄에 묶여 남대문역으로 가서 대구행 기차에 올랐다. 담당경찰서가 경상북도 경찰국 소속이었기 때문이다. 다음날 (30일) 새벽 대구역에 내려 경상북도 경찰국 유치장에 들어갔다. 거기서 대구에 사는 유인경, 부산에 사는 백신영이 먼저 와 있는 것을 보았다. 한참 만에 불려 나가 취조받았다. 어린 것은 계속 보채고 울었다. 심문하던 순사는 신경질을 부리더니 딸에게 욕을 퍼부었다. 오줌은 왜 그리 자주 싸는지... 울음을 멈추게 할 방법을 몰라 젖을 물리는 길밖에 없어서... 속치마를 벗어 찢어(기저귀를 만들어) 채웠으나 감당할 수 없었다. 특별히 부탁해서 홑이불 하나를 얻어 열 개의 기저귀를 준비해 놓고는 마음을 놓았다...[44]

이혜경의 기억

이혜경은 1919년 11월 28일 진성여학교(함북 원산)에서 교편을 잡고 있던 시기였는데 들이닥친 형사들에 의해 잡혔다. 수갑에 채워 철도편으로 경성역을 거쳐 대구역에 내려 그 이튿날 저녁 대구경찰서 유치장이 좁아 경찰서 뒤 격검장(검도장)으로 옮겼으나 몹시 추웠다. 얼마 만에 대부분 불기소로 방면되고 핵심 간부 9명만 대구지방법원 검사국으로 기소된 뒤 12월 11일 대구 감옥소로 들어가 예심을 기다렸다. 영장 발부도 같은 날짜였다.[45]

김영순의 기억

11월 28일 김영순은 (정신여학교에서) 30여 명의 학생을 데리고 재봉 수업을 하고 있었다. 시간이 거의 끝날 무렵 교실 문이 열리면서 일본인 순사(경찰) 1명과 형사 4명이 들이닥쳤다. 그들은 다짜고짜로 김영순을 교단에서 끌어내 교무실로 데려갔다. 학생들은 하얗게 질린 얼굴로 우르르 복도로 따라 나왔다. 교무실은 일경들에 의해 완전히 점거당해 흙 묻은 발자국이 어지럽게 더럽혀 있었고 루이스 교장과 김마리아 선생은 참담한 표정으로 서 있었다. 뒤이어 미술 선생 장선희와 수예 선생 신의경이 끌려 들어왔다... 네 선생이 밖으로 끌려나가자 고목 나무 아래 대기하고 있던 일경들이 우르르 몰려들어 수갑을 채웠다. 루이스 교장과 천미례 부교장이 뒤따라 나오더니 네 선생의 볼에 입을 맞추고 눈물을 흘렸다. 교실 유리창을 열고 이 광경을 보고 있던 학생들도 선생님 하고 울부짖었다.

종로경찰서에 도착해 잠시 머문 뒤 본정 경찰서로 압송되었는데 이미 김희옥, 김태복, 박순복, 박인덕, 성경애, 오현관, 오현주, 이성완, 이정숙, 황에스더(황애덕) 등이 잡혀 와 있었다. 그날

해 질 무렵 애국부인회 간부 및 회원 18명은 손은 수갑에 허리는 포승줄에 묶여서 남대문역에서 대구행 열차에 올랐다. 초겨울의 차가운 날씨였다. 기차 안에서 이들은 "무슨 일이 있어도 절대로 비밀을 지키고 모두 모른다고 사실을 부인하자"고 철석같이 맹세했다. 그리고 저녁밥이라고 뒤늦게 주는 밥 덩이는 먹지 않고 차창 밖으로 모두 던져 버렸다. 김영순은 이때 시집가지 않고 애국 운동하겠다고 결심했다.

경상북도 제3부 경찰국에 들어섰다. 그곳에 백신영, 유인경, 이혜경이 있었다. 그중 김마리아와 황에스더는 제3부로 회부되고 나머지는 대구경찰서 격검장에 수감됐다.

김영순은 일행과 함께 검사국으로 넘어가서 그대로 대구 감옥소에 수감되었다. 대구 감옥소는 대구부 삼립정 110번지에 있었다. 옷은 일본 옷 모양의 붉은 죄수복으로 갈아입고 붉은 띠를 허리에 둘렀다.

신의경의 기억

1919년 11월 28일 정신여학교에 일경이 들이닥쳤다. 신의경, 김마리아, 김영순, 장선희 네 교사는 곧바로 수갑에 채워져 종로경찰서를 거쳐 본정 경찰서로 연행됐다. 그곳에 애국부인회 임원 황에스터, 이정숙 등 10여 명이 잡혀 왔다. 각각 취조받은 애국부인회 임원 18명은 호송 경찰에 의해 한 사람씩 손목과 허리를 포승으로 결박하고 한 줄에 굴비 엮듯이 얽어매어 경성역으로 데리고 가서 기차에 태워 대구경찰서로 압송됐다. 이 사건이 경상북도 경찰국 고등계 형사 유근수에 의해 발각된 관계로 대구로 가게 된 것이다. 그들은 대구경찰서에 21일간 구류됐다가 1919년 12월 19일 대구 감옥소에 수감됐다.

장선희의 기억

11월 28일 장선희는 2학년 수학 시간 강의를 하고 있었다. 바로 그때 누군가 교실 문을 두드렸다. 한 직원이 '장 선생님! 형사들이 왔는데 직원실로 오시라고 합니다'고 말했다. 장선희는 칠판 가득히 운산을 써 놓고 수업하고 있었으므로 "곧 갈 테니 기다려 달라고 하세요."라 하고 애써 마음을 진정시켰다. '올 것이 왔구나!' 잠시 후 정신을 차리고 숙소로 가서 재령의 오라버니에게 간단한 엽서를 쓴 뒤 내의를 입고 치마저고리 위에 두루마기까지 입었다. 아무래도 당분간 돌아올 것 같지 않았고 점점 추워질 것을 계산한 것이었다. 그리고 성경과 소지품을 챙겼다. 천미례 부교장에게 가서 저금통장을 맡겼다.

직원실에 들어선 장선희는 10여 명의 경찰과 형사들 사이를 지나 김마리아 옆으로 가서 손을 꼭 잡았다. 네 선생의 손에 수갑이 채워졌고 그들을 호위한 경찰들과 직원실을 나서 교정에 이르렀다. 이때 학생들이 몰려와서 눈물을 흘렸으나 더 이상 어쩌지를 못했다. 대명천지에 일본 관헌이 학교에 들어와 선생을 잡아가다니...

그들이 종로경찰서에 도착했을 때 애국부인회 동지들이 잡혀 와 있었다. 그날 저녁 충무로 본정 경찰서로 압송되었다. 거기서 이정숙, 황애시덕(에스더), 김태복, 김희옥, 박순복, 박인덕, 성경애, 이성완 등 애국부인회 간부들을 보았다. 오현주와 언니 오현관도 잡혀 왔는데 그들은 각각 젖먹이를 안고 있어 시선과 동정을 받았다.[46]

그 이튿날 남대문역에서 기차 타고 대구로 압송되었다. 장선희는 마침 오현주랑 나란히 앉게 되어 "현주 동지 더 이상 동지들의 이름을 알려주지 않았으면 해요"라고 말하니 오현주가 "뭐 벌써 다 알고 있는 것 같던데요"라고 답하였다. 다음 날 새벽 대구역에 도착해 경상북도 제3부 경찰국으로 이송되었다.

경찰국 유치장의 하룻밤이 지났다. 박덕실, 박보연, 유보경, 이금례, 이마리아, 이유희 등 지방 동지들이 잡혀왔다. 사흘째 되는 날에는 원산, 제주, 북간도 동지들도 잡혀 총 50여 명에 달했다. 애국부인회 많은 간부들이 유치장 안에서 처음으로 한 지붕 밑에 모인 셈이 됐다.

... 임원 한사람씩 불러내 희롱과 야만적인 고문을 가하며 추궁했다. 장선희는 취조실에서 고문 전문가 '박준건'이란 한국인 형사와 일본인 니시오카경보가 취조할 때.. 무지막지한 구둣발로 꿇어앉아 있는 장선희의 두 무릎과 등이면 허리를 마구 걷어차면서 자백을 강요했다. 얼굴은 이미 멍들고 코피가 흐르고 있었다... 장선희는 특별히 지부조직과 금전 관계 때문에 회장 다음으로 끈질기게 심문을 받았다.

대구역에 도착하는 급행열차
(출처: 디지털역사자료 – 국제일본문화연구센터 데이터베이스)

대구지방검사국은 이들을 독립운동 혐의로 취조한 후 김마리아, 황애시덕, 장선희, 이정숙, 김영순, 유인경, 신의경, 백신영, 이혜경 등 본부 임원 9명을 핵심 인물로 분류하여 재판에 회부하였다.[47] 그 외의 나머지 회원들은 1919년 12월 26일과 1920년 1월 12일 기소유예나 증거불충분 등으로 풀려났다.

그런데 기소된 본부 임원 9명 중 8명이 정신여학교 출신자다. 황애시덕을 제외한 김마리아(4회), 장선희, 이정숙(6회), 유인경(5회), 신의경

(10회), 김영순(8회), 백신영, 이혜경(1회) 등 8명이 그들이다.

이런 점을 고려하면 일제강점기 가장 대표적인 여성독립운동단체인 대한민국애국부인회는 정신여학교 출신자들이 조직하고 운영하며 일제에 저항했다고 평가해도 지나치지 않다.

대한민국애국부인회 사건에 대한 신문기사

당시 대한민국애국부인회 사건을 대대적으로 보도한 언론은 매일신보인데, 1919년 12월 19일자에 한 면 전체를 이 사건에 할애하였다.(161쪽 참조)

동회 사건 자료 『형사사건부』 상에서 확인된 조사받은 회원 수는 80명이다. 대부분은 '기소유예불기소'나 '증거불충분 불기소' 처분을 받아 풀려났다.[48]

애국부인회 핵심 간부 9인은 미결수로 온갖 비인간적인 고문과 조사를 받으며 6개월간의 예심을 거친 끝에 재판에 회부되었다. 이들이 심문

대한민국애국부인회 사건(『매일신보』 1919.12.19.)

과정에서 당한 고문이 어떠했는지를 신의경이 회고에서 밝힌 바 있다. 일경은 비인도적이고 가혹하게 체벌을 가했다. 즉, 시멘트 바닥에 무릎을 꿇게 하고 두 무릎 사이에 굵은 장작개비를 넣고 비틀었다. 또한 고무호스를 코에 넣어 고춧가루 물을 먹이면서 자백을 강요하기도 했다. 임원들은 어떠한 극형에도 굴복하지 않고 모든 책임을 각자가 지기로 하고 다른 동지들에게는 피해가 없도록 증언했다고 당시를 언급했다. 특히 잔혹한 고문으로 인해 축농증 메스토이 증세가 재발한 회장 김마리아와 위장병으로 신음하는 백신영의 병보석을 위해 김필례를 비롯해 이자경, 김함라, 김미렴 등과 스코필드박사가 사이토 조선 총독을 만나 청원하여 다행히 1920년 5월 22일 병보석으로 풀려나 보석상태로 재판을 받게 되었다.

체포된 임원진들의 증언에도 불구하고 일제가 수합한 애국부인회 관계

서류와 인장 등의 수많은 증거물로 인해 사건은 재판으로 진행되었다.

1920년 6월 7일 제1회 공판이 대구지방법원 1호 법정에서 열렸다. 첫 공판에는 고미(五味) 재판장을 위시해 야마구찌(山口), 다나카(田中) 등 배석판사와 가와무라(河村)검사가 자리했고, 변호사석에는 김우영, 김의균, 양대경, 정구창 외 일본인 다까하시(高橋) 등 여섯 명이 줄지어 앉았다. 6개월 간의 예심을 종결하고 대구지방법원에서 6월 7일 첫 공판이 시작되었다.

첫 공판이 열리는 날, 대구지방법원 앞마당에는 전국 각지에서 모여든 방청객들로 붐볐고 애국부인회 간부들이 도착해 법정으로 들어갈 때 '애국여성만세'를 외치며 박수를 보냈다. 이날 김원경은 조직 결성 초기 상하이 임시정부에 부인회 대표로 파견되어 상하이에서 활동 중이었으므로 결석 공판에 회부되었다. 병보석으로 출감했던 김마리아와 백신영은 미국 선교사의 부축으로 출석했다. 특히 김마리아는 세브란스병원의 간호부장과 조선인 청년의 부축을 받아 공판정에 들어섰다. 전신을 담요로 두르고 얼굴은 흰 수건으로 가렸다.

공판에서 이정숙, 장선희, 김영순, 유인경, 황애시덕(에스더), 신의경,

이혜경, 백신영, 김마리아 순으로 심문이 진행되었다. 김마리아의 심문이 끝난 뒤 검사의 논고가 이어졌다. 그 중 특별히 주목해야 할 부분을 들어 보자.

> … 김마리아는 여자로서 대학까지 졸업하고 인격과 재질이 비범한 천재를 가졌으므로 그 대담한 태도와 거만한 모양은 이루 말할 수 없는 중, 더욱 가중한 것은 본직에게 심문당할 때에 오연(傲然)히 "나는 일본의 연호를 모르는 사람이라" 하면서 서력 일천구백 몇 년이라고 한 것을 보면 그의 눈에 일본제국이란 것은 없고 일본의 신민이 아닌 비국민적 태도를 가진 것이다. 이러한 대역무도한 무리에게는 특히 추상열일 같은 형벌을 내려 그러한 인물을 박멸치 아니하면 도저히 치안을 유지할 수 없는 것이다. … 피고 김마리아는 인격수양과 여자교육 보급하는 것이 그 취지라 하나 다른 피고들의 말은 오늘 김마리아와 같이 말을 하나… 공술한 말을 보건데' 조선 사람으로 조선의 독립을 운동하는 것은 당연한 일이 아니냐, 남자가 활동하는데 여자가 활동하는 것도 당연한 일이아니냐" 하고 대답한 것을 보아도 범죄의 증거가 확실하며… 독립운동의 불온단체인 것은 사실이라. 그들의 소행을 보건데 그들이 어떻게 독립사상이 격렬하고 배일사상이 격렬한 것은 명료하니 … 대역무도한 역적에게는 추상열화와 같은 형벌을 가하여 단연코 그런인물을 박멸치 아니하면 아니되겠으므로 피고 중 김마리아와 황에스터는 징역 5개년 그 외 피고는 징역 3년을 구형한다.

일인 검사는 애국부인회 회원들을 '일본제국을 부인하는 대역무도한 무리'로 박멸 대상으로 간주하여, 김마리아와 황애시덕(에스더)에게 징

애국부인회 회원들이 재판받았던
대구지방법원과 대구복심법원
(출처: 디지털역사자료 – 국제일본문화연구센터
데이터베이스)

역 5년, 김영순 등 나머지에게는 3년을 각각 구형했다.

공판은 계속 이어져 마침내 1920년 6월 29일 대구지방법원에서 판결이 선고되었는데, 병세악화로 출정치 못한 김마리아와 황애시덕 김원경(궐석)은 징역 3년, 김영순 이정숙, 장선희는 각각 징역 2년 백신영, 신의경, 유인경, 이혜경은 징역 1년을 각각 언도받았다.

9명 모두 1심판결에 불복하여 복심법원에 상고했다. 1920년 12월 27일 대구복심법원에서 모두 상고가 기각되고 1심의 형량이 확정됐다. 1년이 넘는 오랜 기간 고문과 재판에 시달린 이들 중 상소를 포기한 황애시덕(3년), 김영순, 이정숙, 장선희(2년) 백신영, 신의경, 유인경, 이혜경(1년)의 형이 각각 확정되었다. 다만 미결로 구류했던 100일을 본형에 통산시키는 것이 추가되었을 뿐이다. 하지만 김마리아와 백신영은 다시 3심법원에 상고하였다. 상소권을 포기한 7명은 대구감옥소에서 옥고를 치렀다.

김마리아와 백신영은 이듬해 1921년 2월 12일 경성고등법원형사부에서 재판을 받는데 백신영은 상고가 기각당해 형이 확정되었다. 김마리아는 상고심 파훼로 경성복심법원으로 사건이 이송되었으나 최종으로 1921년 6월 20일 경성복심법원에서 상고 기각으로 3년형이 확정되었다.[49]

김마리아는 병세 악화로 최종판결의 법정에 나가지 못하였다. 다행히 병보석 중인 김마리아는 비밀리에 임시정부와 선교사의 도움으로 7월 6일 인천항에서 선편으로 중국으로 망명하였다.

대한애국부인회 간부에게 전국 각지 성금 쇄도

애국부인회 간부들이 수감된 대구감옥소에는 각지에서 보낸 성금이 쇄도했다. 이들을 돕기 위한 후원자들은 감옥소 근방에 방을 하나 얻어 간부들의 가족이나 친구들이 돌아가면서 9명의 옥살이를 뒷바라지했다. 이때 처음부터 끝까지 수고한 이는 이혜경의 언니 이자경이었고 애국여성 은춘어머니는 사식을 한결같이 머리로 이어 날랐다.

이들 중 김영순과 신의경은 옥고를 치르는 동안 어머니를 여의는 슬픔을 겪었다. 딸을 끔찍이 생각하던 어머니들이 상심하여 삶의 끈을 놓아버렸던 것이다. 출옥 후 가장 먼저 한 일이 어머님이 묻힌 곳을 찾아가 사죄의 맘을 담아 절할 뿐이었다. 이들은 평생 불효의 죄책감을 안고 살았다고 한다.

1922년 5월 9일 『동아일보』의 사진 속 주인공들은 다름 아닌 대한민국애국부인회의 중심인사들로 황애시덕(에스더), 김영순, 장선희, 이정숙이다. 이들은 1922년 5월 6일 대구형무소

「가출옥된 애국부인단」(『동아일보』 1922.5.9.)

에서 옥고를 치르다가 기간을 마치고 마침내 석방되었고, 이를 당시 언론에서 기사화한 것이다.

출옥한 뒤 네 사람은 모두 서울로 올라왔으며 가족과 친지들의 환영 인사를 받고 각각 고향인 서울, 북청, 재령으로 귀가하였다.

옥중경험에 대한 자료가 없던 이정숙이 출옥 인터뷰에서 밝힌 감상을 덧붙였다.(『동아일보』 1922.5.6.)

"나는 꿈과 같이 갔다가 꿈과 같이 왔습니다. 아직도 꿈꾸는 것이 아닌가 생각합니다. 참말 감옥은 꿈같은 별세상입디다. 복역 중에 감옥에 대한 경험을 많이 얻었으며…"라고 옥중생활의 고통을 우회적으로 소회하였다.

수인번호 168호 이혜경의 수형 기억

죄수에게 부여되는 수인(囚人)번호 168번을 받았으며 특별히 그 위에 일본말로 '마루지루' 라 하는 'ㅇ'자를 표시했는데, 이 표시는 사상범이나 국사범으로 일반범죄의 죄수들과 구별했던 것이다.

각 감방에는 30~40 명의 여자 기결수들이 들어차 있었는데 새로 들어간 이혜경에게 시선이 집중됐다. 모두 무서운 눈초리였고 어느 죄수가 "마루지루 납셨네 그려' 라고 놀리거나 지나 내나 콩밥 먹는 주제에! 라고 했다. 방안 분위기가 싸늘했고 악취는 숨을 멈추게 했으며 앉을 수도 서 있을 수도 없는 비좁은 공간이었다. 한 참만에 비집고 들어가 그들 속에 섞여 앉았다.

맨 마지막에 들어갔으니 변기 청소는 으레 맡아야 하는 것으로 다음 새로 들어오는 죄수에게 인계할 때까지 계속해야 했다. 그런데 아무리 깨끗하게 닦고 신경을 써도 냄새는 가시지 않았다. 사식 들어오는 것을 모두 그들에게 나누어 주어 환심을 샀다. …초기의 고비를 넘기며 얼어붙고 무쇠같은 한 사람 한 사람의 무릎을 잡고 기도해 마음을 녹여 가까워지게 하고 하소연과 걱정거리를 토해 내게 했다. 인간이기를 포기하고 무지에 가까운 그들을 차츰 회심시켜 글을 가르치고 성경 말씀을 전하는데 성공했다. 드디어 감방 안 40여 명을 10명씩 묶어 조선어반, 일본어반, 영어반, 성경반 4개반을 운영하기 시작했다. 눈빛이 부드러워지고 참회와 기쁨으로 흘리는 눈물이 주옥 같았다.

감옥 안에서 전옥 못지않게 시달린 것은 모기와 빈대 등에로, 물려 긁은 것이 심한 피부병으로 번져 고생했다. 이것을 세브란스병원의 스코필드박사가 알고 미국제 고약을 보내 주어서 바른 지 며칠 만에 씻은 듯 나아 고마움을 기도로 감사했다.

김영순의 옥중투쟁

감방 안에는 30여 명의 사람들이 한여름에 한 사람 걸러 반대로 누워야 하는 비좁은 방이어서 옆 사람의 발을 안고 자야 했다. 하루는 "달아나지 않을테니 복도에서 자게 해달라'고 했으나 간수는 건방지다고 꿇어앉혀 더한 고통을 당하기도 했다. 빈대 벼룩 모기가 들끓어 잠을 이룰 수가 없었다. 동지섣달에는 뼈마디가 딱딱 소리 나도록 일터에서 일하고 돌아온 뒤 옷을 밖에서 갈아입어야 하기때문에 더욱 떨렸다. 때마침 추위로 온몸이 꽁꽁 얼었다. 가장 낮은 온도의 발가락은 얼 수밖에 없어 동상에 시달려야 했다. 30여 명 감방 속 식구들이 서로의 온도를 나누며 추위를 견뎠다. 설익은 콩밥에 시퍼런 소금국...나라 없는 죄로 그 설움을 톡톡히 받았다. 그런 가운데 찾아오는 선교사들로 위로를 받곤했다.

김영순은 감방 동료들에게 성경 이야기를 해주고 그들을 위해 매일 기도했다. 그리고 죄수복을 만들다가 동료들에게 신문지를 얻어다 옷본을 만들어 저고리 만드는 법을 가르쳐 주었다.

신의경의 대구감옥소 수형 기억

대구감옥소의 감방은 시멘트벽으로 사방이 둘러 있고 높은 벽 한쪽에 작은 창문이 유일한 빛의 통로였다. 그러나 어둠과 악취와 한랭한 소굴이요 밤이면 죄수들의 실의와 한숨 및 우는 소리가 끊이지 않아 생지옥이 여기인가 싶고 눈과 코와 귀를 막지 않으며 안됐다. 육체의 고통은 제쳐놓고 정신적 고통은 참을 수가 없었다. 나라를 찾지 못하고 민족이 망할 것을 생각하니 분하고 원통한 마음이 갈기갈기 찢어지는 것 같았다...

애국부인회 회원들은 잡범이 수용된 감방에 한 명씩 배정되었다. 매일 기다려지는 시간은 새벽 기도회와 정오 기도회였다. 김마리아 회장이 간곡한 요청으로 부속실을 빌려 애국부인회 기도회를 가졌는데 오래 가지는 못했다.

신의경은 형이 확정된 뒤에 잔여기간 265일이 지난 1년보다도 더 길게 느껴져 시간을 빨리 보내기 위해서 작업장에 나아가 죄수복을 부지런히 만들었다. 여타 죄수들이 하루에 한 벌 만들 때 신의경은 두벌 이상을 만들었다. 저녁이면 감방에 돌아가 잡범들에게 전도하고 글을 가르쳐 60세 이상 된 한 고령자의 눈을 뜨게 했다. 그리고 기도와 성경 읽기로 시간을 보냈다.

추위가 혹독했던 지난겨울에 동상으로 걸음도 제대로 걷지 못했는데 둘째 해 여름에도 찌는 듯한 더위는 고사하고 모기와 벼룩 등 물것에 시달려야 했으며 이해에 악성 피부병이 온 감옥에 퍼져 피와 진물에 흐르는 환자가 많았다. 신의경도 증세가 심하여 여러 달 고생했는데 그 쓰라리고 가려움은 악형보다 더 고통스러운 것이었다. 한편 변기통 나르는 일과 솜이불 만드는 일은 참기 어려운 간접 고문이었다.

일주일에 한 번씩 변기 청소를 하기 위해 똥통에 담아 장소에 옮겨야 하는데 짝을 지워준 김영순을 만나는 것이 기쁜 일이었다. 그런 유난히 키가 작은 김영순과 유난히 키가 큰 신의경이 지겟대를 수평으로 유지하자니 무릎과 허리를 굽혀 걸어야 하는 고충은 이루 말할 수 없는 고통이었다. 어찌 짝을 그렇게 지어주는지 왜놈의 본성을 보는 듯했다. 거기다가 한여름에 햇볕이 내리쬐는 마당으로 끌어내어 광목에 솜을 두어 솜잇불을 만드는 작업은 땀을 비오듯이 쏟아야 하고 숨이 헉헉 막히는 일이었다.

수인번호 275호 장선희의 옥중생활

대구감옥소는 기결수의 감방이 일곱인데 애국부인회 간부들은 국사범이기 때문에 일곱 개 감방으로 분산시켰는데 장선희는 살인범감방에 수감됐다. 살인범감방에는 죽에다 양잿물을 섞어 남편에게 먹인 여인, 끓인 기름을 남자의 귀에 부어 죽인 여인 등 끔찍한 죄를 저지른 살인자들이었다. 그들의 눈초리는 냉소적이고 마음은 증오심으로 가득 찼으며 눈은 살기가 든 뱁새눈이었다. 잘 지내자는 장선희의 말에 비아냥거릴 뿐...

여인은 장선희가 옷자락을 잡아당겨 코를 푸는 행패를 부렸다. 또 한 여자가 끼어들어 '흥 마르지르른 뭐하노! 이 구석에 들어오면 저나 나나 다 같은 죄인이지 뭐가 다르노!'

장선희는 똑같이 영어의 몸이 된 마당에서 그들을 감화시켜 새사람이 되게 해주십사고 기도했다. 여인들의 성질이 포악해서 걸핏하면 노발대발 싸우는 것이 그들의 일이다. '내사 죽여 버릴란다' 밤중에도 수없이 연발하는 욕지거리와 싸움소리 장선희는 서로 머리채를 휘어잡고 싸우는 그들을 말리고 화해시키기에 진땀을 빼곤 했다. 애국부인회 간부들에게 사식이 자주 들어오는데 그것을 독차지해 먹고 차입된 물건을 가로채는 그들의 마음을 다스리기 시작했다. 그런데 그들은 하나 같이 글을 몰랐다. 그래서 반발심에 가득 찬 그들을 달래어 글을 가르치고 성경 말씀을 재미있게 이야기식으로 해 차츰 눈이 커지고 눈동자가 자리잡혀 가며 마비된 양심이 공부와 신앙심으로 고분고분 해져 갔다. 공손한 말씨와 친절한 태도에 살얼음 같은 마음이 녹여졌던 것이다.

차츰 여인들은 눈물을 흘리며 자기의 죄를 회개 참회하고 65세의 여인은 손가락에 침을 발라 마룻바닥에 자기 이름을 쓰기에 이르렀다. 참으로 큰 변화요 기적같은 일이었다. 애국부인회 간부들은 각 감방에서 마치 천사처럼 여죄수들의 마음을 사로잡아 영혼의 안내자가 되었다. 간수의 말에 순종하지 않아도 마루지루의 말에는 무조건 따랐다.[50]

감방 안에 변기가 있어 악취가 떠나지 않는 좁은 방, 서로 다른 30명 내외의 죄수가 밤낮이 같이 지내야 했다. 그나마 무릎 꿇고 머리를 맞대면서 열을 지어 앉장도 좁은대로 지낼 수 있었다. 그러나 밤이면 자는 일이 문제였다. 머리와 발을 서로 엇바꾸어 누워야 해서 남의 얼굴에 내 발이 닿거나 남의 발이 내 얼굴에 닿기 일쑤였다. 반듯이 천장을 쳐다보고 편히 눕거나 몸을 자유로이 움직일 수 없기 때문에 다 같이 모로 누웠다가 돌아누울 때 모두 일제히 돌아누워야 하는 좁은 공간이었다.

...여름의 감방은 뜨거운 연옥이었다. 겨울철에는 살과 살이 맞닿아 따스함이 있었는데 한 여름 밤의 감방은 고문 이상의 고통이요, 아비규환이었다. 좁은 감방에서 모기를 잡아 보려고 일어설 수도 없는 지경에서 얼굴을 때려 잡는 것이 유일한 공방전이었다. 그래서 온몸이 물 것에 물려서 살가죽이 부르튼 것을 이르는 '콩멍석'이란 말이 생겨났다. 이것을 가렵다고 긁어대니 생채기뿐이요 땀띠가 곪아 터져 서로 눈뜨고 볼 수 없는 몰골은 모든 수감자들이 겪는 일상이었다.

275호 수인번호를 받은 장선희는 감방 생활에 익숙해지자 죄수들의 옷을 깁고 만드는 일을 자청해 바느질하게 되었다. 그 공로로 3개월에 한 번씩 휘장을 탔다. 휘장을 왼팔 소매에 달아주었다. 또 1년에 한 번씩 큰 상을 받았는데 그 표식도 휘장 위에 붙여졌다. 이런 경우 간수의 대리인이 될 수 있는 권리를 갖게 되고 식사에 생선 한 토막이 추가되는 정도의 특별함이 있다. 시간을 잊기 위해 열심히 일에 몰두한 것으로 위장병도 좋아져 건강을 회복했다.

장선희는 몽매한 죄수들에게 글과 성경 자수를 가르치면서 독립 정신을 심어주는데 대리인의 역할과 권한은 안성맞춤이었다. 전옥의 손수건에 자수를 놓아주니 작업장에서 자수를 허락했다. 손수건 족자 일본 여자의 하오리(羽織) 등에 수를 놓게 해 성적이 우수한 기결수 30명을 뽑아 자수 공부를 설치하고 장선희에게 자수 선생을 부탁했다. 자수 공부에 주어진 일감은 주로 하오리였다. 장선희는 그들에게 '조선 여성의 재주를 한껏 보여주겠다' 하며 최상의 수예품을 만들어 내게 했다.

여간수는 남편에게 복어알을 먹여 죽인 종신형 270호 죄수를 제자로 삼으라고 권했다. 장선희는 기독교를 전하고 자수와 종이꽃 만드는 기술을 그에게 개인교수 하듯 가르쳐 주었다. 270호는 이정숙 동지의 오른쪽 발바닥에 난 종기 물집의 고름을 열흘 이상 입으로 빨아내어 한 걸음도 걷지 못했던 발을 완치시킨 미담을 지닌 여자였다.

감옥에서 장선희는 남은 평생을 여성들의 기술교육, 특히 자수 교육에 헌신하기로 한 것이다.

– 『신동아』 잡지에서 증언

대한민국애국부인회 회원들이 구류나 옥고를 치른 대구형무소
1924년 조선총독부와 조선치형협회가 발간한 '조선형무소 사진첩'에 수록된 대구형무소 전경
(출처: 대구시립중앙도서관 일제시기 자료 『영남일보』 2021.8.9. [대구경북 아픈 역사의 현장](1)

대한민국애국부인회 활동의 특징

대한민국애국부인회의 존립기간은 짧았으나 그 조직과 활동상, 독립 정신 등은 일본인들의 간담을 서늘하게 하였으며, 한국 여성들이 자주독립을 강렬하게 염원하고 있다는 사실을 일제에 각인시켜 주기에 충분했다.

동회의 활동상 특징은 여성도 남성과 동등한 지위와 동등한 자격으로 민족운동에 참여한다는 입장에서 독립전쟁에 대비하여 적십자장과 결사장을 신설하였고, 26살 정도의 청년 여성들의 전국적인 조직력을 이용하여 남성들 못지않게 활약했다는 데서 찾을 수 있다. 임원진 뿐만이 아니라 검거된 회원 중에도 정신여학교 출신이 많다는 것도 특징이다. 1920년 1월 19일 매일신보의 기사에 의하면 애국부인회 관계자로 피체된 인원은 세브란스병원 29명, 동대문부인병원 13명, 정신여학교 11명, 이화학당 1명, 진명여학교 1명, 기타 14명이었다. 정신여학교 출신이 다수를 차지하고 있다는 사실이 자못 흥미롭다.

정신여학교 출신자로 대한민국애국부인회에서 활동한 여성들을 〈표 6〉으로 정리하였다.

표 6. 대한민국애국부인회 관련자로 피체, 조사받은 정신여학교 출신자[51]

번호	이름	졸업회수	직업	출신지	애국부인회 직책	법적 처분	서훈 여부
1	김경순	12	정신여학교 학생	함남 영흥	회원	1920.2.12. 기소유예 불기소	–
2	김마리아	4	정신여학교 교사	황해도 장연군	회장	1920.12.27. 징역 3년 (1920.5.22. 병보석출감)	1962년 독립장

번호	이름	졸업회수	직업	출신지	애국부인회 직책	법적 처분	서훈 여부
3	김성매	–	교사	–	대구지부 회원	–	–
4	김성무	–		–	재령지방 지부장	–	–
5	김영순	8	정신여학교 사감	서울 종로구	서기	1920.12.27. 징역 2년	1990년 애족장
6	김필애	10	의신여학교 교사	경남 마산	경남지부장	1920.11.28. 대구감옥 수감 7일 후 방면	–
7	문덕은	11	–	황해도 흥수원	회원	–	–
8	박보렴	–	광림학교 교사	경남 진주	진주지부장	1919.12.26. 기소중지 불기소처분	2022년 대통령 표창
9	박옥신	11	세브란스 병원 간호사	황해도 재령군	회원	1920.1.12. 기소유예 불기소	2023 대통령 표창
10	백신영	6	전도사	경상남도 밀양	결사부장	1920.12.27. 징역 1년	1990년 애족장
11	변숙경	–	–	–	평양지부장	–	–
12	신연애	10	–	–	황해도 지부장	–	–
13	신의경	10	정신여학교 교사	서울 중구	서기, 경기도지부장	1920.12.27. 징역 1년	1990년 애족장
14	오현관	4	전 명신여학교 교사	서울	교제원	1919.12.26. 증거불충분 불기소	–
15	오현주	4	전 멜보린 여학교 교사	서울	전임 회장	1919.12.26. 증거불충분 불기소	–
16	오응선	–	–	–	혈성단애국부인회 회원	–	–
17	유보경	10	광림여학교 교사	전북 전주	전북 지부장	1920.12.26. 기소유예 불기소	2023년 대통령 표창

번호	이름	졸업회수	직업	출신지	애국부인회 직책	법적 처분	서훈 여부
18	유인경	5	-	경북 성주	대구지부장	1920.12.27. 징역 1년	1990년 애족장
19	윤진수	-	세브란스 병원 간호부	황해 해주	적십자장	1920.1.12. 증거불충분 불기소	-
20	이마리아	8	멜볼덴 여학교 교사	전북 옥구군	군산 지부장	1919.12.26. 기소유예 불기소	-
21	이삼애	8	-	-	영천지부 지부장	-	-
22	이선행	8	-	-	사리원 지부장	-	-
23	이성완	11	세브란스 병원 견습 간호부	함남 정평군	결사부장	1919.12.26. 기소유예 불기소	1990년 애족장
24	이순길	6	천안군 입장면 양대리 교사	전북 옥구군	통신원	1920.1.12. 기소중지 불기소	2019년 대통령 표창
25	이원경	1	-	-	간부 (재정 부담)	-	-
26	이정숙	11	세브란스 병원 간호부	함남 북청	(구)평의원 적십자장	1920.12.27. 징역 2년	1990년 애족장
27	이혜경	1	진성여학교 교원	황해도 해주	부회장	1920.12.27. 징역1년	1990년 애족장
28	이희경	-	-	-	대구지부 회원	-	-
29	임성례	-	-	-	대구지부 회원	-	-
30	장선희	6	정신여학교 교원	평남 평양	외교원	1920.12.27 징역 2년	1990년 애족장
31	정근신	11	수피아 여학교 교원	-	재무원, 흥수원 지부장	체포 면함.	-
32	조광수	-	-	-	대구지부 회원	-	-
33	최정원	6	-	-	대구지부 회원	-	-

번호	이름	졸업회수	직업	출신지	애국부인회 직책	법적 처분	서훈 여부
34	홍은희	4	–	황해도 해주	재설립회의 참석자	–	–
35	황희수	14	–	경남 밀양	회원	1920.1.12. 기소중지 불기소 처분	–

4. 1926년 6·10만세운동과 정신여학교

순종 승하와 일제의 대비책

1926년 4월 25일 순종이 승하하였다. 이후 순종의 인산(장례)이 준비되었으며 인산날(장례날)은 47일 뒤인 6월 10일로 정해졌다.

순종의 승하가 알려지자 망곡(望哭: 국상을 당하여 대궐 문 앞에서 백성들이 모여서 곡을 함)과 봉도(奉悼; 신분이 높은 분의 죽음을 애도함)가 전국적으로 확산되었으며 고종의 승하 때와 같이 민족적 감정이 고조되었다. 3·1운동이란 거족적인 만세운동을 겪은 일제는 사전에 정책적으로 대비책을 세우고 무력을 앞세워 강압적인 방침으로 각종 조문의식을 통제하고 탄압하였다. 그럼에도 서거 직후 대중들은 국왕의 죽음에 대한 예에 맞추어 망곡을 하고 상복을 입어 봉도하는 행위를 통해 조선인의 의식을 표현하고 조선인임을 드러내고자 하였다.

대중들은 전국 각지에서 망곡, 봉도의 예를 갖추었는데 전통 유림에 한한 것이 아니라 일반 시민이나 학생 개개인에 이르기까지 이런 마음을 가지고 있음이 확인된다.

총독부 측이 곡반(哭班: 국상 때 곡을 하는 벼슬아치의 반열) 망곡에 대한 정식 지침을 발표한 4월 27일이 되어서야 비로소 내전 근처 선평문을 경계로 초석을 깔아 내외 곡반을 설치하고 동시에 돈화문을 개방하고 망곡반을 설치하게 되었다.[52]

28일 돈화문 앞의 봉도자에 대한 새 취체방침(취체:법률 규칙, 법령,

명령 따위를 지키도록 통제함)을 발표해 저녁 6시 이후 망곡을 금하고 이 기회를 이용하려는 불근신(不謹愼)한 태도에 대한 단속을 강화하겠다는 취지였다. 이에 따라 저녁 7시에는 봉도객을 맞던 돈화문의 문이 닫히고 야간 곡반을 엄금하고 경관들이 돈화문 근처를 엄중히 경계하였다.

그러나 철통같은 경계에도 봉도객의 수가 날이 갈수록 더해갔다. 발상 이후 30일 전까지 봉도자 중 시내 중학교 전문학교 학생들의 단체 봉도 비율이 상당히 높았다.[53]

여학생들, 돈화문 앞으로 나와

4월 27일 숙명여자고등보통학교 학생과 직원, 진명여학교 학생 대표 와 직원이 돈화문 앞에 나왔다. 경성여자고등보통학교 학생과 직원, 이외 에도 정신여학교, 동덕여학교, 이화학당, 배화여자고등보통학교, 근화여 학교 등의 돈화문 앞 망곡 및 참배 소식이 전해졌다. 초기에는 여학교 생 도들의 망곡 참배 비중이 특히 높았다.[54]

6·10만세운동 당시 돈화문앞 망곡가는
여학생 행렬 (『동아일보』 1926. 5.2)

1926년 서울의 6·10만세운동(출처: 국가보훈부)

5월 1일 성복일이 되자, 경기 근처와 기타 지방으로부터 복장을 차려 입고 장례에 참례하고자 올라온 사람들이 수만에 달했다. 특히 흥미로운 점은 시내 61개교 학생 2만 6천여 명의 학생이 각각 정렬하여 단체로 망곡한 것이다.[55]

6·10만세운동 학생 중심으로

1926년 6월 10일 순종의 인산날, 3·1운동을 연상시키는 6·10만세운동이 일어났다. 주지하다시피 6·10만세운동은 일제의 강점과 식민 지배에 항거해 자주독립의 의지를 밝힌 독립운동이다. 천도교와 조선공산당 학생계 등의 다양한 주체들이 서로 다른 정치적 종교적 이념을 초월하여 연합전선을 형성하며 전개되었다는 점이 6·10만세운동의 특징이다.

순종의 인산을 치르는 와중에 주로 학생들에 의해 6·10만세운동이 발발했다. 돈화문에서 관수교, 황금정 3정목에 이르기까지 양측 인도에는 전부 학생들이 도열하고 있었다.[56] 중학생 이상 전문학교 학생 등이 1만 2,000여 명이 도열했고, 황금정 3정목에서 4정목에 이르기까지는 소학생과 여자고등보통학교를 비롯한 각 여학교 학생 900여 명이 도열했다. 단체로는 불교청년단 남녀 400명가량, 일본인 측으로 재향군인회, 애국부인회. 적십자사, 각 소방조, 등 5,000여 명이 식장에 이르기까지 도열해 봉도자는 거의 50만 명에 달했다.[57]

인산 행렬이 출발한 때부터 지나는 길목마다 학생들이 중심이 되어 격문을 뿌리며 조선 독립 만세를 부르다 현장에서 체포되었다. 또한 인산일의 시내 곳곳에서 일어난 만세 사건을 따라 기마 경관대와 정사복 경관대가 좌충우돌하는 바람에 이에 쫓기고 몰린 군중이 넘어지고 밟힌 부상자가 수백 명에 이르렀다.[58]

정신여학교 학생, 돈화문 앞에서 대한 독립 만세 외쳐

정신여학교 학생들은 주로 돈화문 앞에서 목멘 울음을 터뜨려 가며 대한 독립 만세를 불렀다. 전국의 학생은 일제히 이 6월 10일 같은 시각에 만세를 불렀으며 정신여학교 학생들도 함께 만세를 불렀다. 이때 체포되어 고초를 겪은 정신여학교 학생은 30여 명에 달하였다[59]고 전해진다.

5. 1929년 광주학생항일운동과 정신여학교

광주학생항일운동 발생

나주역 사건

광주학생항일운동(光州學生抗日運動)은 1929년 10월 30일 나주역 사건을 계기로 11월 3일부터 광주에서 시작되어 11월 12일 두 차례의 학생 시위를 거쳐 1929년 11월 말에서 1930년 3월 혹은 5월까지 전국적으로 확산되었던 학생 독립운동을 말한다. 이후 그해 12월에는 경성부(서울)와 수원부 등 전국 각지로 퍼져나가 1930년 5월까지 전국적인 동맹휴학, 학생 항일시위로 변모, 발전하였다.

1929년 11월 3일(일요일)은 일본에게는 메이지유신의 상징인 메이지 천황의 탄생을 축하하는 명치절(明治節)이었지만, 한국인들에게는 음력 10월 3일 즉, 단군의 고조선 건국을 기념하는 개천절이었다. 한국인의 시조를 기념하는 날에 일본 국가인 '기미가요'를 부르면서 일본 천황의 생일을 축하해야 하는 상황이 벌어지자 '조선인' 학생들은 침묵으로 일관했다. 그리고 하굣길에 일본인 학생들과 벌어진 충돌 사건을 불공정하게 보도한 『광주일보』에 몰려가서 항의할 정도로 그들의 반일 감정은 폭발하기 시작했다.

1929년의 연말에는 일제 당국에서 강요한 조기 방학 조치로 학생의 항일의지는 표면상으로 잠잠해 보였다. 그러나 외형적인 침묵과는 관계

없이 광주와 서울을 비롯한 전국의 각급 학교에서 계기적인 학생 대일항쟁이 퍼져 나갔다.

1929년 11월에서 1930년 3월경까지 한국인 학생들의 저항은 단순한 학생 운동단계를 넘어서 민족해방과 자주독립을 열망하는 민족적 차원의 학생 민족항쟁으로 발전하여 나갔다. 이듬해 1월 서울 학생의 항쟁은 1월의 신학기가 시작하자 다시 터져 나오기 시작하였다. 물론 그 준비는 그전부터 이루어지고 있었다.

서울 항일동맹 휴교 운동으로 번져

하지만 이런 학생들의 움직임은 일제총독부 경무국 밀정에게 탐지되어, 근우회의 허정숙과 여학생들은 서울 항일동맹 휴교 운동을 주도한 혐의로 1930년 1월 서울(경성) 종로경찰서에 체포되었다. 이들은 광주학생운동 배후 조종, 경성 항일학생 시위 주도, 조선공산당 재건 등의 혐의, 유언비어 날조 및 선동 혐의 등으로 '보안법 및 치안유지법 위반죄'로 징역 1년 형을 선고받고 서대문 형무소에 투옥되었다.

안타깝게도 일본 경찰의 예비검속으로 서울지역의 시위를 준비하던 중심인물들이 피체되어 버렸지만, 12월 9일부터 서울지역 학교들의 항일시위가 시작되었다. 12월 9일에는 경신학교 학생 300여 명, 보성고보 학생 400여 명, 중앙고보 700여 명, 휘문고보 학생 400여 명, 협성실업학교 학생 150여 명이 시위에 참가하였다. 12월 9일 하루에만 1,200여 명의 시위 학생들이 경찰에 체포되었다. 이후 12월 13일까지 서울지역에서만

1만 2,000여 명의 학생이 시위, 동맹휴학에 참여하였고, 그중 1,400여 명이 체포되었다. 서울지역에서만 45명이 구속되었으며, 35명이 최종적으로 재판에 회부되었다.

1930년 서울여학생 시위

정신여학교 등 여학생들의 만세운동

1930년 1월 15일 오전 서울 각 학교 학생들이 깃발을 들고 만세를 외치며 시위에 돌입했다. 일제 경찰도 이날의 시위 정보를 입수하고 새벽부터 삼엄한 경계를 펼쳤음에도 서울 여러 지역에서 동시다발적인 시위가 일어나자 당황하였다. 이날의 시위는 시내 15개 중등학교- 남학교 5개 여학교 10개교-가 참여하였다.[60] 당시의 언론에 보도된 서울 학생들의 시위 활동을 살피면 우선 여학교는 이화여자고보, 동덕여자고보, 배화여자고보, 근화여학교, 경성여자보육학교, 정신여학교, 실천여학교, 태화여학교, 경성여자미술학교, 이화여자전문, 등의 여학생 수백 명이 이에 동조하였다.

이날의 시위계획은 대부분 교내에서 먼저 만세를 외친 뒤 시내로 진출하려 했으나 사전에 준비된 경찰의 제지로 실패하였고, 다만 경성여자미술학교 29여 명, 경신학교 100여 명 배재고보 30여 명, 실천여학교 20~30명, 중동학교 일부 학생이 가두시위로 진출하는데 성공한 것이다. 완벽한 성공은 아니었지만 이날의 시위에서는 여학생의 참여가 두드러졌다.

이 같은 대규모 연합시위를 막기 위해 서울에서 16~17일에만 매일 1,700여 명의 일제 경찰이 출동했으며 관영, 부영버스와 택시 등 100여 대의 차량이 동원되었다.[61]

『동아일보』 1930년 1월 16일 자에 실린 정신여학교 학생들의 시위모습을 기사화한 것으로 그 내용을 아래에 정리했다.

「정신여교 광경」

십오일 오전 아홉시 반경 시내 연지동에 있는 정신 여학교 생도 90여 명이 책보를 끼고 교문으로 나서려고 하였으나 선생들과 경관들이 이를 제지하였으므로 뜻을 이루지 못한 그 학생들은 흥분하여 울며 부르짖으며 혹은 만세를 불러 부근일대는 한참동안 야단이 났었으나 필경에는 별일 없이 모두 교실로 들어갔다. 그러나 그 부근에는 정사복 경관과 기마경관으로 철통같은 성을 싸고 있었다.

유사한 기사를 다룬 다른 신문에서는 전교생이 만세통곡한 후 130여 명이 교외로 진출을 시도했으나 학교측의 강력한 저지로 실패했다[62]고 전해졌다. 교사들의 설득으로 다시 교실에 들어가서

「정신여교광경」(『동아일보』, 1930.1.16.)

도 만세를 고창했다고 한다. 이 일이 수습된 후 일경이 25명을 검속해 갔다. 또한 기숙사에서 2학년 안분남이 숨겨둔 격문 11매를 발견하여 주모자를 취조 중이라고 보도하였다.[63]

그날 시내에서 삼엄하게 시위를 저지하던 경찰은 시위에 가담했던 학생 4백여 명을 체포하여 그중 2백 명을 서대문 감옥에 송치하였다.

이 같은 당국의 강력한 검속에도 불구하고 16일에도 여전히 서울 시내 각 학교에서 만세가 이어졌고 이날 학생들 이외에 출판조합 간부, 협동조합 간부, 신간회원, 근우회원 등을 체포하였다.

전국 각 지역에서 항일 시위만세운동

이후 전국 각 지역에서 1930년 3월 초까지 학생들을 중심으로 항일시위 만세운동이 계속되었다. 이 같은 국내의 학생 독립운동은 만주 지역의 한인 거주 지역까지 확대되었다.

평양, 신의주를 비롯한 전국 학생이 참여하였으며 서울에서만 30여 개 학교, 학생 12,000명에 달하였다. 그 결과 퇴학 처분된 학생 수는 582명, 무기정학 2,330명, 검거된 교사를 포함한 학생이 1,642명, 송치된 건수가 1,205명이나 되었다.

1930년 1월 시위로 피체된 학생들을 구하기 위해 서울 시내 공사립 교장 회의에서 수감된 학생들의 석방과 퇴학, 정학생의 복교를 당국에 건의했지만, 조선총독부 학무과장은 건의를 묵살하고 서울 시내 여학교 학생들에게 죄를 물어 퇴학 또는 정학 처분을 내렸다.

1월 27일 현재로 구속 상태에서 취조받고 있던 학교별 학생 수는 1930년 1월 28일자 『동아일보』에 의하면 정신(13명), 이화(12명), 근화(25명). 숙명(6명), 실천(12명), 태화(9명), 여상(17명), 동덕(6명), 여자미술(2명) 등이다. 정신여학생 중 취조받았다고 보도된 12명의 이름은 확인되지 않았다. 확인된 1명은 하운학(河雲鶴)으로 구류되어 조사받다가 2월 11일 기소유예로 풀려났다.[64] 하운학은 전남 영광 출신으로 이후 남은 학사과정을 무사히 마치고 1931년 23회로 졸업하여 정신여학교 졸업생이 되었다.[65]

검사의 최종 취조받은 여학생들
(『조선일보』 1930.2.11.)

서대문감옥에 수감생 현재 211명
(『동아일보』 1930.2.5)

취조받고 기소유예처분받고 풀려난 여학생들
(『조선일보』 1930.2.11)

1929년 11월 발발한 광주학생운동에 동조하여 전국적으로 항일투쟁에 나선 학교의 총수는 일제총독부가 자체 조사한 기록에 의하면 총 194개였다. 그러나 해방 이후 이런 통계에 관한 다양한 연구와 정밀한 조사를 통해 광주광역시교육청에서 2006년 320개의 학교가 관련되었다는 사실을 발표하였다. 뒤이어 전문적인 학술조사연구가 진행되었고 그 결과, 학생 독립운동 기초자료 발굴팀 등에 의해 350여 개의 조선인 관련 학교가 참여하였고 일본, 중국, 러시아, 미국 등의 해외학교나 해외단체를 포함할 경우 참여 규모에 대해서는 좀 더 확대해 설명할 수 있다는 주장도 제기되고 있다.[66]

근우회 출범

전국적인 통합조직 근우회 발족

끝으로 1927년 5월 신간회에 이어 여성단체의 단일화를 목적으로 출범한 근우회(槿友會)에서 활약했던 정신 출신 여성을 살펴보았다.

근우회는 민족주의 계열 및 사회주의 계열 여성운동자들을 망라한 식민지 시기 최대의 여성단체로 민족독립운동을 포함해 여성의 경제적 지위 및 의식 향상 등을 목적으로 한 역사적 의미가 큰 단체였다.

근우회가 결성된 1920년대는 사회주의 사상의 유입으로 사회·경제 저항 운동에 활기를 불어넣는 긍정적인 영향을 주었지만, 민족주의와 사회주의 진영 간의 대립과 갈등으로 인해 민족의 역량이 분산되는 결과를 가져왔다.

이를 극복하고자 국내외에서 단일화된 민족운동을 위한 노력이 추진되어 1927년 2월 두 진영이 연합해 민족 통일 전선 단체인 신간회 조직이란 결실을 맺었다. 뒤이어 여성들도 통합단체로 근우회를 조직한 것이다.

창립의 중요 인사로는 김활란(金活蘭)·유영준(劉英俊)·이현경(李賢卿)·유각경(兪珏卿)·현신덕(玄信德)·최은희(崔恩喜)·황신덕(黃信德)·박원희(朴元熙)·정칠성(丁七星)·정종명(鄭鍾鳴) 등이다. 이 중 유영준과 유각경은 정신여학교 출신으로 유영준은 여성동우회를 조직한 사회주의 계열의 중심인물이며, 유각경은 대한여자기독교청년회연합회(YWCA)를 창립하였고, 신간회에도 관여한 인물로 두 사람이 함께 근우회 창립의 핵심 인사가 되었다.

1927년 5월에 결성된 근우회는 분산된 여성 운동계를 통합하여 단일화한 것이다. 근우회의 창립 이념은 여성의 공고한 단결과 지위 향상이며, 목표로 봉건적 굴레와 일제 침략으로부터의 해방이었다.

창립 이후 전국 각지에 지회가 조직되기 시작하여 일본 만주에도 지부가 세워졌다.

회원 자격은 만 18세 이상의 여성으로, 근우회의 강령과 규약에 찬동하며 회원 2명 이상의 추천을 받아야 입회할 수 있었다. 입회금 1원과 매월 20전 이상의 회비를 납부해야 했다. 1929년 5월에는 총 40여 개의 지회에 회원수가 2,971명에 이르렀다. 이들의 직업을 살펴보면 가정 부인이 1,256명, 직업 부인이 339명, 학생이 194명, 미혼여성이 181명, 노동여성이 131명, 농촌 여성이 34명이었다.

지회와 회원 수의 증가로 1930~31년 시기에는 60여 개 이상의 지회와 6천여 명 이상의 회원을 가진 단체로 성장하였다.

조직은 서울 본부에는 재무부, 서무부, 선전조직부, 교양부, 정치연구부, 조사부 등의 기구를 두었다. 근우회는 민족주의계(종교계), 사회주의계 여성운동가는 물론 여학생, 직업여성 등 지식인 여성과 여성 농민, 여성 노동자, 전업주부에 이르기까지 각계각층의 여성을 망라하였다. 한국 여성의 의식 향상을 위한 강연회와 토론회를 개최해 여성해방의 방법과 문제를 사회에 제기하는 선전효과를 거두었다.

특히 근우회는 지회 세력을 반영하여 매년 중앙의 중앙집행위원회를 재구성하는 원칙을 지니고 있었다. 그러나 이 과정에서 지회 다수가 주로 사회주의 계열의 영향력 아래에 있었기 때문에 김활란 등 일부 기독교 여성운동가는 근우회에서 이탈하기도 하였다.

근우회는 식민지 시기 최대의 전국적 여성운동 조직이었다. 당시 조선 여성의 특수성을 정확히 파악하고 민족 모순과 여성을 억압하는 봉건적 유제를 타파하는 것을 동시에 인식함으로써 부문 운동으로서의 여성운동에서 한 걸음 더 나아간 인식을 보였다. 또한 당대 여성의 실질적인 의식 및 생활 수준 개선에 노력하는 한편, 여성에 대한 사회적 편견과 족쇄를 타파하는 데도 앞장섰다.

무엇보다도 이념이나 지역, 종교에 국한되지 않는 전국적인 여성 연대였다는 점에서 근우회의 경험은 역사적으로 매우 중요하다고 할 수 있다. 또한 근우회는 민족 독립 없는 여성해방은 불가능하다는 점을 인식하고, 단체 활동을 여성운동에 국한시키지 않고 조선 사회 전체에 연결시켜 여성들이 민족 독립투쟁과 여성해방을 동시에 수행할 것을 강조했다는 점에서 그 역사적 의의가 크다.

근우회에서 활동한 정신 출신 여성

근우회에서 활동한 정신 출신 인사로는 창립 당시 기독교계의 중심 인사로 동참한 유각경과 사회주의계 여성동우회 측에서 통합운동을 위해 창립 단계에서 창립준비위원·서기·중앙집행위원·중앙집행위원회 정치연구부 상무위원을 역임한 유영준이 있다. 그 외에 대한민국애국부인회 핵심 인사였던 김영순도 창립위원으로 함께 하였으며 블라디보스톡 지역 여성운동에서 활동했던 우봉운이 창립 당시 중앙집행위원과 중앙검사위원으로 활약하였다. 그 밖에 청진, 원산, 김해, 전주, 재령 등지의 지회에서 활동했던 정신 출신 인물을 〈표 7〉로 정리했다.

표 7. 근우회에서 활약한 정신 출신 인물

번호	이름	졸업	활동 내용
1	우봉운	4회	근우회 발기 당시의 중앙집행위원과 중앙검사위원, 청진지회
2	유영준	4회	창립준비위원·서기·중앙집행위원·중앙집행위원회 정치연구부 상무위원
3	김영순	8회	창립준비위원
4	김필애	10회	1928년 중앙, 김해지회
5	유보경	10회	1927년 근우회 전주지회 서무부 위원, 1929년 근우회 중앙집행위원 등으로 활동
6	김효순	13회	재령 지회
7	채계복	–	원산지회 집행위원

6. 정신여학교의 여성교육과 독립운동

정신출신 독립운동가 교사들

앞서 살핀 대로 정신여학교가 3·1운동 이후 항일 여성 민족운동에서 중심 역할을 할 수 있었던 것은 정신여학교의 초기 여성교육이 민족과 국가를 구하는 헌신적 여성을 길러내는 데 초점을 두었던 특징에서 비롯되었다.

특히 정동여학당에서 연동여학교로 이어지는 과정에서 학생들은 선교사를 통하여 서구의 새 문화를 접할 수 있어 학생들의 의식이 매우 개방적이며 진취적인 세계관을 쉽게 받아들였고, 평등, 자유, 민주 사상을 수용하면서 사회와 국가관이 정립되었던 것이다. 아울러 여선교사들과 정신여학교의 초기 교사 신마리아 등 교사의 활동은 학생들의 모범이 되어 학생들로 하여금 선각자적 의지를 가지고 사회로 진출하도록 했다.

정신여학교 출신의 선각자 여성들은 투철한 민족의식과 새로운 여성의식을 학습하여 이를 심화시키며 전국 각지의 여학교나 초등학교의 교사로 나갔다. 교사로 재직하면서 3·1운동에서 만세운동을 주도하거나 학생들을 독려하기도 하고, 교사로 민족 교육 현장에서 본인의 역할을 감당하기도 하였다. 독립운동에 참여했던 인물 중 교사로 재직했던 사람들을 〈표 8〉로 정리했다.

표 8. 정신 출신 독립운동가 중 교사로 활약한 사람

번호	이름	학교명	기타
1	고숙원	연동소학교(연동교회)	미북장로회 소속
2	김마리아	수피아여학교, 정신여학교, 마르타윌슨여자신학교(원산)	-
3	김순애	부산 초량소학교	-
4	김성매	대구 명신야학교	-
5	김영순(8회)	멜볼딘여학교(군산 영명학교의 전신) 정신여학교 사감	-
6	김영순(9회)	경남 안산소학교, 일본 북해도 동왕 소학교	-
7	김필례	정신여학교, 수피아여학교(광주)	-
8	김함라	수피아여학교(광주)	-
9	김효순	평양신학교	-
10	노숙경	정신여학교, 정명여학교(목포)	-
11	박남인	영생여학교(함흥)	-
12	박애신	수피아여학교	-
13	방순희	백산소학교(블라디보스톡)	-
14	백신영	경성성서학원 여자부 사감	-
15	오현관	연동소학교(보영학교) 명신여학교(재령)	연동교회 운영
16	우봉운	계성여학교(대구), 명동여학교(명동촌) 능인여자학원설립 및 교사 (서울)	능인여자학원은 불교계
17	이성완	진성여학교(원산)	-
18	이순길	천안군 입장면 양대리에서 교사	-
19	이의순	삼일여학교 (블라디보스톡 신한촌) 명동여학교 (북간도 명동촌)	-
20	이인순	삼일여학교 (블라디보스톡 신한촌)	-
21	이혜경	영생학교(함흥), 보신학교(성진) 진성여학교(원산), 르타윌슨여자신학교(원산)	-
22	장선희	정신여학교, 경성여자기예학원 설립	-
23	정근신	수피아여학교	-
24	정순애	일신여학교(부산 동래)	-

번호	이름	학교명	기타
25	주경애	일신여학교(부산 동래)	–
26	차경신	영생학교(함흥) 진성여학교(원산)	–
27	황혜수	선천 표성아카데미, 초량여학교(부산)	연동학당 출신
28	황희수	밀양여자야학원	–

이들은 교육 현장에서 자신들이 배우고 가다듬어 심화시켰던 나라 사랑과 민족사랑 그리고 민족공동체를 지키고 발전시켜야 한다는 자각과 책임을 자신이 가르치는 학생들의 뇌리에 깊이 새겨주는 선생님이었다.

그 밖에 비록 독립운동에 참여하지는 않았지만 일제강점기 교육, 그리고 다양한 영역에서 활동한 정신 출신 교사들도 있었지만 자료부족으로 망라하지 못한 부족함이 있어 지속적인 추가연구가 필요하다.

주

1 정교 저, 조광 편, 변주승 역주, 『대한계년사』 8, 소명출판, 2004, 183쪽.; 오영섭, 『한국독립운동의 역사 14: 한국순국·의열투쟁』한국독립운동사연구소, 2009, 215쪽.

2 Oliver R. Avison 저, 책임번역 황용수, 『고종의 서양인 전의 에비슨 박사의 눈에 비친 구한말 40여년의 풍경』, 대구대학교 출판부, 2006, 498~502쪽.

3 「YWCA인물사 김필례」, 『YWCA』, 한국YWCA, 25-1, 35쪽. 1977.
   연세대 의과대학 의사학과 엮음, 『세브란스독립운동사』, 역사공간, 2019, 50~52쪽

4 박용옥, 「3·1 운동에서의 여성 역할」, 『아시아문화』, 제15호, 25~48쪽, 한림대학교아시아문화연구소, 2000.

5 「1919년 연말보고서」, 『선교편지』, 572쪽

6 연동교회, 『연동교회 애국열사16인열전』, 335쪽.

7 Ludlow, Theresa, 「Is it worth while to train Korean Nurses?」, 『*The Korea Mission Field*』, 15(10), 217~218쪽, 1919. (반병률, 「세브란스와 한국독립운동 – 3·1운동 시기를 중심으로」, 『연세의사학』, 18-2. 57~58쪽, 2015. 에서 남학생들의 경우 학업중단의 사례가 많은데 이는 독립운동참여를 위한 것으로 추측된다고 밝힘)

8 『연동교회 애국지사 16인 열전』, 336쪽.

9 『연동교회 애국지사 16인 열전』, 399~400쪽.

10 최은희(崔恩喜; 67세, 원적 배천군 은천면 연동리 증언. 『독립운동사 2권(3·1운동사(상)』, 281쪽.
    『연동교회 애국지사16인열전』, 401쪽; 김정인, 이정은, 『국내 3·1운동Ⅰ-중부,북부』, 한국독립운동사연구소, 2009, 200쪽.

11 『(이아주)판결문』(경성지방법원 1919.11.6.)

12 『노순경, 이도신, 김효순, 박덕혜 판결문』(경성지방법원, 1919.12.18.)

13 『매일신보』 1919.12.20.

14 독립운동사편찬위원회, 『독립운동사』 제3권 삼일운동사(하),179~182쪽

15 『매일신보』, 1917.3,28 「정신여학교 졸업생 14명」

16 『매일신보』 1919. 4. 17.
    「주경애여사의 출옥(1920년 4월 20일)」『신한민보』 1920.6.8.
    공훈전자사료관 박시연항목 참조

17 『연동교회 애국지사 16인 열전』에서는 고원섭으로 기록되었으나 정신 2회졸업생 고원숙의 오기로 보인다.

18 『연동교회 애국지사 16인 열전』, 311쪽.

19 박용옥, 『한국 근대 여성운동사 연구』, 한국정신문화연구원, 174쪽, 1984.;『매일신보』 1919. 12.19.

20 『연동교회 애국지사 16인 열전』, 250-252쪽

21 『이정숙(李貞淑)판결문』, (대구복심법원 1920.12.27.)

22 『연동교회 애국지사16인열전』, 402쪽.

23 『매일신보』 1919.12.19.

24 『매일신보』 1919.12.19., 『독립신문』 1920.1.1.

25 초기에는 대조선독립애국부인회의 명칭을 계승했지만 이후 임시정부가 보낸 감사장에서 대한민국애국부인회(大韓民國愛國婦人會)라고 명명함에 명칭을 대한민국애국부인회로 수정한 것이다.

26 『고등경찰요사』, 192쪽.

27 『이정숙(李貞淑)판결문』, (대구복심법원 1920.12.27.); 박용옥, 『한국 근대 여성운동사 연구』, 175쪽.

28 『연동교회 애국지사 16인 열전』, 403쪽.

29 앞 책, 404쪽.

30 독립기념관 한국독립운동사편, 『한국독립운동사사전』, 105-107쪽, 2004.

31 김마리아 황애시덕이 모임을 가진 날은 10월 19일로 기록된 자료나 회원의 기억이 있지만, 동회의 취지문에 명기된 날짜가 9월 20일인 것과 김마리아가 풀려난 시점이 8월 4일인 것을 고려하면 9월 19일로 보는 것이 타당하다.

32 「가공할 비밀결사, 남녀의 독립음모단」, 『매일신보』 1919.12.19.

33 경상북도 경찰부, 『고등경찰요사』, 1934, 192쪽 ; 『매일신보』 1919.12.19

34 『연동교회 애국열사 16인 열전』, 367-68쪽.

35 「大韓赤十字會 事業方針·大韓赤十字會 細則」 (1919년 11월 5일), 국사편찬위원회 편, 『독립운동사자료집 31』; 강영심, 「김순애(1889~1976)의 생애와 독립운동」, 『한국근현대사연구』, 63집, 2012.

36 『고등경찰요사』, 192~195쪽.

37 雩南李承晩文書編纂委員會 編, 『(梨花莊 所藏)雩南李承晩文書: 東文篇』, 5집, 연세대학교 현대한국학연구소, 412~413쪽, 1998.

38 전병무, 『한국항일여성운동계의 대모 김마리아』, 한국독립운동연구소기획, 역사공간, 74쪽, 2013.

39 『연동교회 애국열사 16일 열전』, 336쪽.

40 雩南李承晩文書編纂委員會 編, 『(梨花莊 所藏)雩南李承晩文書 : 東文篇』, 5집, 연세대학교 현대한국학연구소, 414~417쪽, 1998.

41 雩南李承晩文書編纂委員會 編, 『(梨花莊 所藏)雩南李承晩文書 : 東文篇』, 5집, 延世大學校 國際學大學院 附設 現代韓國學研究所 408~413쪽, 1998

42 『연동교회 애국지사 16인 열전』, 312-13쪽.

43 『연동교회 애국지사 16인 열전』, 313쪽.

44 『연동교회 애국지사 16인 열전』, 255-56쪽.

45 『연동교회 애국지사 16인 열전』, 314-315쪽

46 『연동교회 애국지사 16인 열전』, 408-409쪽.

47 『매일신보』 1919.12.19.; 『고등경찰요사』, 192쪽.

48 『1920년 1월부터 4월 형사사건부』, (대구지검, 1920.1.20.)

49 『김마리아판결문』(경성복심법원, 1921.2.12)(경성복심법원 1921.5.13.)(경성복심법원 1921.6.20.)

50 『연동교회 애국지사 16인 열전』, 402-403쪽.

51 『1920년 1월부터 4월 형사사건부』(대구지방검찰청, 1920.1.12.); 『독립운동사자료집 9 임시정부자료집』, 420~429쪽.; 『세브란스독립운동사』, 212~213쪽. (연령은 1920년 판결 당시의 나이. (조직 항에서 (구)란 표기는 혈성단부인회에서의 직책을 의미한다)

52 조선박문사, 『순종국장록』, 1926, 109쪽, 『동아일보』 1926.4.28

53 『동아일보』 1926.4.29.

54 「각교 임시휴학봉도의 뜻을 표하기 위하여」, 『동아일보』 1926.4.28, 『조선일보』 1926.4.28. 석간

55 『동아일보』 1926.5.2.

56 「돈화문-황금정 전부 남녀 학생으로」, 『시대일보』, 1926.6.10

57 『동아일보』 1926.6.11

58 최은진, 「순종사망과 장례과정-1926년4월부터 6.10만세까지-」, 『한국독립운동사연구』 87, 한국독립운동사연구소, 2024.8 참조.

59 『정신75년사』, 219-220쪽

60 한규무, 『한국독립운동의 역사 41권, 광주학생운동』, 한국독립운동사연구소, 2009, 152-153쪽

61 앞 책, 154, 「兩日에 출동경관 3천명돌파」, 『조선일보』 1930. 1.17

62 『조선일보』, 1930.1.15.; 『동아일보』, 1930.1.16.(인원 90명), 『중외일보』 1930.1.17.(인원 130명)

63 한규무, 앞 책, 155쪽. 기사중 언급된 안분남 학생은 1930년 이후 정신여학교 졸업생명단에 보이지 않는 것으로 미루어 졸업을 못한 것으로 판단된다.

64 『동아일보』, 1930.1.31.

65 『정신여학교 졸업생명단』

66 우리역사 넷

정신여학교 출신 독립운동가, 누가 있는가?

4장에서는 정신여학교 출신 독립운동가에는 어떤 인물이 있는가를 정리해 보고자 한다. 조사와 발굴을 통해 일제강점기에 활약했던 정신여학교출신 독립운동가는 84명으로 추정된다. 이들 가운데 정부로부터 독립운동의 공적을 인정받아 서훈을 받은 사람은 모두 31명으로 독립장 3명, 애국장 2명, 애족장 12명, 건국포장 3명, 대통령 표창 11명이다. 서훈받은 인물 못지않게 활동했지만 자료미비 등으로 아직 서훈받지 못한 경우도 있어 아쉬움이 남는다. 다행히 정신출신 독립운동가를 추적 조사하는 과정에서 부부가 함께 독립운동에 투신한 사례 23쌍을 발굴하는 성과를 거두었다.

앞으로 정신 출신 독립운동가를 추가로 발굴하고 그들의 행적을 찾아 복원하여 연구해야 하는 과제를 지속적으로 해나가야 한다.

1. 정신여학교 출신 독립운동가 현황

정신여학교 출신으로 일제강점기 독립운동에 뛰어든 여성은 총 84명이 현재 확인된 인원이다. 3장에서 다룬 대로 그들은 3·1독립만세운동, 대한민국애국부인회 활동, 6·10만세운동, 광주학생운동에 주도적으로 참여했다. 이들 84명의 활동 경력과 공훈 사항을 표로 정리했다.

이름	생년월일	졸업회수	출생지	활동	포상
강유감	-	1919 재학	-	1919년 1월 고종 국장 복장시위로 정학된 7명 중 한명	-
고숙원	-	2	서울 연지동	1909년 7형제애국단, 함태영 목사 부인, 1919년, 3.1운동 지원활동	-
김경순	1894-	2	황해 안악	1910년 미국유학, 대학졸업후 22년 귀국, 배화여고교사, 23년 도미 미주에서 후원활동	-
김경순	1901-	12	함남 영흥	1919.3.5 만세의거 가담. 애국부인회 경성지회 회원	-
김경윤	-	12	-	1920년 경성독립비밀단 창가집을 선배 장윤희에게 받아 정신여학교 친구들에게 배포활동	-
김낙희	-	3	평남 평양	1914년 샌프란시스코부인회조직, 1919년 미주 대한여자애국단결성, 임원역임	2016 건국포장
김도윤	-	12	-	1920년 1월 하순 삐라 및 만세사건 관련 투옥, 경성비밀독립단(김유실과 투옥)	-
김마리아	1892-1944	4	황해 장연	동경여자친목회회장, 대한민국애국부인회 회장(3년형) 임정의정원의원, 근화회 회장	1962 독립장
김말봉	1901-1961	10	부산	일본유학 재령명신중학교사 재령3·1운동 검거 불기소. 작가	-
김미렴	-	4	황해 장연	1907년 여도의거, 김마리아 언니	-
김성매	-	7	-	애국부인회 대구지부결성, 대구 명신야학, 대구여자기독청년회	-
김성무	-	?	황해 재령	애국부인회 재령지부장, 김말봉과 3·1운동 가담	-
김순애	1889-1976	3	황해 장연	1907년 여도의거, 신한청년단, 상해애국부인회장, 상해지역 여성운동 중심인물, 김규식 부인	1977 독립장
김신의	-	10	평북 선천	평북 선천 3·1운동 참가	-
김영순	1892-1986	8	서울, 함남	정신여학교교사. 애국부인회 서기, 징역 2년, 교사 김원근의 딸	1990 애족장
김영순	1899-	9	전남 목포	목포서 의사공부, 목포3·1운동 가담 징역 6월(집행유예 2년) 남편 백우학과 북해도소학교서 교사	2023 대통령표창
김유실	1900-	12	강원 통천	1920년 1월 하순 삐라 및 만세사건 관련 투옥, 경성비밀독립단창가집배포	-
김필례	1891-1983	1	황해 장연	1907년 여도의거, 동경조선여자친목회 회장, 정신여학교 교사, 광주지역3·1운동 지원	2021 건국포장

이름	생년월일	졸업회수	출생지	활동	포상
김필애	1895-	10	경남 김해	마산의신학교교사 애국부인회 경남지부장. 마산3·1운동가담	-
김함라	-	4	황해 장연	김마리아 언니, 1907년 여도의거, 정신여학교 교사, 남편 방합신과 독립운동 지원	-
김현경	1897-1986	-	충남 공주	영명학교교사 1919년 4월 1일 공주3·1운동 참가 징역 6월	1998 건국포장
김효순	1902-?	13	황해 재령	세브란스병원 간호부, 1919.12.2 훈정동대묘 만세시위 추도 징역 6월	2015 대통령표창
노숙경	1889-	4	황해 송화	노백린 딸, 정명여학교 교사, 의사 이원재 결혼. 남편도와 임정에 군자금 전달	-
노순경	1902-1979	4	황해 송화	노백린딸, 세브란스병원 간호부, 1919.12.2 훈정동대묘 만세시위주도, 징역 6월	1995 대통령표창
문덕은	-	11	경의선 흥수원	애국부인회 흥수원 회원(장선희 권유)	-
박남인	-	11	-	1919년 3.5일 3·1운동가담 남대문 시위로 구류, 동경여자대학교 수학	-
박덕기	1900-	13	함남 이원	박덕혜, 세브란스병원 간호부, 1919.12.2 훈정동대묘 만세시위주도, 징역 6월	-
박보렴	1897-1984	-	경남 진주	박보계, 진주 광림학교 교사, 애국부인회 진주지부장, 기소유예처분	2022 대통령표창
박애순	1896-1969	8(사범과)	-	광주수피아교사, 3·1운동주도 징역1년 6월, 수피아학생과, 안동교회 전도사	1990 애족장
박옥신	1901-?	11	황해 재령	세브란스 간부, 애국부인회 회원, 대한적십자회 회원, 기소유예처분	2023 대통령표창
방순희	1904-1979	15	함남 원산	블라디보스톡한인교사, 북풍회, 임시정부 선전부원, 한국독립당, 임시정부 임시의정원 의원	1963 독립장
백신영	1889-1950	28	경남 밀양	혈성단애국부인회, 대한민국애국부인회 결사대장, 징역1년	1990 애족장
변숙(복)경	-	-	-	애국부인회 평양지부장	-
서효애	-	11	서울	임충실,정근신, 이성완과 3·1운동참가	-
신연애	-	10	황해 황주	유보경, 신의경과 3·1운동참여, 애국부인회 황해도지부장	-
신의경	1898-1988	10	서울	정신여학교교사,애국부인회 경성지부장, 징역1년	1990 애족장
안분남	-	재학생	-	1930. 1월 서울여학생시위운동 (2학년 재학) 체포당함	-

이름	생년월일	졸업회수	출생지	활동	포상
오응선	-	-	황해도 평산	혈성단애국부인회 회원 민족대표33인 오화영목사의 딸	-
오현관	1889-1987	4	서울	혈성단애국부인회조직, 애국부인회 교제부장,	-
오현주	-	4	서울	혈성단애국부인회활동, 애국부인회 결성초기 중심활동	-
우봉운	1889-	-	경남 김해	1909년 7형제 애국단, 블라디보스톡부인회, 근우회, 불교여성청운동	-
유각경	-	4	-	북경 협화여전유학, 정신교사, 3.5학생만세시위지원, ywca창설, 근우회	-
유보경	1899-	10	-	기전여학교 교원 3·1운동가담 애국부인회 전북지부장 기소유예처분	2023 대통령표창
유영준	1892-	4	평양	동경여자의학전문졸업, 근우회, 신간회,	-
유인경	1896-1944	5	경북 성주	애국부인회 대구지부장, 징역 1년, 대구 신명학교 교원	1990 애족장
윤진수	1892-	-	황해 해주	세브란스병원 간호부, 애국부인회 결사장	-
이도신	1902-1925	13	평북 강계	세브란스병원 간호부로 1919.12.2 훈정대묘앞 만세시위주도, 징역 6월	2015 대통령표창
이마리아	1900-	8(28)	전북 옥구	애국부인회 군산지부장 기소중지처분이마리아 멜볼던여학교 교사	-
이삼애	-	8	-	애국부인회 영천지부장 100명 회원 모집활약	-
이선신	-	1	서울	1909년 7형제 애국단 동참	-
이선행	-	8	황해도 봉산	봉산서 3·1운동맞음. 애국부인회 사리원지부장. 성금100원 미국서 김마리아 근화회결성	-
이성완	1900-1992	11	함남 정평	혈성단애국부인회, 채계복과 비밀문서전달, 애국부인회 결사장, 8월 4일 면소방면	1990,애족장
이순길	1891-1958	6	전북 옥구	전북군산, 3·1운동참여, 애국부인회 진주지부장, 기소중지처분	2019 대통령표창
이신애	-	4	-	애국부인회 지방연락책	-
이아수㈜	1898-1968	28	평북 강계	1919. 3월 5일 서울 학생생단 3·1운동참여. 6월형	2005 대통령표창
이원경	-	1	대구	애국부인회 간부 , 남편 김의균변호사 애국부인회사건 변호	-
이은경	-	4	황해 해주	애국부인회 개성지부장 이창직교사의 딸, 이혜경언니	-

이름	생년월일	졸업회수	출생지	활동	포상
이의순	1895-1945	5	함남 단천	이동휘의 딸, 1909년 7형제 애국단, 블라디보스톡 부인회, 상해 지역 부인운동	1995, 애국장
이인순	1893-1919	5	함남 단천	이동휘의 딸, 1909년 7형제 애국단 블라디보스톡 부인회,교육계몽	1995, 애족장
이자경		4	황해 해주	김상옥의사 지원, 애국부인회 후원 이창직의딸 이혜경언니	-
이정숙	1896-1950	11	함남 북청	혈성단애국부인회, 애국부인회 경기지부장, 적십자장 징역2년, 근우회	1990 애족장
이혜경	1889-1968	1	황해 해주	이창직의 딸, 원주3·1운동지원, 애국부인회부회장, 징역1년, 영생,성진보신교원,	1990 애족장
이혜련	1884-1969	-	경성	안창호부인 미주 대한여자애국단	2008 애족장
이희경	-	-	-	애국부인회 대구지부	-
임성례	-	-	-	애국부인회 대구지부 대구 신명여자학교 1회졸업,신명여자중학 교원	-
임충실	1903-	11	평양	3.5시위가담피체, 24일석방 이애주 박남인,김경순과 체포됨.	-
장선희	1893-1970	5	황해 재령	정신여학교교원 혈성단애국부인회, 애국부인회 외교원. 재무원, 징역 2년	1990 애족장
장윤희	1892-?		서울(함흥)	1920.1 경성비밀독립단 독립창가집 활동, 징역 3개월(집유2년)	2021 대통령표창
정근신	1903-	11	서울계동	애국부인회 흥수원지부장 이정숙 장선희권유	-
정순애	-	5	경남 동래	부산 동래 일신여학교 교사 고향3·1운동	-
정한렬	-	재학생	-	1919년 1월 고종국장 복장시위로 정학된 7명 중 한명	-
조광수	-	-	-	애국부인회 대구지부	-
주경애	1898-	9	부산	동래일신여학교교사,동래지역3·1운동주도 징역 2년	-
차경신	1892-1978	7(사범과)	평북 선천	선천3·1운동지원 대한청년단연합회총무겸 재무, 임정자금지원활동 미주 애국부인청단장	1993 애국장
채계복	1900-	-	함남 문천	3월5일 3·1운동 블라디보스톡 애국부인회, 원산여청동맹, 근우회 원산지회, 채계하의 딸	2021 애족장
최마리	1911-	?	서울	이갑성의부인, 남편을 도와 독립운동지원	-
최정원	-	6	경북 대구	애국부인회 대구지부, 대구야소교청년여자회	-

이름	생년월일	졸업회수	출생지	활동	포상
최학현	–	–	–	1909년 7형제 애국단 단원	–
하운학	–	23	전남 영광	1930. 1월 서울여학생시위운동 (2학년 재학생)구류,기소유예	–
한소제	1899-1997	28	평북 의주	한석징 목사의 딸,조선여자학흥회, 여자계, 정신여학교 교사	–
홍숙자	–	28	–	하와이에서 독립운동자금모금,	–
홍은희	–	4	황해 해주	1909년 이혜경 7형제애국단 동참, 애국부인회 활동지원, 근우회	–
황혜수	1891-1984	3	평북 의주	미국이민, 대한민족통일촉성회' 형제클럽한인문화, 조직 한인반 집행위원회조직 국방후원	2019 대통령표창
황희수	1897-	14	–	1919.1고종 국장 복장시위로 정학, 애국부인회 경성지회회원	–

2. 정신여학교 출신 독립운동가들의 생애

84명의 정신 출신 독립운동가 중 63명에 대해서는 그들의 생애를 가, 나, 다 순으로 정리하여 기술하였다.

<hr>

ㄱ

● **고숙원(高淑媛, ?~?) 제2회 졸업**

정신여학교 2회 졸업생이다.[1]

1919년 3·1운동 민족 대표 48인의 한사람인 연동교회 목사 함태영(咸台永, 1873~1964)의 세 번째 부인으로 연동교회 최초의 집사였다.

1908년 졸업 후 연동교회가 운영하는 연동소학교에서 학생들을 가르쳤다. 1909년 동창 이혜경이 이재명 옥바라지를 위해 결성한 7형제 애국단의 단원으로 활동했다고 한다. 남편 함태영은 3·1운동의 주도자로 체포되어 징역 3년형을 선고받고 서대문형무소에서 옥고를 치른 독립운동가다. 이후 목회자, 선교 단체, 교육사업 등에 활동하였다.

고숙원은 남편 뒷바라지와 자녀 양육에 최선을 다하면서 교회 집사이자 반사로 활동하며 교회를 도왔다. 안타깝게도 해방되기 2년 전 1943년 별세하였다. 고숙원과 함태영 사이에 태어난 함병춘은 1983년 대통령비서실장 재임 시 버마 아웅산 테러에서 순국한 하버드 출신 법학박사였다.

해방 이후 함태영은 부통령을 역임하였으며, 1962년 10월 24일에 사망하였다. 정부에서 1962년 독립장을 추서하였다.

● **김경순(金慶淳, 1901.12.3.~?) 제12회 졸업**

함경남도 영흥군 홍인면 용남리 출신이다.[2] 1919년 3·1운동 발발 당시 재학생이었다.

3·1운동관련 혐의로 김마리아, 황애시덕(에스터) 등과 체포되어 「출판법 위반, 보안법 위반」 혐의로 조사받았으나 경성지방법원에서 '증거불충분'으로 1919년 8월 4일 면소 방면되었다.

이에 앞서 김경순은 1월 22일 고종의 승하소식과 독살설에 항의한 정신여학교 학생들의 의거를 주도한 일로 정학처분 당한 학생이었다. 고종황제의 승하(昇遐) 소식을 들은 정신여학교 기숙사의 70여 명 학생들은 흰 저고리 치마에 검은 댕기 복장을 고수함에 일제 당국이 이를 금지시켰는데 학생들이 지시를 따르지 않자, 정학 처분당한 7명 중 한 사람이었다. 상당히 적극적으로 항거하는 학생이었다.

이후 세브란스병원 간호사로 재직하면서 대한민국애국부인회의 회원이 되어 회원인 이정숙, 김은도, 박봉남, 장옥순, 황혜수, 박덕혜 등과 활발하게 활동하였다.

대한민국애국부인회는 1919년 4월 정신여학교 선배인 오현주·오현관·이정숙 등이 투옥 지사들의 옥바라지와 그 가족들의 후원 활동을 위해 조직한 혈성단애국부인회가 동년 6월 대한민국청년외교단 총무 이병철의 주선으로 최숙자·김원경 등이 결성한 대조선독립애국부인회와 통합하여 확대·개편된 여성 독립운동단체였다. 이후 교회·학교·병원 등을 이용해 조직을 전국적으로 확대하면서 회비와 수예품 판매 등을 통해 독립운동 자금을 수합하여 상하이 대한민국 임시정부를 지원하였다. 실제로 6천원의 군자금을 모았고 그중 일부를 임시정부에 송금하였다. 동회는 1919년 9월 김마리아·황애시덕이 참여하면서 결사부·적십자부를 신설하고 항일투쟁의 강도를 높였다. 동회는 대한적십자회 대한총지부의 역할도 대행하였다.

조직이 발각되어 1919년 11월 28일경 김경순은 회원 80여 명과 함께 경상북도 경찰부에 체포되었다. 당시 세간을 떠들썩하게 했던 소위 '대한민국청년외교단 및 애국부인회 사건' 관련자로 붙잡혔다. 이후 대구로 이송되어 조사받고 '대정 8년 제령 제7호 위반'으로 대구지방법원 검찰청에 기소되었다. 1920년 2월 12일 기소유예 불기소처분을 받고 풀려났다.

● 김경윤(金慶潤, ?~?) 제12회 졸업

정신여학교 12회 졸업생으로 정신여학교 재학 중 '삐라사건과 만세사건'으로 일경에 체포된 바 있다.

정신여학교 출신 장윤희는 1920년 1월 말 조선 독립운동을 목적으로 하는 '경성독립비밀단'이란 창가(唱歌)를[3] 시내 학교에 배포하였다. 이 창가집은 3·1운동으로 구속된 박인식이 독립운동을 위해 만들었는데 이후 등사기를 이용하여 600부를 제작하여 서울의 여러 학교 학생과 세브란스병원 간호사에게 전달한 것이다. 정신여학교 출신 세브란스 간호사 정윤희는 전달받은 창가집 수십 부를 정신여학교 교사 김원근에게 부탁하여 정신여학교 학생들에게 나누어 주기를 청하였다.

정신여학교 학생인 김경윤은 동창생 김유실(金柔実)과 함께 이 창가집를 전달받아 친구들에게 나누어 주었다. 이 일로 1920년 1월 하순 삐라사건 및 만세 사건에 관련되어 김유실과 함께 조사받았던 것으로 추측된다.

● 김낙희(金樂姬, 白樂姬, ?~? 건국포장) 제3회 졸업

평안남도 평양부 장천동(將泉洞) 출생으로 전해진다.[4] 남편 백일규의 성을 따라 백낙희 라고 불렸다. 상경하여 정신여학교에 입학해 3회 졸업생이 되었다. 1914년 5월 오빠 김성무(金成武,1879~, 애족장)가 활동하고 있던 미국 샌프란시스코(San Francisco)로 이주하였다. 김성무는 일찍이 도미하여 안창호 등과 공립협회 조직에 함께 하였으며, 공립협회 샌프란시스코지방회 회장 등을 역임하였다. 1908년 러시아에 파견가서 원동지회와 만주지회의 설립 활동에 이어 1910년 중국 흑룡강성 밀산현에 독립군 기지건설 관련된 활동을 하였다.

이후 김낙희는 한인 여성들과 여성단체결성을 논의하여 샌프란시스코 한국부인회를 조직하였다. 안창호 중매로 1916년 5월 대한인국민회(大韓人國民會) 북미지방총회의 학무원인 백일규(白一圭, 1880~1962, 독립장)와 결혼하였다. 백일규는 평남 증산 출신으로 1905년 하와이로 이민 갔지만, 본토로 이주해 정착했다. 대동보국회회장, 『대동공보』·『신한민보』·『독립』의 주필을 역임했으며, 대한인국민회 북미지방총회장·중앙총회장대리 등으로 활동했던 독립운동가다.

1919년 5월 18일 다뉴바의 신한부인회(新韓婦人會)와 새크라멘토의 한인부인회(韓人婦人會)가 연합한 것을 계기로 미주 한인부인회 통합운동이 일어났다. 같은 해 8월 5개 지방부인회의 합동 발기대회에 김낙희는 전그레이스·박애나·최유실과 함께 샌프란시스코 한국부인회 대표로 참석하여 대한여자애국단을 조직하였다.

1925~1945년까지 대한여자애국단 총단 재무, 위원, 서기 등을 역임하였으며, 조국의 여자 교육에도 관심을 기울여 1928년 정신여학교를 후원

하고, 1929년에는 개성 정화여학교에 후원금을 제공하였다. 1931년 애국단 총단 위원으로 조선여자대학 협조회 발기인이 되어 2천 달러를 모집하여 기부하였다.

1942년 애국단 총단 위원을 역임하고 1943년 애국단 로스앤젤레스지부에서 활동하였다. 1944년 조선민족혁명당(朝鮮民族革命黨) 미주 총 지부 기관지인 독립신문사 임원으로 활동하였다. 1919년부터 1945년까지 독립의연금, 대한민국임시정부 후원금 등의 명목으로 여러 차례 독립운동자금을 지원하는 등 독립운동에 기여하였다.

대한민국 정부는 2015년 건국포장을 추서하였다.

● 김마리아(金瑪利亞, 1892.6.18.~1944.3.13., 독립장) 제8회 졸업

김마리아는 1892년 황해도 장연군 출신이다. 이명으로 김상진(金常鎭)과 김근포(金槿圃)가 있다.[5] 1906년 상경하여 정신여학교를 졸업하고 전남 광주의 수피아여학교 교사로 재직하였다. 1915년 일본으로 유학해 동경여자학원(東京女子學院)에서 공부하였다. 1917년 재경(在京)조선여자 유학생 친목

김마리아
(출처: 공훈전자사료관)

회의 회장이 되어 기관지 『여자계(女子界)』를 출간해 여성의식의 자각과 민족의식 고취에도 앞장섰다.

김마리아는 1919년 동경 유학생의 2·8독립선언을 지원했고 2·8독립선언서를 몸에 숨겨 국내에 전달했다. 귀국 후 3월 5일 서울의 학생들 시위의 배후 지도자로 지목되어 피체, 조사받았으나 8월 4일 증거불충분으로 예심 면소(免訴) 결정으로 풀려났다.[6]

출감 후 대한민국애국부인회의 중심이 되었다. 이 부인회는 1919년 6월 대한민국청년외교단 총무 이병철의 주선으로 1919년 4월 상순 정신여학교 출신 오현주, 오현관, 이정숙 등이 투옥된 독립운동가의 옥바라지와 독립자금모집을 목적으로 결성한 혈성단애국부인회와 최숙자·김희옥 등이 조직한 대조선독립애국부인회가 통합해 대한민국애국부인회로 재탄생된 여성 독립운동단체였다. 통합 후 회원모집과 지부 설치로 단세 확장과 독립운동자금모금에 주력하였다. 9월 초 김마리아와 황애시덕이 가담하면서 단세 확대와 여성 독립운동의 활성을 목적으로 조직재정비와 임원 개편을 결정하였다. 설립 취지문을 채택하고, 대한민국 애국부인회가 국권 회복을 목적으로 하는 독립운동 단체임을 밝혔다.[7] 김마리아가 회장으로 선출되어 부서 개정과 임원 개선 등으로 조직을 혁신하였다. 15개 지방에 지부를, 2,000여 명의 회원을 확보하고 6,000원의 군자금을 모아 그 중 2,000원을 임시정부에 전달하였다. 비밀리에 활발히 활약하던 중 조직원의 배신으로 11월 28일경 김마리아는 회원 80여 명과 함께 경상북도 경찰부에 체포되었다. 당시 세간을 떠들썩하게 했던 소위 '대한민국청년외교단 및 애국부인회 사건' 중심인물로 체포당했다. 김마

「애국부인회사건」(『동아일보』, 1920. 4.24)

리아 및 임원, 회원들은 모두 대구로 이송되어 조사받았다.

그중 김마리아와 본부 핵심 임원 9명은 6개월여의 예심을 거쳐 재판에 회부되었다. 그러나 김마리아가 구류, 조사 과정에서 당한 일경의 모진 고문으로 중병에 걸리자, 일제 당국은 1920년 5월 22일 병보석으로 출 감시켰다. 병보석상태에서 진행된 재판은 1920년 6월 29일 대구지방법 원을 거쳐, 1920년 12월 27일 대구 복심법원에서 김마리아와 황애덕은 징역 3년을 받았고 그 외의 임원진은 2년~1년을 받았다. 김마리아는 다 시 고등법원에 상고하였다. 1921년 6월 20일 고등법원에서 상고기각으 로 3년형이 확정되었다.

김마리아는 병보석 중 입원 치료를 받으면서 일제의 감시를 피해 동지 들의 도움으로 비밀리에 1921년 7월 국내를 탈출하여 마침내 8월 초 중 국 상하이에 도착할 수 있었다.

김마리아는 상하이에서 고모들(김구례와 김순애)의 도움으로 치료하 면서 건강 회복에 주력하였다. 상하이의 대한애국부인회에 참여하였고 1922년 2월 개최된 대한민국 임시의정원 제10회 의회에서 황해도 대의 원으로 선출되었다.[8] 임시의정원의 최초 여성의원이 탄생했다는 역사적 의의가 있지만 출석치 못했으며 이후 의원 자격상실 처분을 받아 의원직 을 상실하였다.

그런데 이 시기 임시정부는 국무총리 이동휘의 사임, 노동국 총판 안 창호 등 주요 국무위원의 사퇴, 임시대통령 이승만의 하와이행으로 그 기능을 상실하자 임시정부를 명실상부한 국민의 대표기관이자 독립운동 의 최고 통솔기관으로 개편하기 위한 국민대표회의 소집 문제가 독립운 동계의 중요 현안으로 대두되었다.

파크대 졸업사진

독립운동계의 관심 속에 1923년 1월부터 5월 까지 상하이에서 국민대표회의가 열렸다. 김마리아는 대한애국부인회 대표로 참가하였다. 김마리아는 3월 8일 회의에서, 임시정부 법통성의 고수와 유지를 강력하게 주장하면서, 다만 각원 개선 등 개조 방안을 제시하였다. 국민대표회의는 독립운동 제(諸) 세력의 화합과 통합을 이끌어내지 못하고 끝났다.

국민대표회의 이후 김마리아는 상하이를 떠나 1923년 7월 11일 미국 로스앤젤레스에 도착하였다. 김마리아는 1924년 이후 미국에서 파크 대학의 문학사, 시카고대학 대학원의 사회학과 교육학전공, 콜롬비아 대학의 사회학 석사학위를 각각 받았다. 1930년 뉴욕의 비블리컬 세미너리(Biblical Seminary)의 종교 교육학을 이수하여 귀국 후 조국광복에 필요한 인재 양성에 목표를 두고 있음을 엿볼 수 있다. 고학 생활 중 1928년 2월 황애덕·박인덕 등 유학 여학생들과 여성 독립운동 단체 근화회(槿花會)를 조직하여 활동하였다.

1932년 7월 귀국한 후, 원산의 마르다 월슨신학교 교수로 부임하여 종교 모임과 강론을 통해 민족의식을 고취하기도 하였다. 고문 후유증이 재발하여 치료 중, 1944년 3월 13일 사망하였다. 1962년 독립장에 추서되었다.

● **김말봉(金末峰, 1901.4.3.(음)~1961.2.9.) 제10회 졸업**

김말봉은 부산 출신으로 정신여학교 제10회 졸업생이다.[9] 이명으로 말봉(末鳳), 보옥(步玉)이 있다. 부산 일신여학교에서 3년을 수료한 뒤 서울의 정신여학교에 입학하여 1918년 졸업하였다. 졸업 후 황해도 재령의 명신중학교 교원으로 근무하던 중 3·1운동을 맞았다.

김말봉
(출처: 민족문화대백과
사전)

3월 3일 정신여학교 교사 장선희로부터 독립선언서를 전달받고 명신중학교 교장 안병균과 후일 애국부인회 재령 지방 지부장이 된 명신중학교 교장 부인 김성무, 서부교회의 임택식 목사, 동부교회의 김용승 목사 등과 협의해 9일 주일예배 후에 대규모 시위를 벌일 것을 결의하였다. 이어 학생들을 시켜 비밀리에 태극기를 만들었다. 드디어 9일 거사날 두 교회 교인들을 중심으로 마을 주민들이 모여서 임시로 단을 만들고 김말봉이 단위에 올라서서 선언서 원문을 낭독하였다. 이 일로 일본 경찰에게 쫓기다가 모두 검거되었고, 김말봉도 태극기를 만든 남학생 6명과 해주지방 검사국으로 송치되었는데 불기소로 석방되었다.

1920년에 일본으로 유학해 교토 다카네 여자중학교, 교토 도시샤대학[同志社大學] 영문과를 졸업하였다. 1927년 귀국하여 중외일보 기자로 취직하고 결혼하였다.

이후 기자로서 1932년 보옥(步玉)이라는 필명으로 『중앙일보』 신춘문예에 「망명녀(亡命女)」 단편소설로 당선되어 문단에 등단하였다. 1935년 『동아일보』에 장편소설 「밀림(密林)」을 연재하였고, 1937년 『조선일보』에 「찔레꽃」을 연재하면서 통속소설가로서 이름을 알렸다. 1936년 남편과 사별한 뒤, 이종하와 재혼하여 부산에 살면서 광복 때까지 작품활동을 중단하였다.

일제 말기 징용제가 시행된 때, 조선 청년이 찾아와 일본어로 소설을 쓰라고 말했다. 처음에는 "일본어를 몰라서 못 쓴다"고 둘러댔지만, 김말봉이 일본 유학을 갔다 왔다는 사실이 밝혀지자, 절필하고 가정주부로 살면서 은둔했다고 한다.

광복 후 서울로 올라와 작품활동을 다시 시작하여 1945년 「카인의 시장(市場)」과 「화려한 지옥(地獄)」 등을 발표하는 한편 사회운동, 즉 공창폐지운동(公娼廢止運動)과 박애원(博愛院) 경영 등의 일을 하였다. 모교에서 학생들에게 강연도 하였다.

1952년 베니스에서 열린 세계 예술가대회에 참석하는 등 왕성한 작품활동을 전개하였다. 유명한 음악가 금수현은 딸 전혜금의 남편이며 지휘자 금난새가 외손자이다.

● **김성매(金聖妹, ?~?) 제7회 졸업**

1915년 정신여학교 사범과를 졸업한 후 대구로 내려갔다. 김성매는 1919년 7월 대한민국애국부인회 장선희가 대구로 회원 모집하러 왔을 때, 일본 경찰의 의심을 피하기 위해 장선희 환영회를 연다는 핑계로 모임을 주선하였다. 이어 대구에 살던 동창인 유인경,이희경, 임성례, 조광수 등 10여 명을 모아 파티를 열었다. 이 모임에서 애국부인회 대구지부를 결성하고 유인경을 지부장으로 정하였으며 회비로 성금 100원을 납부하였다.[10]

1919년 11월 말 대한민국애국부인회의 조직이 발각났지만 김성매는 체포되지 않았던 것으로 보인다. 이후 1920년대 유인경, 임성례 등과 대구지역의 여성계몽운동을 폈다. 1920년~1923년 대구여자청년회, 기독면려청년토론회, 명신야학교 강연회 기독여자야학강연 등에서 「신사회의 신국면」, 「우리는 어디에 있는가(我等은 何處에 在하뇨)」 등 현재 여성의 지위나 남녀동등관련 주제 및 여자교육에 대한 것을 중요 논점으로 계몽하였다.

1923년 3월 대구지역에서 대구부 전기독여자청년교육회 3회 정기총회에서 학무부원, 규칙부원으로 활동하였다. 동창인 임성례도 여자청년교육회에서 활동한 것으로 확인된다.[11]

● 김순애(金淳愛, 1889.5.12.~1976.5.17., 독립장) 제3회 졸업

황해도 장연군 대구면 송천리 (소래마을)에서 태어났다.[12] 독립운동가 김마리아의 고모이며 독립운동가 김규식의 부인이다. 이명으로 김문숙(金文淑)을 사용했다.

일찍부터 기독교를 수용한 집안에서 성장하여 소래 마을의 소래 학교에서 교육받았다. 1901년 서울

김순애
(출처: 공훈전자사료관)

로 이주하였는데, 오빠 김필순(金弼淳)이 세브란스 의학교를 다니며 안창호와 의형제를 맺고 민족 지사들과 교류하며 자기 집을 구국운동을 위한 장소로 제공하며 터를 잡고 있었다.

이러한 배경을 기반으로 다수의 민족운동가를 배출한 집안이란 명성을 얻게 되었다. 대한민국애국부인회를 이끌었던 김마리아는 큰오빠의 딸이며, 의사인 셋째 오빠 김필순은 신민회원으로 만주 통화와 내몽고 치치하얼에서 독립운동자금을 지원했던 독립운동가였다. 민족교육자로 독립운동에 힘쓴 여동생 김필례 등이 그의 가족이다. 아울러 상하이에서 함께 독립운동에 나섰던 서병호는 형부다.

김순애가 정신여학교 재학 중인 1907년 8월 대한제국 군대의 강제해산에 반발한 대한제국 시위대가 이를 저지하던 일본군과 싸운 시가전이 전개되었다. 이 전투에서 수많은 대한제국군 부상병이 발생하였고 이들은 시가전이 일어난 남대문 부근 세브란스병원에 이송되었는데 병원에 부족한 간호인력을 돕기 위해 연동여학교 학생인 김순애와 동생 김필례, 조카 김마리아와 언니인 김함라, 김미렴등이 동원되었던 것이다. 앞장에서 살핀 이른바 '여도의거'의 주인공들이다. 총칼로 부상당한 대한제국군 부상병을 직접 보고 간호하는 현장에서 이들은 '나라사랑, 일본에 대한 적개심, 독립유지를 위한 강력한 투쟁 의식 등에 대한 절실함을 깨닫는 기회가 되었다. 이날의 경험이 이들이 이후 독립운동가로 성장하는 계기가 되었을 것이다.

김순애·김규식 결혼사진
(출처: 박규원의 『상하이 올드데이스』.
민음사, 2003)

정신여학교에서 1909년 제3회로 졸업하고 부산 초량소학교(草梁小學校) 교사로 부임하였다. 학생들에게 비밀리에 한국 역사와 지리를 가르치며 민족의식 고취에 노력하다, 발각되자 1912년 6월 김필순이 앞서 망명한 만주 통화현으로 떠났다.

1915년 9월 난징[南京]의 명덕여자학원(明德女子學院)에 수학하던 중, 1919년 1월 김규식과 부부의 연을 맺었다. 김규식은 김필순과 독립운동의 동지로, 1906년경부터 교류가 있던 사람이었다. 결혼 직후 김순애는 남편과 함께 상하이로 가서 여운형(呂運亨)·서병호(徐丙浩)·김철(金澈)·조소앙(趙素昻)·조동호(趙東祜) 등이 조직한 신한청년당(新韓靑年黨)에 가입하여 이사(理事)로 활동하였다. 신한청년당의 유일한 여성으로 적극적인 활동에 나섰다.

신한청년당은 1919년 1월 18일부터 개최되는 파리강화회의에 한국 대표를 파견하여 일제 식민지 통치의 실상을 폭로 선전하면서 한국의 독립을 호소하려고 준비하고 있었다. 또한 만주·노령과 국내에는 강화회의에 한국 대표 파견 사실을 전하고, 이를 동조할 시위 투쟁을 전개하도록 촉구할 대표를 파견하였다. 이 계획은 파리강화회의에 참가한 각국 대표들의 한국 문제에 대한 각성을 촉구하고, 나아가 한국 대표의 독립 외교 활동을 지원함으로써 민족독립을 달성하려는 구상 방략이었다.

신한청년당은 미국의 로녹대학(Roanoke College)에서 수학하여 영어에 능통한 김규식을 파리강화회의의 한국 대표로 선정한 것이다. 임무를 맡은 김규식은 1919년 1월 말 파리로 출발하였다. 곧이어 신한청년당은 파리 한국 대표 파견을 위한 지원 및 그 후원을 위한 독립운동 촉구계획을 실천에 옮겼다. 이에 따라 김순애는 선우혁·김철·서병호와 국내로, 여운형을 만주와 노령 연해주로, 조소앙·장덕수(張德秀)를 일본 동경으로 각각 파견되어, 국내는 물론 해외 한인 동포들의 독립운동 봉기를 촉구하는 역할을 수행하였다.

국내로 밀파된 김순애는 1919년 2월 선편으로 부산에 도착한 후 부산에서 백신영, 대구에서 김마리아와 만난 후 상경하여 함태영을 만나 한국 대표의 파리강화회의 파견 소식을 전달하고, 국내의 독립운동 봉기를 촉구하였다. 그런데 당시 김순애는 함태영에게서 이미 국내에서 천도교·기독교·불교 등 종교계를 중심으로 거족적인 독립선언대회가 추진되고 있는 사실을 알게 되었다. 김순애는 파리로 간 김규식의 비밀활동이 탄로 나지 않도록 대비하기 위해 3·1운동을 보지 못하고 중국으로 떠났다.

상하이로 귀환한 김순애는 1919년 6월경 이화숙(李華淑)·이선실(李善實)·정신여학교 후배인 오의순(吳義順) 등과 대한애국부인회(大韓愛國婦人會)를 조직하였다. 김순애가 회장으로 주도한 대한애국부인회는 김마리아 등 정신여학교 출신 인사들이 비밀리에 서울에서 결성한 대한민국애국부인회, 평양의 대한애국부인회 등 국내외의 애국부인회와 긴밀히 연계되었을 것이다.

특히 부인회 회장 김순애의 명의로 국내외 부인단체에 보낸 편지에 "우리는 남자의 부속물이 아니라 독립된 인격이다. 여성 국민으로 국가에 대한 의무를 자득하며 결사조직을 한 것이다."라 밝혀 여성의 위치를 바로 세우고 여성들의 독자적인 독립운동추진을 선언한 것이다. 대한애국부인회의 출범은 해외 각지의 애국부인회결성으로 이어져 해외 여성역량의 결집이란 성과를 거둔 바 있다.

「상하이애국부인회 편지」
(1919년 6월, 독립기념관 소장)

1919년 8월 임시정부 내무부의 인가를 얻어 상하이에서 '독립전쟁으로 인한 전상병(戰傷兵)의 구호'를 목적으로 한 대한적십자회가 재건되자, 사검(査檢)·이사(理事) 등으로 활동하였다.

또한 1919년 9월 5일 이화숙 등 4명과 함께 임시정부 국무원 참사로 임명되었다.[13]

대한적십자회의 적십자 간호원 양성계획에 참여하였다. 대한적십자회는 1920년 1월 31일에 적십자 간호원 양성소를 개교하며 간호원 양성에 착수한 것이다. 간호사와 군의(軍醫)양성은 독립전쟁을 준비하는 과정에서 전투 현장에서 반드시 필요한 인재를 확보하고 훈련하기 위한 조처였다. 제1기 수료생은 남자 3명과 여자 10명이었는데, 김순애는 솔선수범하여 간호사 양성사업의 1기생으로 교육받고 수료하였다.[14]

김순애는 1920년 상하이에서 조직된 무장단체인 의용단의 발기자로 참여하였다. 1920년 1월에 상하이에서 의정원 의장 손정도(孫貞道) 등과 함께 한 의용단은 조국광복은 우리의 정당한 권리이며 의무이므로 희생정신으로 임시정부의 뜻을 받아 독립운동에 매진하고 적과의 전쟁 시 남녀를 불문하고 독립군으로서 투쟁함을 목적으로 하였다.

1920년 김순애는 상하이 한인 동포 자제의 민족 교육기관인 인성학교(仁成學校)의 유지비를 지원하며 학교 발전을 도왔으며 상하이 대한인 거류민단의 의원으로 활동하였다.

1923년 1월부터 5월까지 침체된 독립운동계를 재정비하고 임시정부의 역할과 방향을 재점검하기 위해 소집된 국민대표회의에 대한애국부인회 대표로 참석하여 독립 운동 세력의 통합과 그 최고 통할 지도기관을 창출하기 위한 노력에 동참하였다.

이후에도 임시정부 지원을 위한 활동을 지속하였다. 1926년 7월 안창호·송병조(宋秉祚)등이 조직한 임시정부 경제후원회에 참여하였다. 1930년 8월 김순애는 상하이에서 김윤경(金允經)·박영봉(朴英峰)·연충효(延忠孝) 등과 함께 한인여자청년동맹(韓人女子靑年同盟)을 결성하였다. 한국독립당과 임시정부의 독립운동을 측면 지원하는 일과 한국 독립운동을 알리는 활동을 전개하였다.

1932년 4월 29일 윤봉길 의사의 홍구공원 투탄 의거로 임시정부에 대한 일제의 추적이 심화되자, 임시정부가 상하이를 떠나 항주(杭州, 1932)·진강(鎭江, 1935)·장사(長沙, 1937)·광동(廣東, 1938)·유주(柳州, 1938)·기강(1939) 등지로 이동하면서 명맥을 이어갔다. 1940년 9월 임시정부가 중경(重慶)에 안착한 후 민족의 모든 역량을 대일 항전에 결집하기 위해 민족통일전선의 형성을 주도하였다. 이에 독립운동단체들도 본격적으로 통합운동을 추진하였다. 1943년 2월 23일 여성계의 통합을 위해 김순애는 충칭의 각계 각파 부인 50여 명과 한국애국부인회 재건대회를 개최하였다.[15]

재건 한국애국부인회를 조직하고 김순애는 주석으로 추대되었고, 정신여학교 후배인 방순희는 부주석, 최소정·김운택·연미당·강영파·권기옥·정정화 등이 각부 주임으로 선출되었다. 이후 각종 매체를 통해 국내외 동포 여성들에게 민족적 각성을 촉구하며 독립운동 참여를 호소하고, 의연금품을 모아 무력 항쟁을 준비하는 광복군을 위문하는 등 독립운동 지원활동을 적극적으로 전개하였다.

1943년 5월 10일 한국애국부인회를 대표해 한국독립당 등 5개 단체와 연대해 재중 자유한인대회를 추진하였다.[16] 이 대회에서 「자유한인대회 선언문」을 발표하였다. 이들은, 각 동맹국 영수들에게 한국 민족의 완전 독립 요구와 임시정부의 승인을 촉구하는 전문을 보냈다.

1945년 광복 이후 김순애는 그해 11월 23일 임시정부 요인 1차 환국 때 함께 귀국하였다. 1946년부터 1962년까지 모교인 정신여자중·고등학교 재단 이사장과 이사 등으로 활약하면서 여성교육에 공헌하였다. 1976년 5월 17일 87세로 사망하였다.

김규식은 1950년 6.25 전쟁 때 북한군에게 납북되어 그해 12월 북한에서 사망하였다. 김순애와 그 가족들은 조국독립을 위해 평생을 헌신했지만 해방된 조국에서 분단과 6.25전쟁으로 가족을 잃는 가슴아픈 고통을 겪게 되었다. 김순애와 조카 김함라는 남편이 납북당했고, 김필례는 남편이 공산군에 살해당하였다.

정부에서는 공훈을 기리어 1977년 건국훈장 독립장을 추서하였다. 김규식은 1989년에야 대한민국장을 서훈받아 부부가 나란히 서훈받은 부부독립운동가가 되었다.

가정을 책임지며 독립운동도 병행하는 여성독립운동가의 삶

일제 강점기 부부 독립운동가의 생애 중 부인의 삶에 대한 내용이다. 셋째아들 김진세가 기억하는 부모님은 "8살 때 아버지가 항상 집에 계셨지만 여전히 바쁘시고 늘 책을 읽거나 생각하시던 모습... 아버지는 항상 한국의 독립 먼저 생각하시고 어머니는 어려운 생계를 겨우 꾸려가셨지요."였다. 생계유지와 관련된 자료를 정리해 보면 김순애는 상하이나 텐진에서 조선인 학생에 하숙 쳐서 생계유지에 힘썼으며 혹은 수입이 적어 재봉과 바느질로 와이셔츠 만들어 독일 조계의 옷가게로 납품하는 일을 하곤 했다. 또한 비록 독립운동을 위해 부부가 해외에서 거주하지만 여성에게는 결혼하면 아이를 낳고 양육하는 역할이 당연시되었다. 김순애는 김규식과의 사이에 1923년 큰딸, 1924년 둘째딸, 1925년 셋째 딸, 39살인 1928년에 아들을 출산하였다. 1923년부터 임신과 출산을 이어가며 육아와 가정을 꾸리는데 집중해야 했다. 그리고 1927년의 둘째 딸의 사망과 1930년의 큰 딸사망으로 자녀의 죽음도 감당했던 것이다. 이처럼 여성 독립운동가들은 이중적 역할을 감내하면서 독립운동에 투신했음을 주목해야 한다.

이렇게 가정부인의 역할도 함께했던 김순애는 1919년 3월 대한민국임시정부의 시작부터 1945년 8월 임시정부의 마지막까지 25년 동안 임시정부 안팎에서 임시정부를 위해 부부가 함께 헌신한 독립운동가였다. 평생을 묵묵히 보이지 않는 곳에서 내조한 김순애야말로 한국여성독립운동가의 표상이며, 정신여학교 출신 독립운동가를 대표하는 선구적 여성이었다.

● 김영순(金英順, 1892.12.17.~1986.3.17., 애족장) 제8회 졸업

김영순

김영순은 서울 종로구 마동(麻洞, 현재 권농동 일대)에서 아버지 김원근과 어머니 전준경 사이의 3남매 중 외동딸로 태어났다.[17] 김원근은 한학자이자 서예가로 배재학당을 졸업한 개화 지식인이다. 김원근은 1906년 정신여학교의 한문 교사로 부임한 이래 1941년까지 약 35년간 교사로 재직하면서 한글·한문과 역사교육을 통하여 학생들에게 애국정신을 함양시켰던 민족의식이 투철한 교육자였다. 김영순은 이런 아버지 밑에서 어려서부터 한문을 배웠다.

1910년 정신여학교에 입학한 후 연동교회에서 세례를 받았으며 1916년 제8회로 졸업하였다. 졸업한 해 전북 군산의 멜볼딘여학교(영명학교의 전신) 교사로 부임하였지만 1917년 모교 기숙사 사감에 임용되어 서울로 올라왔다.

1919년 3·1만세운동이 일어나자, 정신여학교 학생들도 동참하였는데, 기숙사 사감의 신분으로 이들을 보호하고 구속된 학생들을 후원하였다.

같은 해 4월 중순경 오현관·오현주·이정숙 등이 주도하여 투옥된 애국 지사들의 옥바라지와 그 가족들을 후원할 목적으로 혈성단 애국부인회를 조직하였다. 이에 그 취지를 찬동하고 함께 활동하였다. 혈성단애국부인회는 같은 해 6월 대한민국청년외교단 총무 이병철의 주선으로 최숙자·김원경 등이 조직한 대조선독립애국부인회와 통합하여 대한민국애국부인회로 확대·개편되었다.

동회는 기독교회·학교·병원 등을 이용해 조직을 전국적으로 확대하면서 회원들의 회비와 수예품 판매를 통해 독립운동 자금을 수합하여 중국 상하이 대한민국 임시정부를 지원하였다. 김영순도 회원으로써 적극적으로 활동하였다.

대한민국애국부인회의 활동이 침체되어 갈 무렵 수감 되었던 김마리아와 황애시덕이 면소 방면되어 대한민국애국부인회에 참여하면서 조직 정비를 서둘렀다. 1919년 9월 19일 '김마리아 황애시덕 출옥환영회'를 명목으로 18인이 모였다. 김영순, 백신영, 신의경, 오현관, 오현주, 유보경, 유인경, 이성완, 이정숙, 이혜경, 이희경, 장선희, 정근신, 홍은희 등 16명이었다. 이 회의에서 조직과 임원을 개편하였다. 조직은 결사부·적십자부를 신설하는 등 항일 독립전쟁에 대비한 체제로 전환하였다. 임원은 회장에 김마리아, 부회장 이혜경, 총무 및 편집원 황애시덕, 적십자 부장 이정숙·윤진수 등으로 결정하였는데, 김영순은 신의경과 함께 서기로 선임되었다. 애국부인회의 취지서와 본부 규칙, 지부 규칙의 3개 문서를 작성하였다.

대한민국애국부인회 서기로서 작성된 문서를 정신여학교 교장실에서 등사기로 취지서 50매, 본부 규칙 15매, 지부 규칙 20매를 등사하였다.

이후 대한민국애국부인회는 대한민국청년외교단과 함께 임시정부 국내 연통부의 역할을 대행하였으며 군자금 모집에 노력하여 6,000원의 독립운동 자금을 모집하는 성과를 거두었다. 그 중 2,000원을 임시정부에 송금하였다.

비밀리에 활동하던 중 조직원의 배신으로 조직이 발각되어 1919년 11월 28일 학교에서 일본 경찰에 붙잡혀 대구로 압송되었다.

6개월간의 예심을 종결한 후 1920년 6월 29일 대구지방법원에서 이른바 「정치에 관한 범죄 처벌의 건 및 출판법 위반」으로 징역 2년을 받았다. 김마리아와 황애시덕에게 징역 3년, 김원경(궐석), 이정숙, 장선희에게 징역 2년 백신영, 신의경, 유인경, 이혜경에게 징역 1년을 언도했다. 모두 1심판결에 불복하고 항소하였으나 1920년 12월 27일 대구 복심법원에서 공소(控訴)가 기각되고 1심과 동일한 판결이 내려졌다. 다만 미결로 구류했던 100일을 본형에 통산한 조치가 있을 뿐이었다. 대구 감옥수감 중 어머니가 사망하여 큰 고통을 겪다가 1922년 5월 가출옥하였다. 출옥 후 김영순은 망우리의 어머니 묘소를 찾아가 절을 올렸다.

출옥 후 사회교육 및 선교 기관인 태화기독교사회관에서 한문과 가사를 가르쳤다. 1923년 다시 정신여학교의 기숙사 사감과 재봉 교사로 근무하였다. 같은 해 8월 조선여자기독교청년회(YWCA)의 연합회 창립 때 임원 및 위원으로 참여하였다. 이듬해 서울 YWCA 실행위원 겸 회계로 활동하였다.

1927년 4월 여성운동의 통합단체인 근우회의 창립준비위원회에 참가하여 활동하였으며, 5월 창립대회에서 집행위원 중 한 명으로 선출되어 교양부를 맡아 여성의 지위 향상과 항일독립운동에 힘썼다.

1929년 5월 함남 영흥 출신으로 군산 영명학교 교사 재직 당시 군산 3·1운동을 주도하여 3년간 옥고를 치른 애국지사 이두열(李斗烈, 1888~1954, 애족장)과 결혼한 후 원산에 정착하였다. 남편은 원산 마르타윌슨 (MartaWilson) 여자신학원 한문 교수로 재직하였는데 감옥에서 얻은 안질로 교편생활이 어려워지자 동해안 안변을 거쳐 영흥만으로 낙향하였다. 농사, 밭농사, 양계, 양봉도 하며 생활하며 지내다 1940년 창씨개명을 강요당할 때 반대 연설한 죄로 남편이 잡혀간 적도 있다. 생활 속에서 항일을 실천하며 지내다 광복을 맞았다. 이두열은 일제의 예비검속 대상자가 되었고, 아들은 창씨개명을 하지 않아 소학교 재학 중 박해는 물론 중학교 진학원서 작성을 거부당하는 어려움을 겪기도 하였다. 이때 이두열은 조선어학회사건으로 예비검속 당해 함흥감옥소에 구류 중이었는데, 아들을 위해 써 준 편지를 들고 중앙학교 김성수를 찾아간 아들이 그 편지 덕분에 입학할 수 있었다는 일화가 전한다.

광복 이후 상경해 남편은 건국 사업에 동참하다 1954년 사망하였고 1990년 애족장을 추서받았다. 김영순은 이화여대와 중앙대학교 교수로 재직하였으며, 1986년 사망하였다.

정부는 김영순에게 1990년 건국훈장 애족장(1963년 대통령 표창)을 수여하였다.

● **김영순(金榮順, 1899~?, 대통령 표창) 제9회 졸업**

9회 졸업생 김영순은 1899년 서울에서 9남 2녀 중 막내로 태어났다.[18] 본적은 경기도 경성부 어성정이며, 1919년 당시 주소는 전남 목포부 창평정이다.

부친을 일찍 여의고 편모슬하에서 성장해 12세에 정신여학교에 입학하여 1917년 18세 때 졸업하였다. 미스 루이스교장과 오천경, 김마리아, 김원근, 김미렴 등 선생에게 배웠다고 60년 전의 일을 술회하였다. 졸업후 오빠를 따라 목포로 내려가 살았고 거기서 의사 공부를 하였다. 3·1운동이 일어나자 동생 김영주[19]를 따라 4월 8일 목포 만세시위에 가담하였고 만세운동에 앞장섰다가 체포되어 1919년 6월 14일 광주지방법원 목포지청에서 징역 6월 집행유예 2년을 선고받았다. 동생 김영주도 같은 날 징역 1년 집행유예 3년을 선고받았다. 이 일로 의사를 바라던 직장(병원)에서 제적되었으며, 감옥에서 풀려나온 후에 1922년까지 2년간 경남 안신(安信) 소학교의 교사로 재직하였다. 그 이듬해 상하이 임시정부를 왕래하던 독립투사 백우학(白羽鶴)과 결혼하였다.

그 후 북해도 동왕(東旺) 소학교에서 남편과 같이 교사로 근무하며, 후진들을 양육하다가 해방이 되면서 귀국하였다. 그 후 6.25 전쟁 중 남편과 두 아들과도 사별하고, 1952년 부산 서대신동 교회 전도사로 취임하여 1970년까지 봉사하며 여생을 보냈다.

정부는 2023년 대통령 표창을 추서하였다.

● **김유실(金柔實, 1900~?) 제12회 졸업**

김유실은 강원도 통천군 장전항 출신으로 정신여학교 12회 졸업생이다.

정신여학교 출신 세브란스 간호사 정윤희가 1920년 1월 말 조선 독립운동을 지원하는 문구를 담은 '경성독립비밀단'이란 창가(唱歌)를 시내 학교에 배포하였는데 일부를 정신여학교 후배들에게 전달하였을 때 김유실은 동창생 김경윤과 함께 이 창가집을 받았다.

이 독립창가집은 보안법위반으로 서대문감옥소에 수감되어 있던 박인석(朴仁錫)이 독립운동을 위해 만든 것인데 풀려나온 후 비밀리에 600부를 제작하여 서울의 배재학교, 경신학교, 이화학당, 정신학교, 중앙학교 학생과 세브란스병원 간호사에게 배포케 하였다. 장윤희는 아버지 장응규에게 전달받은 창가집 수십 부를 정신여학교 교사 김원근(金瑗根)에게 부탁하여 정신여학교 학생들에게 나누어 주기를 청하였고,[20] 김원근이 이를 학생들에게 전하였던 것이다.

김유실은 이 일로 1920년 1월 하순 삐라사건 및 만세사건에 관련되어 김경윤과 함께 조사받았던 것으로 추측된다.

그런데 김유실은 동창생 김경순과 동일하게 '대정 8년 제령 제7호' 위반으로 구금되어 1920년 1월 12일에 대구지검에서 '기소중지 불기소처분'과 1920년 2월 12일 '기소유예 불기소' 처분을 2번 받았다는 자료가 있다. 이는 2사건 중 하나는 김경순과 동일사건으로 조사받았음을 알 수 있다. 즉, 김유실도 대한민국애국부인회 회원으로 활동했다는 증거라 할 수 있다.

● **김필례(金弼禮, 1892.11.19.~1983.7.30., 건국포장) 제1회 졸업**

김필례는 황해도 장연군 대교면 송천리(소래마을)에서 김성섬(金聖蟾)과 안성은(安聖恩) 사이에서 막내딸로 태어났다. 이명으로 남편성을 따른 최필례를 썼다.

1895년 소래 마을의 소래학교에서 공부하고 1901년 오빠 김필순을 따라 서울에 정착한 후 1903년

김필례
(출처: 공훈전자사료관)

12세에 연동여학교에 입학해 공부하였다.

1907년 제1회 졸업생으로 졸업한 후 잠시 모교 교사로서 학생들을 가르쳤다. 김필례가 재학 중인 1907년 8월 김필례의 집 부근에서 대한제국 군대의 강제해산에 반발한 대한제국 시위대가 이를 저지하던 일본군과 싸운 시가전이 전개되었다. 이 전투에서 수많은 대한제국군 부상병이 발생하였고 이들은 시가전이 일어난 남대문 부근 세브란스병원에 이송되었는데 병원에 부족한 간호인력을 돕기 위해 연동여학교 선생인 김필례와 언니 김순애와, 조카 김마리아와 김마리아의 언니인 김함라, 김미렴 등이 동원되었던 것이다. 앞장에서 살핀 이른바 '여도의거'의 주인공들이다. 당시 김필례는 세브란스병원에 이송된 대한제국군 부상병의 간호 활동에 동원된 체험을 통해 '나라 사랑하는 마음, 일본에 대한 분함, 우리나라가 독립해야겠다는 강력한 투쟁 의지와 책임을 느끼게 되었다는 경험담은 3장에서 다루었다.

1908년 관비 유학생으로 일본 동경여자학원에 입학해 1913년 일본 동경여자학원 중등부를, 1916년에는 고등부를 졸업했다.

1915년 4월 일본 도쿄에서 '조선' 여성 유학생의 친목과 '조선' 여성의 '광명'이 되고자하는 목적으로 결성된 재경(在京)조선유학생친목회에 참여하고 회장에 선임되었다. 귀국하여 1916년~1919년 정신여자중학교 교사로 서양사를 가르쳤다.

1918년 6월 광주제중원(광주기독병원)의 의사 최영욱(崔永旭)과 결혼하였다. 김필례는 교사를 사직하고 전라남도 광주군 광주면의 흥학관(興學館)에 설치된 야학에서 학생들을 가르치면서 교육 계몽운동을 폈다. 1919년부터 1921년 6월까지 광주 수피아여학교 교사로 근무하였다.

1919년 광주 3·10만세운동 때에는 김마리아가 동경에서 가지고 온 독립선언서를 인쇄·배포하며 독립운동에 참여하였다.

1922년 6월 중순에는 하령회를 조직, 김활란·유각경(兪珏卿)과 대한여자기독교청년회연합회(YWCA)를 만든 뒤 총무가 되어 농촌운동과 여성의 지위 향상을 위해 노력하였다. 같은 해 4월 중국 베이징(北京)에서 개최된 만국기독교학생청년회 (WSCF) 총회에 조선여자기독교청년 대표로 참석하여 1919년 경기도 화성 제암리교회에서의 일제의 만행을 세계에 폭로하였다. 1923년 8월 18일 조선여자기독교청년회연합회를 창립하였다. 김필례는 총무를 맡아 방신영(方信榮)과 조직을 이끌었다.

1923년 4월에는 정신여학교 교무주임으로서 복직하였다. 1925년 미국 조지아주 액네스스칼여자대학에서 역사를 전공하고 이듬해에 학사학위를, 1927년 뉴욕 컬럼비아대학에서 석사학위를 받았다.

광주로 돌아와 수피아여학교 교감으로 1937년 6월까지 근무하였다.

1945년 광복과 동시에 수피아여자중학교 교장에 취임했고, 1947년 정신여자중학교 교장이 되었다. 1951년 남편 최영욱이 공산군에 의해 살해됐다. 1962년 정신학원 이사장, 그 뒤 명예 교장·명예 이사장을 지냈다. 저서로 『성경사화대집』과 번역본 5권이 있다. 1983년 7월 30일 별세하였다.[21]

1972년 국민훈장 모란장을 수여 받았고. 2021년 독립운동의 공을 인정받아 건국포장에 추서되었다.

● 김필애(金弼愛) (1895년~?) 제10회 졸업

1918년 제10회 졸업생으로 졸업 후 고향인 마산으로 내려가 마산 의신여학교 교사로 재직하였다. 1919년 3·1운동 당시 의신학교 교사로 동료 교사와 학생들과 함께 독립운동을 펼쳤다.

1919년 3·1운동이 발발하자 마산에도 독립선언서가 전달되어 교회 지도자들과 교회 산하의 창신·의신학교 교사·학생들은 비밀회합을 거듭하면서 준비를 서둘렀다. 창신학교에서는 창신학교의 실질적인 운영자인 이승규(李承奎)의 아들 이은상(李殷相), 한태익(韓泰益)·이정기(李廷紀)·이일래(李一來) 등 학생 대표가 모여 모의를 거듭하면서 독립선언문을 등사하고 태극기를 그렸고, 의신학교에서는 교사 박순천(朴順天)·김필애 등의 지도를 받아 상급반 학생들이 중심이 되어 비밀리에 시위 준비를 진행하였다.[22]

3월 11일 부산진 일신여학교 여학생들이 경남에서 최초로 독립 만세 시위의 도화선을 붙였다는 소식을 들은 마산에서는 3월 12일 창신학교와 의신학교 전 직원이 학교에 사표를 제출하였다. 김필애도 이에 동참했을 것이고, 만세시위의 중심인물로 활약할 준비를 마쳤다.

마침내 3월 21일 구마산 장날 모든 준비물은 보부상(褓負商)을 가장하여 시중으로 운반되고 여학생들은 치마폭에 태극기를 감추어 장꾼 사이에 끼어 시중으로 잠입하였다. 시위대는 '대한독립'이라 크게 쓴 대형 깃발과 태극기를 흔들면서 '대한독립 만세'를 소리높이 외치는 지도자들을 따라 일제히 태극기를 흔들며 '대한독립 만세'를 고창 연호하면서 여기에 호응하였다. 3천 명 군중의 만세 시위가 시작되었다. 학생을 위시하여 나무꾼과 장사꾼들도 흥분하여 독립 만세를 외치며 주동 인물들의 시위대를 따랐다. 일경은 이들을 해산시키려 하였으나 시위대를 막을 수 없자 마산 일군 중포병대대병(重砲兵大隊兵) 21명과 마산 일군 헌병분견소 군인 7명이 동원되었다. 급파된 일군은 경찰과 협력하여 총검으로 군중을 무자비하게 탄압하여 시위를 해산시켰다. 일경은 주동 인물 50명을 검거하여 신마산에 있는 경찰서로 끌고 갔다. 의신학교 교사 박순천은 체포되었다가 이승규 장로의 보증으로 풀려나 곧바로 피신하였다고 한다. 김필애도 이와 유사한 상황을 겪었을 것이다.

1919년 6월 조직된 대한민국애국부인회의 회원이 되어 경남지부장으로 주로 합천양산 지방에서 약 20여 명의 회원을 모집하는 성과를 남겼다. 11월 28일 대한민국애국부인회조직이 발각되어 회원 80여 명이 체포되어 대구 경찰서로 이송되어 조사받았다. 김마리아와 같이 대구 감옥에 수감되었다가 일주일 후에 풀려났다. 이후 일본 유학을 다녀왔다.

정종명(鄭鍾鳴), 오수덕(吳壽德) 등과 함께 1924년 조선청년총동맹과 사회주의 여성단체인 조선여성동우회를 조직하며 활동하였다. 1928년 항일 여성운동단체인 근우회 핵심 인물로 참여하는 등 만세운동 이후에도 지속적으로 항일독립운동을 전개했다. 그 외 김해여자청년회, 김해 근우지회 위원장, 조선 청년당 대회 등에서 활약하였다.

김필애는 항일운동뿐 아니라 신여성교육 및 계몽, 강연회를 진행하며 여성 인권 신장에 힘쓰기도 했다.

● **김함라(金咸羅, ?~?) 제2회 졸업**

김함라는 황해도 장연군 출신이다. 독립운동가 김필순, 김순애의 조카이며, 김마리아의 언니다.[23] 정신여학교 교사, 이사장을 역임한 김필례 역시 김함라의 고모이다. 고향에서 1901년 가족들과 상경하여 정신여학교에 입학하여 1908년 제2회 졸업생이 되었다. 참고로 정신여학교에서 수학한 김순애 집안의 여성들은 김순애, 김필례, 김미렴,김함라, 김마리아 등이다. 김함라가 정신여학교 재학 중인 1907년 8월 대한제국군대의 강제해산에 반발한 대한제국 시위대가 이를 저지하던 일본군과 싸운 시가전이 발발하였다. 이 전투에서 수많은 대한제국군 부상병이 발생하였고 이들은 시가전이 일어난 남대문 부근 세브란스병원에 이송되었는데 병원에 부족한 간호인력을 돕기 위해 연동여학교 선생인 고모 김필례와 학생인 고모 김순애, 동생 김마리아와 김미렴 등과 함께 현장에 동원되었다. 앞장에서 살핀 이른바 '여도의거'의 주인공들이다 총칼에 다쳐 중상을 입은 군인들의 치료를 도우며 전장의 실상을 직접 경험했을 것이다. 고모 김필례처럼 '나라 사랑, 일본에 대한 저항, 독립 투쟁 의지 등을 다지는 계기가 되었다.

한국 신학박사 1호로 광주 숭일학교 교사와 광주양림교회 목사를 역임한 남궁혁과 결혼하였다. 1909년 4월 남편과 광주로 내려와 수피아여학교 교사로 일하였다. 김함라는 김마리아 투쟁의 뒷받침이었으며 임시정부 인사들을 돕고 지원하는 활동을 했다.

남편 남궁혁(1882~)은 경성(서울)출신으로 배재학당 졸업 후 기독교에 입문해 평양 장로회신학교를 졸업하고 광주양림교회 목사로 시무했다. 1919년 3월 10일 광주 3·1운동의 주도 혐의로 구속되어 고초를 겪었으나 무죄로 석방된 후 미국유학을 떠나 신학 박사학위를 취득하고 돌아와 평양신학대학 최초 한국인 교수가 되었다. 6·25 때 납북되어 북한에서 사망했다.

● 김현경(金賢敬, 1897.6.20.~1986.8.15., 건국포장)

김현경
(출처: 공훈전자사료관)

김현경은 충청남도 공주군(公州郡) 공주읍에서 태어났다. 아버지가 대한제국의 무관(武官) 김상혁(金相赫)이었으며 서울에서 성장했다. 부친의 턱밑에 큰 혹이 달렸다 하여 '혹부리 딸'로 불리었다. 이명으로 김현경(金賢卿)·김순점(金順点) 등이 있다.

정신여학교에 재학 중인 1910년 경술국치로 부친이 퇴직하여 공주로 낙향하자 정신여학교를 중퇴하였다.[24] 이후 공주 영명학교에 다니며 민족정신을 배웠다.

영명학교 졸업 후 보통학교 교사로 부임하여 근무하였다. 1919년 3·1운동 당시 영명학교 교사로 3학년을 담임하고 있었다. 온양의 독립운동 비밀단체 태극단에도 가입 하였다고 한다.

1919년 4월 1일 공주면 공주시장 독립 만세운동에 참가하였다. 4월 1일 공주의 독립 만세운동은 일본 아오야마학원(靑山學院)의 유학생 오익표(吳翼杓)와 안성호(安聖鎬)는 2월 공주로 귀향하면서 비롯되었다. 3월 24일 영명학교에서 열린 비밀 모임에 오익표·안성호를 비롯하여 영명학교 교사 김관회(金寬會)·현언동(玄彦東), 영명여학교 교사 이규상(李圭尙), 기독교회 목사 현석칠(玄錫七)과 안창호(安昌鎬)·김사현(金土賢) 등이 모여 만세 시위에 대해 협의하였다. 이날 협의에서 공주장터의 장날인 4월 1일을 거사일로 정하고 각자 역할을 분담하여 만세 시위 총지휘는 현석칠이 맡았다. 김관회·현언동은 공주 관내 각학교 남학생들의 참여 유도와 「독립선언문」 인쇄를 담당하였다. 이들은 각 학교에 만세 시위에 대한 동참을 설득하는 한편, 만세 시위에 찬동한 유준석(柳俊錫)·노명우(盧明愚) 등 영명학교 학생들을 통해 학교에서 「독립선언문」 1,000매를 준비하였다.

1919년 3월 말 이규성은 공주 관내 여학교 학생들의 참여 유도를 맡아, 영명학교 교사인 김현경을 찾아와 만세 시위 동참을 제안하자 이에 찬성하였다. 이규상으로부터 태극기를 전달받아 4월 1일 자신의 집에 함께 모여 있던 영명학교 여학생들과 함께 공주장터로 나가 적극적으로 만세 시위를 전개하였다. 4월 1일 12시에 김현경과 상급반인 유준석 두 사람이 인력거를 타고 시내로 나가는 것을 신호로 영명학교 여학생들이 일제히 만세를 부르기로 하였다. 예정대로 김현경은 인력거를 타고 그 위에서 태극기를 흔들고 시장으로 행진하다 일본 헌병의 큰 칼에 찔려 바른쪽 머리에 깊고 넓은 상처를 입고 피를 흘리며 인력거에서 굴러 떨어졌다.

이때 체포되어 1919년 8월 29일 공주지방법원에서 이른바 보안법 및 출판법 위반으로 징역 4월 집행유예 2년을 받았다. 공주형무소 수감 중 유관순을 알게 되어 옥중에서 교류하였다.

풀려난 후 유관순이 서대문형무소로 이감되어 1920년 9월 28일 옥사했다는 소식을 들었다. 이에 이화학당 교수였던 앨리스 아펜젤러(Alice R. Appenzeller)와 함께 유해를 인수하여 학교장(學校葬)을 치렀다.

충남 홍성(洪城)에서 살다가 1986년 8월 15일 사망하였다.[25]

대한민국 정부에서 1998년 건국포장을 추서하였다.

● **김효순(金孝順, 1902.7.23.~?, 대통령 표창) 제13회 졸업**

김효순은 황해도 재령군 재령면 향교리에서 태어났다. 이명으로 김순호(金淳好)가 있다. 13회 졸업생이다. 세브란스병원 간호부로 근무하던 중, 1919년 6월경 대한민국애국부인회의 간사부 설치에 앞장선 세브란스병원 간호부 이정숙의 권유로 회원이 되었다. 1919년 11월 28일경 동회의 대다수 회원이 체포되었지만 체포되지 않은 것으로 보인다. 이후 정신여학교 동창이며 세브란스병원 동료 간호부인 노순경, 이도신, 박덕혜와 1919년 12월 2일, 서울(경성부) 훈정동 대묘(大廟: 현 종묘) 앞에서 시민들이 모

김효순
(출처: 공훈전자사료관)

여 조선 독립 시위운동을 거행한다는 소식을 듣고 이에 참가하였다. 동일 오후 7시경 대묘 앞에 도착하여 간호사 동료들과 함께 시위대에 합류하여 '조선 독립 만세'를 소리쳐 외치며 만세운동에 앞장섰다.

김효순은 시위 현장에서 함께 시위에 동참한 이도신, 박덕혜, 노순경과 일경에 체포되었다. 이후 재판에 회부되어 1919년 12월 18일 경성지방법원에서 소위 제령 제7호 위반으로 징역6월을 선고받고 옥고를 치렀다. 1920년 4월 28일 풀려났다.

당시 이 사건은 『매일신보』 1919년 12월 20일자에 "십이월 이일 오후 7시경에 대묘 앞에서 백포(白布)에 붉은 글씨로 '대한독립만세'를 쓴 기와 태극기를 들고 만세를 불러서 '치안을 방해한 보안법 위반범' 세브란스병원 간호부 4명에게 경성지방법원에서 다음과 같은 판결 언도를 하였다...노순경(18) 이도신(19) 김효순(18) 박덕혜(20) 각 징역 6월에 처했더라"라고 보도되었다.

김효순 등 정신출신 세브란스 간호사 4명이 함께한 대묘 앞 독립 만세 항거는 3·1만세운동 당시 이어지던 후속 만세운동으로 일제의 엄혹한 감시하에서 서울 한가운데서 간호사들이 앞장서서 적극 참여한 투쟁이었다. 민족을 사랑하고 독립을 열망하는 청년 여성들의 표효가 아닐까.

이후 1929년 근우회 재령지회 집행위원장으로 활약하였고,[26] 중국 산동성 여선교사로도 파송되어 임지에 교회를 세우고 전도사로 활동하였다. 그러나 만년에 평양신학교 교수로 시무하다가 공산당에게 희생되었다.[27]

대한민국 정부는 2015년에 대통령 표창을 추서하였다.

● 노숙경(盧淑卿, 1889~?) 제4회 졸업

노숙경은 황해도 송화군 풍천에서 독립운동가 노백린(盧伯麟)의 장녀로 출생하였다. 이모 김경희와 함께 정신여학교에 입학하였으며 동생 노순경도 뒤이어 입학하였다. 1910년 제4회 졸업생으로 졸업 후 모교 교사로 재직하였다.

이후 목포 정명여학교 교사로 근무할 때 세브란스의전 졸업생 이원재와 결혼하였다. 독실한 교인으로 선교회와 여전도 회장직을 맡아 봉사했다.

남편은 원산 예수병원, 만주 하얼빈의 병원 개업, 강릉에서 의료사업 등을 통해 거둔 수익금으로 임시정부를 지원할 때 남편을 도왔다.[28]

● 노순경(盧順卿, 1902.11.10.~1979.3.5., 대통령 표창) 제4회 졸업

노순경은 황해도 송화에서 독립운동가 노백린의 차녀로 태어났다. 일찍이 어머니를 여의고 언니 노숙경과 함께 정신여학교에서 수학하였다.[29] 이후 세브란스병원 간호부 견습으로 근무하던 중 독립운동에 투신

하기로 결심하고, 태극기를 제작하여 신생아실 포대
기에 보관하고 있었다고 한다. 1919년 12월 2일, 서
울(경성부) 훈정동 대묘(大廟) 앞에서 조선 독립 시
위운동을 거행한다는 소식을 접하였다. 노순경은 동
일 오후 7시경 세브란스병원 동료 간호사 김효순,
이도신, 박덕혜와 함께 인가(人家)가 조밀한 대묘 앞

노순경
(출처: 공훈전자사료관)

에 도착하였다. 미리 준비한 구한국기(舊韓國旗)를 들고, 김효순은 '대한
독립만세'라고 쓴 붉은 천을 각각 흔들며 시위대 20여 명과 함께 '조선
독립 만세'를 소리쳐 외치며 만세운동에 앞장섰다.

노순경은 시위현장에서 시위에 참가했던 이도신, 김효순, 박덕혜와 함
께 일경에 체포되었다. 이후 재판에 회부되어 1919년 12월 18일 경성지
방법원에서 소위 제령(制令) 제7호 위반으로 징역 6월을 선고받고 옥고
를 치렀다.

노순경은 서대문형무소의 여자감방 8호실에서 옥고를 치렀는데 어둡
고 불결했다. 8호 감방에는 유관순, 감리교 전도부인 어윤희, 세브란스병
원 간호사 출신 이아주(이애주), 구세군 사관 부인 엄명애 등이 함께 수감
되었다. 노순경은 건강이 악화되어 병보석으로 풀려났다.

이후 노순경은 1921년 4월 자결한 구한국군대대장 박성환의 아들로
세브란스의학전문학교의 의학생도 박정욱과 결혼하였다. 결혼 후 노순
경 부부는 아버지 노백린과 언니 노숙경 부부가 망명한 중국 하얼빈의
고려병원으로 옮겨 함께 활동하였다. 형부 이원재는 고려병원장, 남편은
내과 전문의사, 노순경은 간호사로, 근무하며 독립군 치료는 물론 군자
금 모집과 지원, 지역주민 무료 의료사업에 종사하였다고 전한다.

『(노순경)일제감시대상인물카드』
(출처: 국사편찬위원회)

1924년 귀국한 후 노순경은 인천, 제천, 서울 등지에서 남편과 병원을 운영하며 자녀를 양육하고 간호 활동을 펼쳤다.

1950년 6.25 전쟁 당시 대한부인회 부회장으로 북한군에 끌려가 갖은 고초를 겪었으나 다행히 풀려났다. 이후 농촌지역 주민 무료 의료활동을 지속하였다. 1979년 3월 별세하였다. 대한민국정부는 1995년 대통령 표창을 추서하였다.

부친 노백린은 1962년 대통령장을, 남동생 노태준은 1968년 독립장을 각각 서훈받았다.

ㅁ·ㅂ

● 문덕은(文德恩, ?~?) 제11회 졸업

문덕은은 주소가 경의선 흥수원으로 되어 있으며 정신여학교 제11회 졸업생이다. 박옥신, 이정숙, 박남인, 정근신, 이성완 등과 함께 공부했을 것으로 추측된다.[30]

장선희의 권유로 정근신과 같이 흥수원에서 대한민국애국부인회 회원이 되어 활동하였다.

● 박남인(朴南仁, ?~?) 제11회 졸업

박남인은 평북 선천(宣川) 출신으로 정신여학교 제11회 졸업생이다.[31] 1919년 3·1만세 당시 서울의 학생 연합시위인 3.5일 만세 시위에 앞장섰으며 그날 현장서 체포당했다. 함께 시위에 동참했던 정신여학교 학생들 이애주(이아수, 이아주), 임충실, 김경순(金慶淳)과 같이 체포되었지만 이애주를 제외한 3인은 3월 24일 석방되었다. 진남포 기업가인 임충실의 부친 임우돈이 당시 유각경의 부친인 충청북도 참여관 유성준(兪星濬)과 막역한 친구 사이여서 임충실과 친구들의 석방에 큰 도움을 받을 수 있었다고 한다. 다만 이애주는 재판에 회부되어 함께 풀려나지 못하였다.

1920년대 성진 여자청년회 창립에 관여했으며, 성진 여자청년회의 음악부장, 재무부장에 선임되었다는 것과 1924년 함흥악회의 공연, 1924년 함흥 영생여학교 교사로 재직하였다는 신문 기사가 있어 여자청년회 활동을 했을 것으로 추측된다.

● 박덕혜(朴德惠, 1900.5.14.~?) 제13회 졸업

박덕혜는 함경남도 이원군(利原郡) 출신으로 정신여학교 13회 졸업생이다. 이명으로 박덕기(朴德基)가 있다.[32]

졸업 후 세브란스병원 간호사로 근무하던 중, 1919년 6월경 대한민국 애국부인회의 간사부 설치에 앞장선 세브란스병원 간호사 이정숙의 권유로 회원이 되었다. 1919년 11월 동회의 대다수 회원이 체포되었지만 체포되지 않은 것으로 추측된다. 이후 같은 병원 동료간호사 4명과 1919년 12월 2일 서울 훈정동(薰井洞) 대묘(현 종묘) 앞에서 독립 만세 시위를 거행한다는 소식을 듣고 이에 참가하였다. 노순경, 김효순, 이도순 등과 함께 '조선 독립 만세'를 소리쳐 외치며 만세운동에 앞장서다 현장에서 동료 간호사들과 함께 체포되어 재판에 회부되었다. 1919년 12월 18일 경성지방법원에서 징역 6월형을 언도받았다. 함께 재판받은 동료들과 달리 박덕혜는 판결에 불복하고 상급법원에 상고하였으나 1920년 1월 16일 경성복심법원에서 공소(控訴)가 기각되었고, 1920년 2월 14일 고등법원에서 역시 기각되어 옥고를 치렀다.

이후 전문학교 교수이며 목사인 채필근(蔡弼近)과 결혼하였다.

● **박보렴(朴寶艷, 1897.11.8~1984.8.30. 대통령 표창)**

박보렴은 경상남도 진주군 진주면 평안동 출신이며, 이명으로 박보교(朴寶喬), 박보렴(朴寶廉), 박보계(朴寶呑)가 있다. 정신여학교에서 공부했다.[33]

1919년 6월에 조직된 대한민국애국부인회의 진주지부장으로 활동하였다.

대한민국애국부인회는 대한민국청년외교단의 총무 이병철의 주선으로 1919년 4월 오현주·오현관·이정숙 등이 투옥 지사들의 옥바라지와 그 가족들 후원을 위해 조직한 혈성단애국부인회와 최숙자·김원경 등이 중심이 된 대조선독립애국부인회를 1919년 6월 통합하여 탄생시킨 여성 독립 운동단체다. 동회는 이후 기독교회·학교·병원 등을 이용해 조직을 전국적으로 확대하면서 회비와 수예품 판매 등을 통해 독립운동 자금을 수합하여 상하이 임시정부를 지원하였다. 동회는 1919년 9월 김마리아·황애시덕이 참여하면서 조직과 임원이 대폭 정리되었고 결사부(決死部)·적십자부를 신설하고 항일투쟁의 강도를 높였다. 대한민국애국부인회는 평양, 개성, 대구, 기장, 진주, 밀양, 거창 등지에 지부를 두었다. 회원은 100여 명에 달했다. 회원들은 매월 의연금을 갹출하여 독립운동자금을 수합해 임시정부에 송금하였다. 박보렴은 경상남도 진주군에서 광림학교(光林學校) 교사로 근무하던 중 진주지부장에 선임되었다. 지부장으로서 20여 명의 회원을 규합하고 독립운동 자금을 모집하여 본부에 전달했다. 아울러 대한민국임시정부의 독립운동을 지원하기 위하여 조직된 대한적십자회 진주지부장으로 활동했다. 활동 중 조직이 발각되어 11월 28일 대한민국애국부인회 회원 80여 명이 체포되어 경상북도 경찰국으로 이송될 때 함께 끌려갔다. 대구지검에 대정 8년 제령 제7호 위반으로 구금되었는데 1919년 12월 26일에 기소중지 불기소처분을 받고 풀려났다.

정부는 2022년 대통령 표창을 추서하였다.

● 박애순(朴愛順, 1896.12.23.~1969.6.12., 애족장) 제8회 졸업

박애순
(출처: 공훈전자사료관)

박애순은 전라남도 목포부(木浦府) 양동(陽洞)에서 태어났다.[34] 전남 광주군 효천면(孝泉面) 양림리(楊林里)의 수피아여학교를 제1기로 졸업하였다. 이후 정신여학교 사범과에 입학하였으며 1916년 제8회 졸업생 11명 중의 한 사람이다. 졸업 후 광주 수피아여학교 교사로 재직하였다.

1919년 3·1운동 당시 서울에서 독립 만세 시위의 실황을 참관한 나주 사람 김복현(金福鉉)은 「독립선언문」·「동포에 고하는 격문」·「독립가」 등을 입수한 후 광주에서의 만세운동을 계획하였다. 3월 6일 양림리에서 김강(金剛)·최병준(崔丙浚)·송흥진(宋興眞) 등과 같이 광주 독립 만세운동을 준비하며 독립선언문·격문·태극기 등을 인쇄하고 시민과 학생들을 동원하는 계획을 세웠다. 그리고 3월 10일 광주 큰 시장에서 김복현이 독립선언서의 취지를 연설한 후 광주 시내로 행진하며 만세 시위를 전개하기로 결의하였다.

박애순은 광주 3·1운동을 준비하던 김강에게서 수피아여학교 학생들을 만세 시위에 동원하도록 부탁받고 이를 수락하였다. 또한 송흥진·최병준은 숭일학교의 학생 동원을 맡아 수행하였다.

박애순은 3월 9일 비밀리에 김강에게 전달받은 독립선언서 50여 통을 수피아여학교 학생들에게 배포하고, 3월 10일 오후 3시 30분에 만세 시위를 결행한다고 알렸다. 학생들에게 『매일신보』 기사를 읽어주며 전국 각지의 독립운동 현황을 전하고, 파리 만국 강화회의에서 조선의 독립을 승인할 것이며 현재 전국에서 독립운동을 개시하고 있으니, 우리도 이에 동참하여 대한독립 만세를 부르자고 설득하였다.

마침내 3월 10일 오후 3시경 1,000명 이상의 시위대가 부동교(不動橋) 아래 작은 장터로 결집하였다. 박애순은 수피아여학교 학생 20여 명을 이끌고 이에 동참하였다. 시위대는 서문통(西門通)으로, 농업학교 학생들은 북문통(北門通)을 거쳐 합류하여 태극기를 흔들며 대한독립 만세를 외치며 행진하였다. 수피아여학교 학생들을 이끌고 시위대의 선두에서 만세를 불렀다. 일본군 헌병대가 출동하여 시위대 100여 명을 체포하였으며, 오후 4시 30분경 시위 군중을 해산시켰다.

이 일로 수피아 여학생들과 함께 붙잡혀 1919년 4월 30일 광주지방법원에서 소위 보안법 위반으로 징역 1년 6월형을 선고받고 옥고를 치렀다.

출옥 후 안동교회 전도사로 시무하다가 1969년에 별세하였다.

정부에서는 1990년 건국훈장 애족장(1986년 대통령 표창)을 추서하였다.

● 박옥신(朴玉信, 1902~?, 대통령 표창) 제11회 졸업

박옥신의 본적은 황해도 재령군 하오면 장재동이다.[35] 1919년 정신여학교 제11회 졸업생으로 세브란스병원 간호사로 일하였다.

세브란스병원 간호사로 재직하면서 1919년 6월에 재출범한 대한민국애국부인회에 회원으로 가입하여 활발하게 활동하였다. 대한민국애국부인회는 1919년 4월 정신여학교 선배인 오현주·오현관·이정숙 등이 투옥 지사들의 옥바라지와 그 가족들의 후원 활동을 위해 조직한 혈성단애국부인회가 동년 6월 대한민국청년외교단 총무 이병철(李秉澈)의 주선으로 대조선 독립애국부인회와 통합하여 확대·개편된 여성 독립운동단체였다. 동회는 이후 기독교회·학교·병원 등에 회원을 모집하여 전국적으로 조직을 확대하면서 회비와 수예품 판매 등을 통해 독립운동 자금을 수합하여 상하이 임시정부를 지원하였다. 실제로 6천 원의 군자금을 모았고 그중 일부를 임시정부에 송금하였다. 동회는 1919년 9월 김마리아·황애시덕이 참여하면서 결사부·적십자부를 신설하고 항일투쟁의 강도를 높였다. 동회의 본부와 지부는 대한적십자회 대한총지부의 역할을 대행하였다.

대한적십자회는 국내지부를 설치하는 과정에서 애국부인회의 회원과 지회를 활용하였다. 박옥신은 이정숙, 오현주· 성경애와 적십자회원으로 활동하면서 전국 지부 결성에 앞장서서 도왔다. 서울 적십자회장은 이정숙에 이어 윤진수가 맡기도 했다. 박옥신은 대한적십자회 대한 지부 회원과 평의원으로 활동하였다.

비밀리에 활동하던 대한민국애국부인회는 조직이 발각되어 1919년 11월 28일경 회원 80여 명과 함께 경상북도 경찰부에 체포되었다. 당시 세간을 떠들썩하게 했던 소위 '대한민국청년외교단 및 애국부인회 사건' 관련자로 검거된 것이다. 이후 대구로 이송되어 조사받고 '대정 8년 제령 제7호 위반'으로 대구지방법원 검찰청에 기소되었다. 1920년 1월 12일 '기소유예 불기소'로 풀려났다.

정부는 2023년 대통령 표창을 추서하였다.

● 방순희(方順熙, 1904.1.30~1979.5.4., 독립장) 제15회 졸업

방순희
(출처: 공훈전자사료관)

방순희는 함경남도 원산부 남산동에서 출생하였으나,[36] 1911년 러시아로 이주, 블라디보스톡 신한촌 아무르스카야에 정착하였다. 아버지 방도경은 상품 위탁판매업을 하였으며, 북간도 광성학교와 블라디보스토크 한민여학교의 재정을 지원했다.

방순희는 블라디보스톡의 초등학교, 삼일여학교(三一女學校)에서 공부하였다. 1918년에 정신여학교에 입학하여 3·1운동을 경험하고 1923년 제15회로 졸업하였다. 블라디보스톡으로 돌아가 신한촌의 백산(白山)소학교에서 한인 2세들을 가르쳤다. 그러나 러시아 혁명 후 소비에트 당국의 교육정책 변화로 활동이 어려워지자 1925년 8월 한국으로 돌아왔다.

귀국 후 러시아영사관에서 약 1개월간 통역으로 일했다. 이후 재일 사회주의단체인 북성회(北星會)의 국내지부로 세워진 북풍회(北風會) 등에 가입하여 활동하였다.

방순희는 1926년 4월 북풍회가 정우회(正友會)로 합류된 이후 친러 공산주의 인물로 분류되어 일제의 집중 감시 대상이 되자 국내 활동을 접고 상하이로 탈출하였다. 1931년, 만주에서 활동하던 독립운동가 현익철(玄益哲, 1890~1938, 애국장)과 결혼하였다.

1932년 4월 29일 윤봉길 의거 이후 독립운동가에 대한 일본 경찰의 검거를 피해 임시정부는 피난에 나섰다. 임시정부 요인들은 가흥(嘉興), 난징(南京) 등지로 흩어졌으며, 1938년에 광동성 창사(長沙)에 자리하게 되었다.

그해 5월 6일 창사 남목청(楠木廳) 임시정부 청사에 조선혁명당·한국독립당·한국국민당 3당의 통일 회의가 열린 자리에서 갑자기 난입한 이운한(李雲漢)의 권총 난사 사건 당시 남편 현익철은 현장에서 저격당해 순국하였다. 김구도 이때 부상당했던 큰 사건이었다.

슬픔을 극복하고 방순희는 1939년 임시의정원 제31회 의회에서 함경도의원으로 선출되었다. 재적의원 총 33인 중 방순희가 유일한 여성으로 의정활동에 임하였다. 방순희는 한국독립당에 입당하여 당 소속으로 참여하였다. 방순희는 이후 1945년 8월까지 임시의정원 의원으로 의정활동을 하였다.

1939년에 대한민국임시정부는 미·영·소·중 등 연합국을 상대로 정부 승인을 얻기 위한 외교활동에 들어갔다. 방순희는 러시아통임을 인정받아, 대(對) 소련 대표로 선임되어 충칭(重慶) 소련대사관을 상대로 적극적인 외교활동을 펼쳤다.

이 무렵 한국독립당과 임시의정원에서 함께 활동한 동지 김관오(金冠五, 1901~1965, 독립장)와 재혼하였다. 한국독립당 중앙조직부 제1구에 소속되었고, 1941년 5월 한국독립당 제1차 전당 대표대회가 개최되었을 때, 토교(土橋) 선출대표로 출석하여 활약하였다.

한편, 방순희는 1942년 한국독립당의 충칭구 당부의 간사에 피임되어 김관오와 한국독립당 충칭구와 임시의정원에서 동지이자 부부로서 함께 활동하였다.

방순희는 1943년 8월 19일 생계부 생활 위원으로 선임되어 활동을 하였다. 1940년대에는 주의·이념을 초월하여 각 당파에서 민족통일전선을 구축하려는 경향이 강했다. 이러한 분위기 속에 1940년 6월 16일 충칭에서 한국혁명여성동맹이 창립되었다.

한국혁명여성동맹은 한국광복군에 대한 협조와 지원을 표방하였으며 한국 여성 동포들의 민족정신과 애국심을 일깨울 것을 선언하였다. 이 동맹의 집행위원장 겸 서무부 주임으로 활동하였다.

이런 활동을 기반으로 하여 1943년 2월 23일 각 정파의 여성들 50여

한국애국부인회 재건 주역들(1943), 왼쪽 2번째가 방순희 가운데는 김순애(출처: 국가보훈부)

명은 한국 애국부인회를 재건하였다. 3·1운동 이후 국내는 물론 미주와 상하이 등지에서 결성된 애국부인회의 활동을 계승하고 남녀평등의 여권 확장을 통해 민족 통일전선운동에 적극 동참하고자 애국부인회를 재건한 것이다. 주석에는 정신여학교 선배인 김순애가, 부주석에는 방순희가 선임되어 함께 부인회를 이끌었다.

1943년 5월 10일 중경에서 개최된 재중자유한인대회에 참여단체가 되어 '각동맹국 영수들에게 보내는 전문'이 발송되었으며, 완전 독립을 요구한다는 내용을 담은 대회 결의안에 동참하였다.

1943년 6월 임시정부 선전과 과원으로 선임되어 활동을 시작하였다. 1944년 중국 국민당 정부와 대한민국임시정부 간의 협조로 결성된 대적선전위원회(對敵宣傳委員會)를 통해 일본군 내 한인 대상의 한국어 방송을 하면서 반일 의식 고취와 일본군 만행을 동맹국과 국내 동포들에게 선전하는데 일조하였다. 또한 애국부인회 회원들과 한국 출신 위안부 여성들을 돌봐주고 교육하는 임무도 맡았다.

1945년 8월 15일 조국은 드디어 광복되었지만, 방순희는 남편과 함께 임시정부 국내 선전연락원으로 임명되어 중국 각지에서 선무공작을 펼치다가 1946년 4월 26일이 돼서야 귀국하게 되어 비로소 해방된 조국과 마주하였다.

해방 후 1948년 4월 한국독립당의 부인부 임원을 역임했다. 남편 김관오는 1950년 6.25전쟁 당시, 육군사단장과 유격 사령관을 역임했으며 1965년 사망하였다. 남편 사후 1979년 5월 4일 사망하였다.

1963년 방순희와 김관오는 함께 건국훈장 독립장을 수여받았다.

● 백신영(白信永, 白信愛 1889.7.8.~1950.9.22., 애족장) 제8회 졸업

백신영

백신영은 경상남도 밀양(密陽)에서 무남독녀로 태어났다.[37] 16세에 결혼하였으나, 몇 년 만에 남편과 사별하였다. 1907년 서울로 올라와 정신여학교에서 공부하고 졸업하였다. 이후 경성 성서학원(현 서울신학대학교)에 입학하여 1917년 졸업하였다.

졸업 후 부산에서 전도사로 시무하던 중 1919년 2월, 신한청년당(新韓靑年黨) 당수 서병호(徐丙浩)와 김마리아의 고모 김순애가 파리평화회의 한국 대표 파견정보와 국내의 독립운동 봉기를 촉구하는 역할을 맡아 비밀리에 부산에 왔을 때 이들과 만나 만세운동 계획과 한국 대표 파견 경비 조달 문제를 상의하였다.

1919년 7월 비밀결사 대한민국애국부인회에 가입하여 독립운동을 전개하였다. 대한민국애국부인회는 1919년 4월 중순경 정신여학교 동창 오현관·이정숙 등 투옥된 애국지사들의 옥바라지와 그 가족을 후원할 목적으로 조직한 혈성단 애국부인회가 같은 해 6월 대한민국청년외교단 총무 이병철의 주선으로 대조선독립애국부인회와 통합하여 확대 개편한 단체였다. 이후 동회는 교회·병원·학교를 중심으로 회원을 늘려 조직을 전국적으로 확대하였고, 회원들의 회비납부와 수예품 판매를 통해 독립운동 자금을 모아 상하이 대한민국임시정부를 지원하였다.

그런데 동회의 활동이 침체되어 갔다. 이즈음 3·1운동으로 수감 되었던 김마리아와 황애시덕이 면소 방면되어 대한민국애국부인회에 참여하면서 조직 정비를 서둘렀다. 1919년 9월 19일 '김마리아 황애시덕 출옥 환영회'란 명목으로 정신 출신 동창들이 모였다. 이때 백신영은 김영순,

신의경, 오현관, 오현주, 유보경, 유인경, 이성완, 이정숙, 이혜경, 이희경, 장선희, 정근신, 홍은희 등과 함께 참석하였다. 이 회의에서 조직과 임원을 개편하였다. 특히 결사부와 적십자부를 신설하여 항일독립전쟁에 대비한 체제로 전환하였다. 임원은 회장 김마리아, 부회장 이혜경, 총무 및 편집원 황애시덕, 적십자 부장 이정숙·윤진수 등으로 결정하였는데, 백신영은 핵심 조직인 결사부장을 맡았다. 특히 결사부는 일제에 항거하여 직접적 투쟁이 있을 경우를 대비한 편성이었다. 아울러 애국부인회의 취지서와 본부 규칙, 지부 규칙 등 3개 문서도 작성하였다.

이후 대한민국애국부인회는 본부와 지부를 통해 임시정부 국내 연통부와 대한적십자회 대한총지부의 역할을 대행하였다. 또한 독립운동자금의 모집에 주력해 군자금 2,000원을 임시정부에 송금하였다.

그러던 중 조직원의 배신으로 조직이 발각되어 1919년 11월 28일경 동회 임원, 회원, 그리고 청년외교단 단원 등 80여 명과 함께 경상북도 경찰부에 체포되었다. 당시 세간을 떠들썩하게 했던 소위 '대한민국청년외교단 및 애국부인회 사건' 핵심인물로 검거되었다. 이후 대구로 이송되어 '대정 8년 제령 제7호 위반'으로 대구 지방법원 검찰청에 기소되었다. 대부분이 불기소처분을 받았지만, 김마리아를 비롯한 임원 9명은 재판에 회부되었다. 이들은 6개월여의 예심을 거쳐 재판에 회부되었지만, 백신영은 대구감옥소 수감중 일제의 무자비한 고문으로 생사를 헤매다가 1920년 5월 병보석으로 풀려나서 중병에 시달리던 김마리아와 함께 서울 세브란스병원으로 이송되어 입원치료를 받았다. 1920년 6월 29일 대구지방법원에서 재판이 열렸는데, 김마리아는 출석하지 못하였고 백신영은 건강이 조금 좋아져 인력거를 타고 출정할 수 있었다. 그 날 재판

「병상에 누어잇난 김마리아와 백신영 두녀사의
요사이 병세난 차차 나아가난터이라고」
(『동아일보』 1920. 7. 29.)

에서 이른바 '정치에 관한 범죄 처벌의 건' 및 출판법 위반으로 백신영은 징역 1년을 받았고, 김마리아와 황애시덕은 징역 3년, 김원경(궐석), 이정숙, 장선희는 징역 2년 김영순, 유인경, 이혜경은 징역 1년을 각각 선고받았다. 모두 1심판결에 불복하고 항소하였으나 1920년 12월 27일 대구 복심법원에서 공소(控訴)가 기각되었고 백신영은 보석 중이므로 미결 구류 100일 통산치 않는다는 처분을 받았다. 백신영은 판결에 불복하여 다시 고등법원에 상고하였으나 1921년 2월 12일 상고가 기각, 형이 확정되었다. 대구 감옥소에서 옥고를 치르다 1922년 4월 석방되었다.

1922년부터 6년간 강경교회의 전도사로 활동하다가 강릉교회를 거쳐 1927년부터 1933년까지 서울 체부동 교회에서 시무하였다. 이후 경성 성서학원의 여자부 사감으로 10년간 봉직하였다. 1934년 9월 성결교단의 전국 연합회부인회를 조직하고 초대회장이 되어 회장직을 맡았다. 회장직을 수행하며 여성 전문 기관지 「기쁜소식」을 발간하였다.

1938년 8월 친일파 윤치호 등이 주최한 기독교 애국좌담회에 성결교회 대표의 일원으로 참석하기도 하였다.

광복 이후에도 서울에서 활동하였는데 1950년 6.25전쟁이 발발하자 피난길에 나섰다가 1950년 9월 22일 별세하였다.

정부는 1990년에 건국훈장 애족장(1963년 대통령 표창)을 수여하였다.

ㅅ

● 서효애(徐孝愛, ?~?) 제11회 졸업

정신여학교 동기인 임충실, 정근신, 이성완 등과 함께 3·1운동에 참가하였다고 알려졌다. 해방 이후 정신여학교 재건을 위해 노력하였다.

● 신연애(申然愛, ?~?) 제10회 졸업

1918년 제10회 졸업생으로 1919년 3·1운동 당시 유보경, 신의경 등과 함께 3·1운동에 참가하였다고 한다.[38] 1919년 6월에 조직된 대한민국 애국부인회의 회원으로 가입하여, 동회의 황해도 지부장으로 활약하였으며, 약 7, 8명을 회원으로 규합하여 조직을 늘려나갔다.

신연애와 같은 10회 졸업생인 김신의(金信義)는 평북 출신으로 3·1운동에 참가했다고 한다.

● 신의경(辛義敬, 辛義卿 1898.2.21.~1988.1.9., 애족장) 제10회 졸업

신의경은 서울 중구 합동(蛤洞)에서 아버지 신정우(辛正祐)와 어머니 김마리아(金瑪利亞)(결혼 후 남편의 성을 따라 신마리아로 개명) 4남매 중 외동딸로 태어났다. 호는 순원(蕣園)이다. 결혼 후 신의경(辛義卿)으로 변경하였다. 독실한 기독교 집안과 어

신의경

머니 신마리아의 신실한 신앙심 영향을 받으며 성장하였다. 신마리아는 연동여학당 출신으로 1896년부터 정신여학교에서 교사로 20년간 재직하면서 여성교육운동에 헌신한 선구적 여성이었다.[39]

신의경은 1907년 연동교회 부속 연동소학교에 입학하여 1910년에 졸업하였다. 1913년 연동교회 게일(J.S. Gale, 奇一) 목사에게 세례를 받았다. 1915년 정신여학교에 입학하여 1918년 졸업하고 그해 4월 정신여학교 교사로 부임하였다.

1919년 정신여학교 교사로 재직 중 비밀결사 대한민국애국부인회에 가입하였다. 대한민국애국부인회는 1919년 4월 중순 경 오현관·이정숙 등 투옥된 애국지사들의 옥바라지와 그 가족들을 후원할 목적으로 조직한 혈성단 애국부인회가 같은 해 6월 대한민국청년외교단 총무 이병철의 주선으로 최숙자·김원경 등이 조직한 대조선독립애국부인회와 통합하여 확대 개편한 단체였다. 이후 이 단체는 기독교회·병원·학교 등을 이용하여 조직을 전국적으로 확대하면서 회원들의 회비와 수예품 판매를 통해 독립운동 자금을 수합하여 상하이 대한민국 임시정부를 지원하였다.

대한민국애국부인회의 활동이 침체되어 갈 무렵 수감 되었던 김마리아와 황애시덕이 면소 방면되어 대한민국애국부인회에 참여하면서 조직 정비를 서둘렀다. 1919년 9월 19일 '김마리아 황애시덕 출옥환영회'를 명목으로 정신동창생들이 모였다. 신의경은 동창인 김영순, 백신영, 오현관, 오현주, 유보경, 유인경, 이성완, 이정숙, 이혜경, 이희경, 장선희, 정근신, 홍은희 등과 16명이 그들이었다. 이 회의에서 조직을 결사부·적십자부를 신설하는 등 항일 독립전쟁에 대비한 체제로 전환하였다. 임원은 회장에 김마리아, 부회장 이혜경, 총무 및 편집원 황애시덕, 적십자 부장 이정숙·윤진수 등으로 결정하였는데, 김영순과 함께 서기로 선임되었다. 애국부인회의 취지서와 본부 규칙, 지부규칙의 3개 문서를 작성하였다. 신의경은 서기 및 경기도지부장을 맡아 활동하였다.

이후 대한민국애국부인회는 본부와 지부를 통해 임시정부 국내 연통부와 대한적십자회 대한총지부의 역할을 대행하였다. 또한 독립운동자금 모집에 주력하여 6천 원을 모아 그 일부를 임시정부에 송금하였다.

비밀리에 활동하던 중 조직원의 배신으로 조직이 발각되어 1919년 11월 28일경 신의경은 동회 임원, 회원, 그리고 청년외교단 단원 등 80여 명과 함께 경상북도 경찰부에 체포되었다. 당시 세간을 떠들썩하게 했던 소위 '대한민국청년외교단 및 애국부인회 사건' 핵심 인물로 검거되었다. 이후 대구로 이송되어 조사받고 '대정 8년 제령 제7호 위반'으로 대구지방법원 검찰청에 기소되었다. 대부분이 불기소처분을 받았지만, 김마리아를 비롯한 임원 9명은 재판에 회부되었다.

6개월간의 예심을 종결한 후 1920년 6월 29일 대구지방법원에서 이른바 '정치에 관한 범죄 처벌의 건' 및 출판법 위반으로 징역 1년을 받았다. 김마리아와 백신영은 고문으로 인한 병이 깊어 5월에 병보석으로 풀려나 서울 세브란스병원에 입원 중이었다. 김마리아는 재판에 출석하지 못했고 백신영은 인력거를 타고 출정하였다. 이 법정에서 김마리아와 황애시덕에게 징역 3년, 김원경(궐석), 이정숙, 장선희에게 징역 2년 백신영, 유인경, 이혜경에게 징역 1년을 언도했다. 모두 1심판결에 불복하고 항소하였으나 1920년 12월 27일 대구 복심법원에서 공소(控訴)가 기각되고 1심과 동일한 판결이 내려졌다. 다만 미결로 구류했던 100일을 본

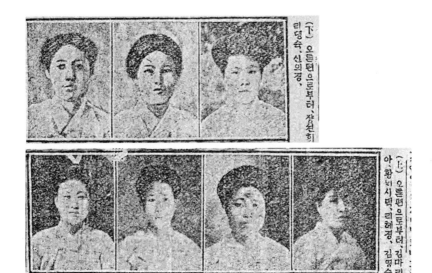

1심 재판 선고결과가 게재된 신문에 실린 임원의 사진(『매일신보』 1920.6.30.)

형에 통산한 조치가 있을 뿐이었다. 형이 확정되자 옥고를 치렀다. 김마리아와 백신영은 다시 고등법원에 항소하였다. 신의경은 대구 감옥소에 수감된 동안 어머니가 사망하는 등 고초를 겪다가 1921년 9월 9일 풀려났다.

출옥 후 상경하여 건강을 회복한 후 1922년 4월 조선여자기독교청년회(YWCA)의 창설에 참여하여 서기로 선임되었고, 12월 발기인 30여 명과 함께 경성여자기독교청년를 설립하고 위원으로 활동하였다. 1924년 3월 이화여자전문학교에 입학하여 1927년 이화여자전문학교 1회로 졸업하였다. 졸업 후 일본 도후쿠제국대학(東北帝國大學)에 입학하였는데 당시 입학생 350명 중 유일한 여학생이었다. 서양사를 전공하고 1930년 문학사 학위를 받았다. 곧바로 귀국하여 이화여자전문학교의 교수로 부임하여 2년간 역사학을 강의하였다.

1931년 6월 충남 천안(天安) 출신으로 도후쿠 제국대학 동창 박동길(朴東吉)과 결혼하였다. 1934년 경성교회 연합부인전도회 회장, 1935년 여전도회 연합대회 회장 및 서기, 1937년 연동교회 여전도회 회장 등을 역임하여 기독교의 여성운동에 주력하였다. 1939년 이후 사회활동을 중단하였다.

광복 이후 1946년 남조선과도입법의원 관선대의원, 1947년 대한적십자사 창립위원 및 민족자주연맹 부녀국장을 역임하였다. 1949년 피어선 기념 성경학원과 경동 성경학원에서 후진을 양성하고 모교인 정신여자중고등학교에서 학교법인 이사 및 감사, 정신동창회 회장으로 다년간 활동하였으며 서울여대의 설립에 기여하였다. 1988년 1월 8일 별세하였다.

정부는 1990년 건국훈장 애족장(1963년 대통령 표창)을 추서하였다.

○

● 오현관(吳玄觀, 1888~?) 제4회 졸업

오현관은 서울 출신으로 본적은 충청북도 충주군 신이면 신도리로 되어 있다.[40]

동생 오현주와 정신여학교에 입학하여 4회 졸업생으로 이름을 올렸다. 졸업 후 황해도 재령 명신여학교 교사로 재직하였는데 3·1운동 발발 직후 상경하여, 1919년 4월 상순 오현주, 정신여학교 동창인 이정숙 등과 함께 정신여학교 학생 및 동지를 규합하여 혈성단애국부인회를 조직하였다. 동회의 시작은 오현관이 3·1운동으로 수감된 여학생들의 수많은

독립부인회남상은 혈성단애국부인회
(『매일신보』, 1919.12.19)

월경대를 수거하여 세탁해서 가져다 주는 봉사활동이었다. 오현관의 수고로움을 곁에서 보던 동생 오현주가 혼자 애쓸 일이 아니라 동지를 모아서 함께 하자고 제안한 것이 계기가 되어 구속된 애국지사들의 옥바라지와 그 가족들의 생계를 돕는 일로 확대하게 되었다. 즉 한 사람의 봉사에서 비롯되어 혈성단이란 이름을 지어 3·1운동으로 투옥된 다수의 기독교도의 옥바라지 및 가족의 생계

지원을 목적으로 발전한 것이다.

같은 해 4월 회원을 확보하여 단세를 확대하고자 지부 설치를 위해 정신여학교 6회 졸업생 이순길을 회령, 정주, 군산, 목포, 전주, 광주, 황해도 흥수 지방에 파견하였다. 동회의 목적은 독립자금의 모집과 상하이 임시정부의 원조 및 독립운동에 참가하려는 것이다.

1919년 6월 대한민국청년외교단 총무 이병철의 주선으로 효율적인 독립운동의 추진을 위하여 부녀독립운동 단체의 통합이 필요하다는 말을 듣고, 최숙자·김희옥 등의 대조선독립애국부인회와 통합, 대한민국애국부인회로 개편하고 총재 겸 재무부장에 선임되었다.

평양·대구·개성·진주·기장·밀양·거창·통영·양산·울산·부산·마산·군산·회령·정평·목포·전주·광주에 지부를 조직하는 등 지방조직을 확대하였

다. 그리고 회비와 회원이 만든 수예품 판매로 얻은 수익금을 군자금으로 송부하는 활동을 하다가, 같은 해 11월 28일경 조직원의 밀고로 회원 80여 명과 함께 경상북도 경찰부에 체포되었다. 당시 세간을 떠들썩하게 했던 소위 '대한민국청년외교단 및 애국부인회 사건' 관련자로 붙잡혔다. 이후 대구로 이송되어 조사받고 '대정 8년 제령 제7호 위반'으로 대구지방법원 검찰청에 기소되었다. 1919년 12월 26일 증거불충분 불기소처분을 받고 풀려났다. 이후 연동교회에서 신앙인으로 봉사하며 일생을 보냈다.

당시 대한민국애국부인회의 회원으로 동일한 처분을 받은 다수의 동지들과 달리 서훈받지 못한 점이 안타깝다.

● 우봉운(禹鳳雲, 1889~?) 제4회 졸업

우봉운은 1889년 경상남도 김해에서 출생하였다.[41] 서울 정신여학교를 졸업하고, 대구의 기독교 장로교계 학교인 계성여학교 교사로 3년간 재직하였다. 그런데 우봉운이 여학교 재학 중에 기독교 신자들과의 모임을 통해 어떤 청년으로부터 편지를 받았다. 그 청년은 당시 기독교 신자였던 기태진이었는데 그는 멀리

우봉운

떨어진 성진에서 교사로 재직 중이므로 편지를 주고받는 원거리연애로 이어졌다. 기태진과의 편지왕래는 우봉운이 대구 계성여학교에 내려가서도 계속됨에, 두 사람의 '러브레터'가 5년 동안 지속되었다. 당시 우봉운이 보낸 편지가 수백통이었다고 한다. 우봉운은 자기의 연인을 표현하기를 '얼골 잘 생기고 풍채 조코 학식과 사상이 조코 앗불사 우수운 말을 다

썼다. 엇재뜬 라버-되는 그 청년은 단지 집안에 돈이 업서서 그랫지 상당한 그야말로 전도유망한 청년'이라고 했다. 기태진[奇泰鎭, 기석호(奇昔湖, 奇石虎)]은 이동휘의 제자가 되어 이동휘가 세운 성진의 협신중학교를 졸업하고 성진의 보신여학교 교사가 민족교육에 기여하였다. 장거리 연애 끝에 두사람은 결혼하였고 1914~5년경 북간도로 망명하였다.

우봉운은 북간도 국자가 명동촌에 개설된 명동여학교 교사로 취임하여 동창인 이의순, 정신태(鄭信泰) 등과 학생을 가르쳤다. 또한 간도 지역 여학생들에게 민족의식을 고취시키는데 일익을 담당하였다. 간도 애국부인회 회장으로 활동하였고, 간도와 연해주 지역의 독립운동 비밀단체인 철혈광복단 여자 단원이기도 하였다. 우봉운과 기태진은 이동휘사단과 함께 일본군을 피해 중국 왕청현으로 피신하였으며 동림무관학교에서 학생들을 가르쳤다. 이즈음 기태진은 혜월 스님을 만나 불교에 입문하고 출가하였다. 우봉운과 아들 둘을 속세에 남기고 떠났다. 이후 우봉운은 가장이 되어 아이들을 돌보며 힘든 생을 살아 나간 것으로 보인다. 몇 년 후 출가한 남편을 찾아 금강산 석왕사를 방문하기도 하였다. 우봉운은 석왕사에서 남편을 만나 "당신은 생각대로 중노릇하지만 나는 당신 따라 중노릇 못하겠고, 아들 웅(雄)이를 데리고 북간도에 나가서 교육시키며 하나님 앞에 일을 하다 당신이 회개하면 만날 일이 있을지요" 라고 말했다고 한다.

우봉운은 1920년 봄 블라디보스톡으로 와서 부인독립회에 참여하였다. 1919년 3·1운동 이전 블라디보스톡지역에서 활동 중이던 대한부인회가 이름을 변경하여 부인독립회라 하고 활동을 강화하였다. 부인독립회에서 이의순, 채성하(蔡聖河)의 딸인 정신여학교 동창 채계복(蔡啓福),

이혜근(李惠根) 등과 함께 활동하였다.

부인독립회는 배일화동맹(排日貨同盟), 구매조합, 일화배척운동에 적극 동참하였다. 또한 향후 있을 독립전쟁에서 부상당한 독립군들을 치료하기 위한 목적으로 간호부 양성계획을 추진하였다. 부인회는 간호사가 되고자 하는 한인 여성들이 미국 적십자사에서 원조를 받아 간호 기술을 습득할 수 있도록 하기 위한 방안도 모색하였는데, 미국 유학생 출신 박처후(朴處厚)와 그의 부인에게 이를 의뢰하였다. 1920년 봄, 당시 50여 명의 한인 여성들이 간호사 교육을 위한 단기속성과정에 참여하였는데, 채계복은 적십자사 간호부로 1919년 12월 간도로부터 12명의 여성들을 모집해 왔다.

이 간호부 양성과정에는 우봉운, 이의순, 채계복, 이혜근, 채계화(채계복의 언니) 채계복의 엄마 외 13명의 여성들이 참여했던 것으로 추측된다.

이후 남편의 영향으로 불교에 귀의한 우봉운은 국내로 들어와 불교계에서 활동하였다. 1922년 4월경에 불교 여성청년들을 규합하여 최초 중심적인 단체인 조선불교여자청년회(朝鮮佛敎女子靑年會)를 조직하여 회장으로서, 단체를 주도해 갔다. 그해 9월에는 교육부 주관 사업으로 능인여자학원(京城能仁女子學院)을 세워 초등 정도의 학교의 교장을 역임하였다. 이 학교는 여성불교인 가정 부인을 대상으로 교양과 불교 교리를 교육하였는데 200여 명의 교육생이 있었다. 1923년 3월 24일부터 전조선청년당대회가 개최되었는데, 여기에 조선불교여자청년회대표로 참가하였으며. 1924년 4월 12일 개최한 조선청년총동맹 창립대회에는 개인적으로 참가하였다.

1924년 5월 창립된 조선여성동우회(朝鮮女性同友會)에 발기 단계부터 참여하여 사회주의 여성 운동가로 활동하였다. 또 북풍회와 연결되는 여성들이 주축이 되어 1925년 1월 21일 발기총회를 개최한 경성여자청년동맹(京城女子靑年同盟)의 창립 발기인으로 활동하였는데, 창립총회에서 축사하다가 경관의 제지를 받았다. 1927년에는 2월에 창립된 신간회 및 5월에 창립된 근우회에 참여, 활동하였다. 1927년 4월 26일 근우회 발기 당시의 중앙집행위원과 중앙검사위원, 전국대회 접대부 책임자 등을 역임하였다. 군위지회 설립 지원을 위해 파견되었으며, 근우회 청진지회 집행위원, 경성지회 대의원 등에 선임되었다. 1929년 8월에 조직된 경성 여자소비조합 이사로 참여하였다. 1931년 근우회 해소 시까지 지속적으로 활약하였다.

근우회가 해체되면서 1930년대 들어 항일 활동이 주춤할 때는 신문 구독 권유원으로 생활 전선에 나서 독신 가장 역할을 않았다. 1930년 8월 발행된 『별건곤』 31호에서 근우회 우봉운이 "요새이 씽거會社(裁縫機械販賣專門業; 씽거미싱판매)의 외교원인 신직업부인이 되엿다. 빵 문제 때문에 장마와 염천(炎天)을 불구하고 그 주문자를 찾아 매일 이 집 저 집 방문을 하는데 늙으신 몸이라 매우 고달푸기도 하려니와 와 사는 사람이라고는 모든 무산자이기 때문에 주문자가 업서서 또한 곤난하다고요" 라고 하며 그의 신산한 삶을 언급하였다. 그밖에 안국동 선학원에서 뜻을 같이하는 여성들과 함께 공동체 생활을 시도한 것은 여성운동의 새로운 방향을 추구하려는 우봉운의 특별함을 나타낸다. 1930년대 후반에는 주로 신문, 잡지 등 언론 활동을 통해 여성운동을 전개하였다.

광복 후 조선건국준비위원회 경성시 인민 위원 중의 한 사람으로 선출되었으며, 1948년 1월 9일에는 민족자주연맹 제2차 상무위원회에서 부녀부장으로 선임되었다. 동년 4월 15일 민주독립당 상무집행위원회의 각 부서 개편에서는 부녀위원회의 대표가 되었다. 1948년 8월 황해도 해주에서 개최된 남조선인민대표자대회에 참가한 대표 30여 명 중의 한 사람이었으며, 제1기 최고인민회의 대의원으로 선출되었다. 그러나 이후 활동에 대해서는 알려지지 않았다. 남편 석호스님은 1940년에 입적한 것으로 알려졌으며, 남편의 출가로 아들 둘을 혼자 양육하며 가정을 책임지는 힘든 삶을 살았던 것으로 추측된다.

「삼천리」 제9호 1930년 10월 01일
「러부렛타-의 告白」 女學生時代에 便所에서 禹鳳雲

나는 사회운동에 몸을 던진 뒤로는 러부렛타-라고 써 본 일이 업지만은 스물안짝되든 貞信女學校 女學生時代에는 꽤 만히 써섯다. 그뿐더러 그 학교를 마치고 大邱 啓星女學校의 선생으로 잇는 3년동안까지도 내 손끗으로 연애편지는 계속되엇든 것이다. 편지 쓴 곳은 奇泰鎭이라는 젊은 청년이엇는데 얼골 잘 생기고 풍채 조코 학식과 사상이 조코 앗불사 우수운 말을 다 썻다. 엇재뜬 라버-되는 그 청년은 단지 집안에 돈이 업서서 그랫지 상단한 그야말로 前途有望한 청년이엇다. 그분과 알게 된 것은 내가 그 당시 조선서는 제일간다는 모던식학교라고 일홈듯든 貞信女學校(지금은 梨花學堂이니 무엇이니 무엇이니 처도 20년전 그 당시에는 내용의 충실한 점으로나 학생들이 입부고 잘 사는 집 따님들이 만키로나 貞信女學校가 제일이엇다)에 다니어 기독교 사회의 누구누구라고 하는 분들을 각금 맛나게 됨에 따라서 信者이든 그 청년이 엇더케 나를 알엇슴인지 편지를 하여 주엇든 것이다. 편지오니까 답장을 썻지. 답장을 썻드니 또 편지오지. 또 썻지. 또 오지…5년동안을 이러케 줄곳 계속하엿든 것이다. 이러니 아마 내가 한 편지도 수백장되거니와 저쪽으로부터 밧는 편지수도 수백장이 되엇스리라.

그리면서도 나는 그분의 얼골을 못보앗다. 남들이 전하는 말로 풍채 조흔 이란 말만 들엇지 코가 엇더케 백이고 눈이 엇더케 박혓는지 전혀 알 까닭이 업섯다. 그러케 삼사년을 보지도 못한 연애를 하여오다가 하로는 그분으로부터 편지 속에 딴 봉투로 봉한 제 사진 한 장을 너허 보냇다. 나는 가슴이 울넝거리고 두 볼이 저절로 발개지는 것을 깨달엇다. 그때가 바로 여교사시대라 학생들이 그 사진을 볼가봐서 교과서 책장 속에 감추고 그 책을 끄내어 奇宿舍 안에서는 참아 보지 못하고 학교 교실까지 끄을고 드러갓다. 그래서 교수하다도 참아 못견듸어 떨니는 손

꼬락으로 그 封皮를 뜻고 얼는 사진을 끄내다가 번듯한 이마가 쑥 나타나자 그만 놀라서 채 보지 못하고 그냥 집어넛코서 「예수 그리스도는」 운운하며 또 딴청으로 교수를 시작하엿다. 그러나 여전히 그 사진이 정말 보고 십허서 또 한참 가다가 학생 몰래 책장을 뒤적어리는 체하고 또 끄내어 보기 시작하엿다. 그래서 앗가가치 울넝거리는 가슴과 전신의 피가 용소슴치는 것을 꽉 참고 간신히 떨니는 손끄락으로 사진 끗을 집어 내기 시작할 때 이번에는 또 이마를 지나 영채 잇는 시언한 두 눈이 보엿다. 나는 무엇에 놀난드시 마음이 <64> 선듯하며 또다시 얼는 집어 노코 「예루살렘에서 열두제자에게...」하고 뚱단지로 학과교수하는 체 하엿다.

처녀각시의 마음은 정말 미묘하고 섬세한지라 한편으로 보고 십흔 마음이 불붓듯 이러나서 잠시도 진정치 못하야 교수시간에까지 그 사진을 끄을고 드러갓스나 5,6次나 시험하다가 끗내 못하고 말엇다. 내 얼골이 빨개지는 모양을 보고 지금의 여학생가트면 「올치 저 선생님이 봄고양이 되어 그리는구나」하고 킥킥 우스련만.

그러다가 사무실에 드러와서도 겻헤 선생이 볼가봐서 끗끗내 그 사진을 펴보지 못하고 휴식시간을 이용하야 변소로 얼는 들고 드러갓다. 그리고 변소문을 꼭 닷고 울넝거리는 가슴을 내려누르며 정성스럽게 함께 싸보낸 편지를 다시 한번 쭉 내려보고 봉하엿든 사진을 끄내엇다. 끄내어 노코도 참아 보기 무서워서 얼는 뒤로 업헛다. 그러고는 번지어 볼가 말가 망서리다가 생후 처음의 용긔를 다 내어 얼는 번지어 얼골 전체를 보고 말엇다. 一身에서 땀이 웃속 흐른다. 과연 두려운 일을 하엿구나 하면서...그러나 내가 환상하든 바와 가치 그가 眉目이 수려한 호남자임에 나의 마음은 뛰엇다. 그제부터는 사랑하는 그분의 사진이 잘 때나 학교갈 때나 밥먹을 때나 나의 곁흘 떠난 때가 업섯다.

우리는 긴긴 편지 뒤에 결혼하엿다. 그러다가 그분은 합병이전 李甲, 安昌浩, 安重根의 소생되든 安明根 등 38人이 안꺼번에 잡히든 엇든 중대 사건에 관계하고서 해외에 뛰어버렷다. 그것이 우리 부부관계의 마즈막이 되엿다. 그 분은 지금 金剛山에 드러가 속세를 버리고 수도승이 되어잇는 중인데 아무튼 그 사진일을 생각하면 지금조차 우숨을 참을 수 업다.

● **유보경(柳寶敬, 柳寶卿, 1899~?, 대통령 표창) 제10회 졸업**

유보경은 전라북도 전주 출신으로 1918년 10회 졸업생이다.[42]

졸업 후 진주(晉州)로 내려가 호주선교사가 설립한 광림여학교 교사로 재직하였다. 광림여학교 재직 시 동료 교사 박덕실 등과 모의하여 배돈병원(培敦病院 : 호주선교회가 진주지역의 환자를 중심으로 기독교 전도사업을 하기 위해 1913년 11월 설립한 근대적 병원)의 간호사들과 3월 18일 만세 시위운동에 참여했다고 한다. 18일의 시위 군중이 3천 명이었고 이튿날인 19일에는 7천여 명의 시위대가 만세 시위에 나섰다. 체포되어 구금된 이가 300여 명이 달했으나 체포당하지 않았다.

3·1운동 이후 신연애(申然愛)와 동기동창으로 세브란스병원 간호사인 이정숙의 권유로 대한민국애국부인회에 가입하여 활동하였다. 9월 19일 김마리아 황애시덕의 참가로 조직이 재정비되는 회의에 동참하였다. 이후 전북지부장으로 활약하면서 약 30여 명의 회원을 얻었다. 11월 28일 대한민국애국부인회 조직이 발각되어 80여 명의 회원이 체포될 때 함께 잡혀가 경상북도 경찰국으로 이송되어 조사받았다. 다행히 1920년 12월 26일 '기소유예 불기소' 처분으로 풀려났다.

1925년 전주 여자청년회 사회부 위원, 1927년 근우회 전주지회 서무부 위원, 1929년 근우회 중앙집행위원 등으로 활동하였다.

정부는 2023년 대통령 표창을 추서하였다.

● **유영준(劉英俊, ?~?) 제4회 졸업**

1892년에 출생했으며 평양 출신으로 정신여학교 제4회 졸업생이다.[43]

1910년 일본이 한국을 강제 합병하자 중국으로 건너가 북경여학교(北京女學校)를 다니면서 안창호의 지도로 민족운동에 참여하였다. 이후 귀국하여 3·1운동에 참여하고 일본으로 건너가 동경여자의학

유영준
(『동아일보』, 1928.1.6.)

전문학교(東京女子醫學專門學校)를 다니면서 동경 유학생 여자 강연단으

로 고국에서 주로 부인의 의식을 일깨우고 위생 관념을 강조하는 강연을 하며 전국을 순회하였다.

1923년 학교를 졸업하고 1925년 귀국하여 김약수(金若水)·이여성(李如星) 등이 동경에서 조직한 사회주의단체 일월회(一月會)의 발회(發會) 기념 강연에서 「무산계급과 교육문제」란 주제로 강연하는 등 사회주의 운동에도 참여하였다. 국내에서 이화여자전문학교 교의로 일하면서 산부인과 병원을 개업했지만 주로 여성운동에 주력하였다.

1927년 5월에는 근우회의 창립에 참여하여 1929년까지 창립준비위원·서기·중앙집행위원·중앙집행위원회 정치연구부 상무위원 등을 역임하였다. 순회강연 등을 통하여 사회운동에 참여하다가 1934년 말에는 안재홍(安在鴻)·이종린(李鍾麟)·여균(呂均) 등과 여자의학전문학교 설립을 위한 5인의 교섭위원으로 활약하였다. 이후 시댁의 도움으로 경성 여자의학강습소 설립재단을 발족하고 1938년 여자와 어린이 전문 여의사 양성기관인 경성 여자의학전문학교로 승격시키는 데 기여하였다. 이때 길정희, 차미리사, 김활란, 조신성 등 여성운동가와 여의사 10여 명이 발기준비위원으로 함께 하였다.

유영준은 스스로 중도파임을 강조하면서, 자유와 정의를 앞세우고, 차별과 불의에 맞서 싸웠다. 특히 온돌과 김치 등 전통문화를 아끼고 사랑하였으며, 여성을 위한 주택 개량, 식사 개선에도 과학적 처방과 제안을 발표하였다.

광복 후 유영준은 조선부녀총동맹의 중앙집행위원장 등을 맡아 활동하였다. 1946년에는 민주주의 민족전선의장단 부의장 및 사회정책연구위원으로 "민족혁명에 있어서 민족의 절반을 차지하는 여성의 역할"을 강조하는 한편 쌀 투쟁 등 민생고 해결에 앞장섰다.

1947년 월북하여 1948년 8월 최고인민회의 대의원, 1949년 조국전선의장단 의장, 1956년 적십자사 부위원장, 1958년 경공업성 부상 등을 역임하다가, 1962년 노령으로 요양소 생활을 하였다.

● 유인경(兪仁卿, 1896.10.20.~1944.3.2., 애족장) 제5회 졸업

유인경은 경상북도 성주군(星州郡)에서 태어났다. 본관은 기계(杞溪)이다. 성주를 떠나 경상북도 대구부로 이사하였다. 서울로 유학하여 1911년 정신여학교를 제5회로 졸업하였다. 졸업 후 대구로 내려와 결혼하고, 남산정(南山町) 예배당에서 전도 활동을 하였다.[44]

1919년 비밀결사 대한민국애국부인회에 가입하며 독립운동에 투신하였다. 대한민국애국부인회는 1919년 4월 중순경 정신여학교 동창인 오현주, 오현관, 이정숙 등이 투옥된 애국지사들의 옥바라지와 그 가족을 후원할 목적으로 조직한 혈성단 애국부인회가 같은 해 6월 대한민국청년외교단 총무 이병철의 주선으로 최숙자·김원경 등이 조직한 대조선독립애국부인회와 통합하여 확대 개편한 단체였다. 동회는 회원들의 회비와 수예품 판매를 통해 독립운동 자금을 수합하여 상하이 대한민국임시정부를 지원하였다.

1919년 음력 7월 거창·밀양·통영을 총괄하는 대구지부장에 선임되어 조직 확대에 힘쓰는 한편, 군자금 100원을 본부에 납부하는 등의 활동을 폈다.

그런데 대한민국애국부인회의 활동이 침체되어 갔다. 이즈음 3·1운동으로 수감되었던 김마리아와 황애시덕이 면소, 방면되어 대한민국애국부인회에 참여하면서 조직정비를 서둘렀다. 1919년 9월 19일 '김마리아 황애시덕 출옥환영회'를 명목으로 정신출신 동창들이 모였다. 유인경은 김영순, 백신영, 신의경, 오현관, 오현주, 유보경, 이성완, 이정숙, 이혜경, 이희경, 장선희, 정근신, 홍은희 등 16명과 함께 하였다. 이 회의에서 조직과 임원을 개편하였다. 조직은 결사부·적십자부를 신설하여 항일독립전쟁에 대비한 체제로 전환하였다. 임원은 회장 김마리아, 부회장 이혜경, 총무 및 편집원 황애시덕, 적십자 부장 이정숙·윤진수, 결사부장은 백신영이 맡았다. 결사부 설치는 일제에 항거하여 직접적 투쟁이 있을 경우를 대비한 편성이었다. 또한 애국부인회의 취지서와 본부 규칙, 지부 규칙 등 3개 문서도 작성하였다.

이후 대한민국애국부인회는 본부와 지부를 통해 임시정부 국내 연통부와 대한적십자회 대한총지부의 역할을 대행하였다. 또한 독립운동 자금 모집에 힘써 6천 원의 군자금을 모아 일부를 임시정부에 송금하였다.

그해 11월 28일경 조직원의 배신으로 조직이 발각되었다. 유인경은 동회 임원, 회원, 그리고 청년외교단 단원 등 80여 명과 함께 경상북도 경찰부에 체포되었다. 당시 세간을 떠들썩하게 했던 소위 '대한민국청년외교단 및 애국부인회 사건'의 핵심 인물로 잡혔다. 이후 대구로 이송되어 '대정 8년 제령 제7호 위반'으로 대구 지방법원검찰청에 기소되었다.

김마리아를 비롯한 임원 9명은 재판에 회부되었다. 이들은 6개월여의 예심을 거쳐 재판에 회부되었다. 1920년 6월 29일 대구지방법원에서 이른바 '정치에 관한 범죄 처벌의 건' 및 출판법 위반으로 유인경은 징역 1년을 받았고, 김마리아와 황애시덕에게 징역 3년, 김원경(궐석), 이정숙, 장선희에게 징역 2년 김영순, 이혜경에게 징역 1년을 각각 언도했다.

모두 1심판결에 불복하고 항소하
였으나 1920년 12월 27일 대구
복심법원에서 공소(控訴)가 기각
되었고 미결구류 100일을 본형에
통산한 조치가 추가될 뿐이었다.
형이 확정되자 대구감옥에서 옥고
를 치르고, 1921년 9월 신의경과
함께 풀려났다. 당시 『동아일보』
1921년 9월 18일자에 "감옥을 나
서자마자 유인경은 3년 만에 처음

자모의 부음, 3년만에 애자
(『동아일보』, 1921.9.20)

으로 감옥이란 문 앞에서 만난 둘째 아들을 안고 감개무량한 태도로 인력
거위에 몸을 싣고 남산정 자택으로 갔다"는 기사를 실었다.

이후 1922년 3월 대구부의 기독교 여자청년교육회에서 연사로 활동
한 기록이 있다. 교회를 중심으로 강연회 활동을 통하여 민족의식 고취
와 여성 계몽운동을 지속적으로 전개하였다. 1944년 3월 별세하였다.

정부는 1990년 건국훈장 애족장(1963년 대통령 표창)을 추서하였다.

● 윤진수(尹進遂, 1892~?)

윤진수는 1892년에 태어났으며 본적은 황해도 해주군 해주면 동영정
이다.[45] 정신여학교를 졸업한 후 세브란스병원 간호사로 활동하면서 대
한민국애국부인회의 회원이 되었다. 참여하게 된 시기는 오현주가 조직
한 혈성단애국부인회와 최숙자가 조직한 대조선독립애국부인회가 통합
한 6월 이후, 세브란스병원 동료 간호사 이정숙이 병원 내에 간사부를 설

치한 6월 경으로 추측된다. 세브란스병원 내 회원의 일원으로 회비를 내며 활동하였다. 1919년 9월 김마리아와 황애덕이 동회에 참여하고 곧이어 조직을 개편할 때 이정숙과 함께 신설된 적십자장의 직을 맡아 본부의 임원이 되었다. 적십자장은 상하이 임시정부에 만들어진 대한적십자회와 연결된 직제로 해석되며 아마도 독립전쟁에서의 간호 활동에 대비한 성격이 강한 것으로 추측된다.

즉, 상하이 대한민국임시정부는 내무부인가를 통해 1919년 8월 29일 대한적십자회가 재건하였다. 이희경이 중심이 되어 초창기 대한적십자회의 토대 구축과 체제 확립에 힘썼다. 이희경은 곧바로 '조선'의 독립전쟁에 대비하여 구호의 임무를 수행할 수 있는 조직의 필요성을 느껴 대한적십자회의 총 지부를 경성(서울)에 설치하고자 하였다. 이에 통신원 이종욱(李鍾郁)을 파견하여 경성 수은동(授恩洞)에 사무소를 두고 1919년 9월 대한민국청년외교단 총무 이병철을 간사 및 명예 회원으로 추천하고 각도에 지부를 두었다. 또한 의연금을 모집하기 위해 각각 임원을 임명하고 활동을 개시하였다. 아울러 재정비된 대한민국애국부인회의 지회에 대한총지부의 역할을 대행케 하였다.

그러나 1919년 11월 28일경 회원 80여 명과 함께 경상북도 경찰부에 체포되었다. 당시 세간을 떠들썩하게 했던 소위 '대한민국청년외교단 및 애국부인회 사건' 관련자로 체포되었다. 이후 대구로 이송되어 조사받고 '대정 8년 제령 제7호 위반'으로 대구지방법원 검찰청에 기소되었으나 1920년 1월 12일 '증거 불충분 불기소' 처분으로 풀려났다.

● 이도신(李道信, 李信道, 1902.2.21.~1925.9.30., 대통령 표창) 제13회 졸업

이도신

(출처: 공훈전자사료관)

이도신의 본적은 평안도 강계군 강계면 동부리(東部里)에서 태어났다.[46] 정신여학교 13회 졸업생으로, 세브란스병원 간호부 견습으로 근무하던 1919년 12월 2일, 서울 훈정동 대묘(현 종묘) 앞에서 많은 시민들을 모아 '조선독립시위운동을 거행한다는 사실을 듣고 이에 참가하였다. 동일 오후 7시경 인가(人家)가 조밀한 대묘 앞에 도착하여 정신여학교 동창인 동료간호사 노순경, 김효순, 박덕혜 등이 20여 명과 함께 시위대에 합류하여 '조선 독립 만세'를 소리쳐 외치며 만세운동에 앞장섰다.

시위현장에서 김효순, 박덕혜, 노순경 등과 함께 일경에 의해 체포되었다. 이후 재판에 회부되어 1919년 12월 18일 경성지방법원에서 소위 제령(制令) 제7호 위반으로 징역 6월을 선고받고 옥고를 치렀다.

이 사건을 『매일신보』 1919년 12월 20일자 기사에서 "십이월 이일 오후 7시경에 대묘 앞에서 백포에 붉은 글씨로 「대한독립만세」를 쓴 기와 태극기를 들고 만세를 불러서 '치안을 방해한 보안법 위반범' 세브란스병원 간호부 4명에게 경성지방법원에서 다음과 같은 판결 언도를 하였다. …노순경(18), 이도신(19), 김효순(18), 박덕혜(20) 각 징역 6월에 처했더라"고 기록하였다.

이 대묘 앞 독립만세 항거는 3월 1일 만세운동의 후속 만세운동으로, 일제의 엄혹한 감시하에서 젊은 여성임에도 두려움없이 시위대를 선도하는 역할을 마다하지 않았다는 데에 그 의의가 있다.

정부는 고인의 공훈을 기려 2015년에 대통령 표창을 추서하였다.

● 이마리아(李瑪利亞, 1900[47]~?) (B) 제28회 졸업

이마리아는 전라북도 옥구군 개정면 구암리 출신으로 정신여학교 졸업생이다.[48]

대한민국애국부인회 군산지부장으로 활약하며, 회원 30여 명을 모집·가입시키며 활동하였다. 대한민국애국부인회는 1919년 4월 중순경 정신여학교 동창인 오현주, 오현관, 이정숙 등이 투옥된 애국지사들의 옥바라지와 그 가족을 후원할 목적으로 조직한 혈성단 애국부인회가 같은 해 6월 대한민국청년외교단 총무 이병철의 주선으로 최숙자·김원경 등이 조직한 대조선독립애국부인회와 통합하여 확대 개편한 단체였다. 동회는 상하이 임시정부지원을 목적으로 하였다.

1939년 10월 창립52주년 축하 기념식에서 표창받는 설립자 교원 공로자 이마리아, 원한경, 김원근 선생 (『동아일보』, 1939.10.21.)

회원들의 활동을 통해 군자금 모금하던 중 조직이 발각되어 11월 28일 회원 80여 명이 체포되어 경상북도 경찰국으로 이송될 때 함께 끌려갔다. 이마리아는 '대정 8년 제령 제7호 위반'으로 구금되었는데 1920년 1월 12일에 '기소중지 불기소' 처분을 받았다. 1920년 2월 12일 기소유예 불기소처분을 받았다는 자료도 확인된다.

해방 후 모교 재건 운동에 참여하고 동창회 임원으로 일하였다.

● 이삼애(李三愛, ?~?) 제8회 졸업

이삼애는 경북 영천 출신으로 정신여학교 8회 졸업생이다.[49]

대한민국애국부인회의 회원으로 경상북도 영천지부의 지부장을 맡았다.

대한민국애국부인회는 1919년 4월 중순경 정신여학교 동창인 오현주, 오현관, 이정숙 등이 투옥된 애국지사들의 옥바라지와 그 가족을 후원할 목적으로 조직한 혈성단 애국부인회가 같은 해 6월 대한민국청년외교단 총무 이병철의 주선으로 최숙자·김원경 등이 조직한 대조선독립애국부인회와 통합하여 확대 개편한 단체였다. 7월 지회증설을 위해 본부의 장선희가 경상도 일대를 찾았을 때 영천의 이삼애를 방문하였다. 이때 이삼애는 장선희의 요구를 받아들여 경상북도 영천지부의 책임자가 되었다. 영천지부장으로 약 100여 명의 회원을 모집하였고 30원의 회비를 전했다.

회원들의 활동을 통해 군자금 모금하던 중 조직이 발각되어 그해 11월 28일 회원 80여 명이 체포되었지만 이삼애는 다행히 체포를 면했다.

대한민국애국부인회가 해체된 이후 이삼애는 1921년 4월 영천 엡웟청년회 주최로 「우리 사회 개조의 문제」란 주제로 토론회를 개최하는 등 영천지역 여성 계몽, 대중운동에 노력하였다. 1922년 7월 영천 기독여자청년회 발기인으로 지덕체육을 조장하고 여성을 개발할 목적으로 여자청년회를 조직하였다. 회장으로 추대되어 영천 기독여자청년회를 이끌었다.

● 이선행(李善行) 제8회 졸업

황해도 봉산 출신으로 정신여학교 1916년 8회 졸업생이다.[50]

1919년 3·1운동 준비 단계에서 김마리아가 황해도 일대 여성들의 지원을 확보하고자 황해도를 방문했을 때 황해도 봉산에 정신여학교 출신인 이선행의 오빠 집에서 3·1운동 발발 소식을 들었다. 이선행은 활동을 위한 비밀장소는 물론 황해도지역 여성운동을 추진할 인적자원에 대한 정보를 가지고 있었다고 보인다.

3·1운동 이후 1919년 6월 출범한 대한민국애국부인회의 회원이 되었다. 대한민국애국부인회는 1919년 4월 중순경 정신여학교 동창인 오현주, 오현관, 이정숙 등이 투옥된 애국지사들의 옥바라지와 그 가족을 후원할 목적으로 조직한 혈성단 애국부인회가 같은 해 6월 대한민국청년외교단 총무 이병철의 주선으로 최숙자·김원경 등이 조직한 대조선독립애국부인회와 통합하여 확대 개편한 단체였다. 곧이어 지회증설에 나섰는데, 지회가 설치될 때 황해도 사리원 지부의 지부장을 맡았다. 지부장으로 약 10여 명의 회원을 모집하여 재무 장선희에게 200원의 거금을 보내도 하였다.

1919년 11월 28일 대한민국애국부인회의 조직이 발각되어 회원 80여 명이 경상북도 경찰부에 체포되었지만, 이선행은 다행히 잡혀가지 않았다.

이후 일본으로 유학을 떠나 와세다대학의 사회과를 졸업하고 1924년 미국으로 유학하여 데리아대학과 파크대학에서 가사과와 농과를 공부하여 법학박사 학위를 받았다.

1928년 2월 12일에 뉴욕에서 김마리아·황애시덕(에스터)·우영빈·이

헬른·윤원길(尹元吉)·김애희(金愛喜)·박인덕(朴仁德)·김마리아 등과 발기하여 근화회(槿花會)를 조직하였으며, 회장은 김마리아였다. 재미 한인사회의 일반 운동을 적극 후원하며, 여성 동포의 애국정신을 고취하여 재미 한인사회 운동의 후원 세력이 되게 하며, 재미 한인의 선전 사업을 협조하되, 특별히 출판과 강연으로 국내 정세를 외국인들에게 소개하는 일 등을 목적으로 하였다.

1929년 7월 켄터키주립대학 재학 중 인디아나대학에서 수학 중인 최윤호(崔允鎬, 1894~1939, 애족장)와 결혼하였다. 부부가 박사학위를 받은 후 1932년 7월 귀국하였다. 농촌개발에 힘써 농촌의 청년 남녀의 교육과 계몽을 위한 활동할 계획을 세웠다.

1933년 11월부터 황해도 봉산군에서 남편 최윤호와 함께 농촌계몽과 부인 강좌를 열어 계몽운동에 앞장섰다. 남편 최윤호는 평북 평원 사람으로 미국 켄터키주의 미국 육군사관학교에서 군사교육을 받았다. 샌프란시스코에서 안창호를 만나 흥사단에 가입하였으며 보스톤 대학에서 문학을, 인디아나대학에서 철학박사를 받았다. 1932년 귀국하여 동우회(同友會)에 가입하여 교육에 종사하다가 1937년 6월 동우회 사건으로 일

이선행·최윤호 귀국기사와 사진(『동아일보』 1932.8.9.)

제의 경찰에 체포되었다. 이후 조사과정에서 구치 기간 1년 동안 당한 잔혹한 고문으로 중병에 걸려서 1938년 말경에 병보석으로 일시 석방되었다. 그러나 고문의 여독으로 1939년 2월 사망하였다. 1991년 정부에서 애족장(1963년 대통령표창)을 추서하였다. 남편 사망이후 이선행에 대한 기록이 없다.

● **이성완(李誠完, 1900.12.10.~1992.9.8., 애족장) 제11회 졸업**

　이성완은 함경남도 정평군(定平郡) 부내면(府內面) 풍흥리(豊興里) 출신이다. 이명으로 이성원(李誠元)이 있다. 서울로 올라와 정신여학교에 입학하였고, 1919년 3월 제11회로 졸업할 예정이었다. 졸업예정자 신분으로 세브란스병원 견습간호원이 되어 간호교육을 받았다.[51]

　1919년 2월 도쿄의 2·8독립선언에 참여한 김마리아가 귀국하여 학교로 찾아와 독립선언서를 전달하자, 이를 학생들에게 돌리며 독립의식을 고취하였다. 정신여학교에 재학 중 3·1만세운동 당시 함남 원산의 상동교회(上洞敎會)와 함흥여고(咸興女高)의 동지들을 방문하여 독립선언서·지령문 등을 인쇄·배포하며 만세 시위를 주도하다가 김마리아, 황애시덕 등과 일경에 체포되었으나 1919년 8월 4일 면소처분으로 풀려났다.

　이후 1919년 4월 정신여학교 선배인 오현주·오현관·이정숙 등이 주도, 조직한 혈성단애국부인회에 가입·활동하였다. 동회는 3·1운동으로 투옥된 지사들의 옥바라지와 그 가족들의 후원 활동을 폈는데 회원으로 활동하면서 오화영과 차숙경 등과 같이 참기름 장수 등 일용품에 대한 간이 구입부 형식을 취하여 자금조달을 하였다는 일화가 전한다.

　또한 이성완은 3·1운동의 연루자를 뒷바라지하던 중에 4월 19일 이갑성의 부인 차숙경을 도와 감옥에 차입할 아침 식사 준비를 하다가 갑자기 형사들이 몰려와서 서대문경찰서로 연행되었다가 경무 총감부로 넘어가서 14일간 모진 고문을 받았다고 한다.

이성완이 속한 혈성단애국부인회는 1919년 6월 대한민국청년외교단 총무 이병철의 주선으로 최숙자·김원경·김희열·김희옥 등이 중심이 된 대조선독립애국부인회와 통합하여 대한민국애국부인회로 확대·개편되었다. 대한민국애국부인회는 교회·학교·병원 등을 이용해 조직을 전국적으로 확대하면서 회원들의 회비와 수공예품 판매를 통해 독립운동 자금을 수합하여 대한민국 임시정부를 지원하였다.

8월 4일 풀려난 김마리아와 황애시덕이 대한민국애국부인회에 동참한 후 1919년 9월 회의를 통해 기존의 조직과 임원을 대대적으로 개편하였다. 조직기구에 결사부·적십자부를 신설하는 등 항일 독립전쟁에 대비한 체제로 전환하였다. 임원은 회장 김마리아, 부회장 이혜경, 총무 및 편집원 황애시덕, 적십자 부장 이정숙·윤진수 등으로 정하였다. 이성완은 백신영과 함께 결사부장에 선임되었다. 군자금 모집에 주력하여 6,000원의 독립운동 자금을 수합하였고, 그 일부를 임시정부에 송금하였다. 또한 동회의 본부와 지부는 대한적십자회 대한총지부의 역할을 대행하였다.

비밀리에 활동하던 대한민국애국부인회의 조직이 발각되어 이성완도 1919년 11월 28일경 회원 80여 명과 함께 경상북도 경찰부에 체포되었다. 당시 세간을 떠들썩하게 했던 소위 '대한민국청년외교단 및 애국부인회 사건' 관련자로 체포되었다. 이후 대구로 이송되어 조사받고 '대정 8년 제령 제7호 위반'으로 대구 지방법원검찰청에 기소되었다. 그해 12월 26일 '기소유예 불기소처분'을 받고 풀려났다.

1920년 6월 고향 정평청년회가 주최한 강연회에서 「욕망은 성공의 원동력」이라는 주제로 강연하였다. 이후 원산의 진성여학교 교사로 재직하며 후진 양성과 여성 계몽운동을 전개하였다.

광복 후 월남하여 박순천(朴順天) 등과 함께 대한여자부인회를 발기하며 활동하였다.

정부는 1990년 건국훈장 애족장(1980년 대통령 표창)을 수여하였다.

● 이순길(李順吉, 1891.03.15.~1958.1.7., 대통령 표창) 제6회 졸업

이순길
(출처: 공훈전자사료관)

전라북도 옥구군 지경면 역전 만수산이 본적이다. 정신여학교 6회 졸업생이다.[52] 졸업 후 1919년 충청남도 천안군(天安郡) 입장면(笠場面) 양대리(良垈里)에서 교사로 근무했다. 1919년 3·1운동 당시 교사로 재직하던 지역에서 3·1운동에 참여한 것으로 추측된다. 1919년 5월 12일 대전지검 공주지청에서 보안법 위반으로 체포되어 조사받았으나 불기소처분을 받고 석방되었던 사실로 짐작할 수 있다.

풀려난 후 상경하고 정신여학교 동창들이 근무하는 세브란스 병원에 환자로 위장 입원하고 있다가 다시 동대문병원으로 피신하였다. 1919년 4월경 혈성단애국부인회 회원이 되었다. 혈성단애국부인회는 1919년 4월 상순 오현주, 정신여학교 동창인 이정숙 등이 정신여학교 학생 및 동지를 규합하여 투옥된 독립운동가의 옥바라지와 가족의 생계지원을 목적으로 조직한 독립운동단체다. 이순길은 회원으로 가입한 후 곧바로 지부설치를 위해 회령, 정주, 군산, 목포, 전주, 광주, 황해도 홍수원지방 등지로 파견되어 다녔다.

이후 황해도 수안군(遂安郡)에서 교사로 교육계에 몸담았다. 이순길이 회원이 된 혈성단애국부인회는 1919년 6월에 대한민국청년외교단 총무 이병철의 주선으로 효율적인 독립운동을 위한 부녀독립운동 단체의 통합을 시도하여, 최숙자·김희옥 등이 결성한 대조선독립애국부인회와 통합하여 대한민국애국부인회로 확대 개편되었다. 이순길은 재편된 대한민국애국부인회에서 통신원으로 활동했다. 대한민국애국부인회는 평양, 개성, 대구, 기장, 진주, 밀양, 거창 등지에 지부를 두었으며 단세가 확장되어 회원이 100여 명에 달했다. 회원들은 매월 의연금을 각출하여 그 일부를 상하이 대한민국 임시정부에 자금으로 보냈다.

비밀리에 활동하던 대한민국애국부인회의 조직이 발각되어 이순길도 회원 80여 명과 함께 11월 28일경 '대한민국청년외교단 및 애국부인회 사건'으로 경상북도 경찰부에 체포되었다. '대정 8년 제령 제7호 위반'으로 대구지방법원 검찰청에 기소되지만 1920년 1월 12일 기소중지 불기소처분으로 석방되었다.

정부는 2019년 대통령 표창을 추서하였다.

● **이아수(李娥洙, 李愛主, 李娥珠, 1898.7.16.~1968.9.11., 대통령 표창)**
이아수는 평안북도 강계군 공북면에서 출생하였다.[53] 14살 때 어머니를 여의고 소학교만 졸업한 후 서울로 올라와 세브란스병원 간호부 견습으로 일하였다. 1916년 겨울 세브란스병원 간호부 견습으로 근무하고 있을 당시, 병원에 입원 중인 정신여학교 학생을 간호하기 위해 매일 찾아오던 동교 교사 김필례에게 입학을 간청하여 정신여학교에 입학하게 되었다.

정신여학교 재학 중인 1919년 3월 5일 학생단이 주도하던 제2차 만세 시위운동소식을 듣고 학교 기숙사의 동창들을 독려하여 30여 명과 함께 만세 시위에 참여하였다. 독립기를 흔들면서 조선 독립만세를 외치고 수백 명의 시위대에 합류하여 행진해 나갔다. 시위 현장에서 일제 경찰에 체포되어 이아수를 비롯한 정신여학교 학생 4명과 간호사 등이 종로경찰서로 끌려갔다. 이아수는 8개월간의 긴 구금과 조사를 거친 후 재판에 회부되어 11월 6일 경성지방법원에서 '출판법 및 보안법 위반'으로 징역 6개월(미결구류일수 90일 본형에 산입)을 선고받았다. 재판 결과에 불복하여 상고하였는데, 1920년 2월 27일 경성복심법원에서 상고가 기각되어 형이 확정되었다.(미결구류일수 60일 본형산입)

이아수가 법정에서 일인 법관을 향해 당차게 항거하며 말하기를.
"법관: 네가 무슨 생각으로 독립 만세를 소리 높이 외쳤느냐? 앞으로 다시는 안 그러겠다고 하면 관대히 용서해 주겠다.
이아주: 우리는 조선 사람이오. 조선 사람이 조선 독립을 소리 높이 외치는 것이 잘못이란 말이오? 앞으로도 계속 독립 만세를 외칠 것이오. 조선이 독립할 때까지요."

이아수는 서대문 감옥 여자감방 8호실에서 간호사 노순경과 독립운동가 유관순, 어윤희, 엄명애 등과 함께 옥고를 치렀다. 당시 이아수는 혹독한 고문으로 목덜미의 상처가 심하여 병보석으로 1920년 2월 23일에 풀려나 세브란스병원에 입원하여 치료받았다. 이후 1921년 경성방직의 김성수와 결혼하였다.

정부는 2005년 대통령 표창에 추서하였다.

- **이원경(李元慶, ?~?) 제1회 졸업**

소녀시절에 입학하여 제1회로 졸업하고 결혼할 때까지 정신여학교에서 성장하였다.[54] 재학 시에는 신앙도 투철하여 연동교회 반사로 봉사하였다. 결혼 후 1919년 6월 대한민국애국부인회 조직이 결성되었을 때 간부로 재정을 부담하였고 대한민국애국부인회 사건으로 대구에 끌려간 동창 8인을 출감할 때까지 정성껏 옥바라지를 해 주었다고 한다.

이원경은 신마리아 선생의 중매로 당시 법조계의 김의균(金宜均, 1884~1947)과 결혼하였다. 김의균은 대한민국애국부인회 사건 때 변론을 맡아 일제 당국의 부당한 통치에 저항하던 애국부인회 동지들의 정당한 투쟁을 밝혔다.

- **이의순(李義橓, 李義順, 吳義順, 1895.~1945.5.8., 애국장) 제5회 졸업**

1895년 함경남도 단천에서 독립운동가 이동휘의 차녀로 태어났다. 상하이에서 활동한 독립운동가 오영선(吳永善)의 부인이다.[55]

이의순

1902년경 부친을 따라 서울로 이사와 성장했다. 1912년 부친의 망명에 따라 만주 국자가(局子街)로 갔다. 언니 이인순과 함께 서울의 정신여학교로 유학해 1913년에 졸업하고 만주로 돌아갔다. 이의순은 정신여학교 재학 당시 언니 이인순과 함께 1909년 12월경 선배인 이혜경이 조직한 7형제 애국단의 단원으로 이재명의 옥바라지활동에 동참했을 것으로 추측된다.

이의순은 국자가 화용(和龍) 근방의 마을마다 야학을 설치하여 운영하는 한편, 부흥사경회 활동을 통해 명동촌의 민족학교인 명동여학교(明東女學校)를 병설시키는데 기여하였다. 또한 교사로서 간도 지역 여학생들에게 민족의식을 고취시키는데 일익을 담당하였다.

1918년 가을에 부친의 지시에 따라 블라디보스톡으로 이주하였는데, 그곳 신한촌 삼일여학교에서 교사로 활동하면서 언니 이인순, 애국지사 채성하(蔡聖河)의 딸 채계복(蔡啓福), 이혜근(李惠根) 등 기독교인 여성들과 함께 애국부인회를 조직하여 회장으로 활동하였다. 1919년 3월 이후 부인독립회로 이름 바꾸고 각 지방에 지회를 설치하며 단세를 확대하였다. 1919년 10월 당시 회원은 50명이었다.

부인독립회는 배일화동맹, 구매조합, 일화 배척운동에 적극 동참하였다. 또한 향후 있을 독립전쟁에서 부상당한 독립군들을 치료하기 위한 목적으로 간호부 양성계획을 추진하였다. 부인회는 간호사가 되고자 하는 한인 여성들이 미국 적십자사에서 원조받아 간호 기술을 습득할 수 있도록 하기 위한 방안도 모색하였는데, 대한국민의회가 외교원으로 초빙해 온 미국 유학생 출신 박처후(朴處厚)와 그의 부인에게 이를 의뢰하였다. 1920년 봄, 당시 50여 명의 한인 여성들이 간호사 교육을 위한 단기속성과정에 참여하였다.

이 간호부 양성 과정에 관련된 사람들이 태극기와 적십자사기를 배경으로 간호사 복장으로 기념 촬영한 사진 자료를 통해 참가자를 확인할 수 있다. 즉, 이의순 외에 정신여학교 동창인 채계복과 우봉운, 장일의 부인, 도국향(都國鄉), 함세인의 부인, 박처후의 처, 미국인 미스 후릿게, 러시아 부인, 이혜근, 채계복의 언니 채계화, 채성하의 부인, 조동운(趙東雲)의 딸, 박인섭(朴仁燮)의 딸 등이 참여했다.

이의순은 1919년 부친 이동휘가 상하이 임시정부에 참여하게 되자 1920년 상하이로 이주하였으며 이후 오영선과 결혼하였다. 그 후 이동휘는 임시정부와 결별하고 블라디보스톡으로 돌아갔지만, 이의순은 남편과 상하이에 남아 함께 임시정부를 위한 독립운동을 전개하였다.

이의순 오영선 가족사진[56]

1930년 8월 11일, 이의순은 인성학교 교장 김두봉(金斗奉)의 부인 조봉원(趙奉元) 등과 상하이 한인부인회를 개조해, 보다 급진적 조직인 상하이 한인여성동맹(韓人女性同盟)으로 전환하고, 주비위원(籌備委員)으로 활동하였다.

정부에서는 1995년에 건국훈장 애국장을 추서하였다.

이의순의 남편은 오영선(吳永善, 1886~1939, 독립장)으로 1886년 경기도 고양군 출신이다. 대한민국임시정부 국무총리를 지낸 이동휘의 제자로 초기에는 이동휘 휘하에서 함께 활동하다 1919년 이동휘가 임시정부 국무총리로 상하이에 합류했을 때 1920년 상하이로 이동해 임시정부에서 활동하였으며 이동휘가 임시정부를 떠난 후에도 임시정부에 잔류해 활동하였다.

1939년 3월 사망하였으며 1990년 독립장에 추서되었다.

● 이인순(李仁橓, 1893~1919.11., 애족장) 제5회 졸업

1893년 함경남도 단천에서 독립운동가 이동휘(李東輝)의 장녀로 출생하였다.[57] 아버지가 강화도 진위대장으로 강화도에 부임하였을 때 가족이 함께 강화로 이사하였던 것으로 추측된다. 강화에서 보창소학교(普昌小學校)를 졸업하고, 서울 연동의 정신여학교에 입학하였는데, 두 살 어린 동생 이의순도 함께 수학한 것으로 보이며 이의순과 함께 1911년 제5회로 졸업하였다. 이인순은 재학 당시인 1909년 12월경 선배인 이혜경이 조직한 7형제 애국단의 단원으로 이재명의 옥바라지 활동에 동참했다고 한다.

17세 어린 나이에도 아버지를 따라 함경도 함흥, 성진, 북간도 등지에서 교사로 활동하며 여자 교육에 힘쓰면서 이동휘의 독립운동을 지원하였다.[58] 1919년 3·1운동 때 시위에 항거하다가 투옥되었던 원산 영생여학교 출신 전창신은 학교 동기들이 애국정신을 뜨겁게 불붙였던 것은 스승인 이인순 자매의 헌신적인 지도 때문이었다고 술회하고 있어 이인순의 애국애족 교육이 끼친 영향력을 엿볼 수 있다.

이동휘는 서북학회(西北學會)와 비밀결사 신민회의 지도자로서 구국운동을 전개하였으며, 1909년 이후에는 캐나다 장로교선교회의 전도사로서 함경도 일대에서 기독교 전도 활동도 하였다. 1910년 8월 초 일제에 의해 또 한 번 예비검속 되었다가 '한일합병' 후에 석방되었다. 석방된 후 1910년 말부터 1911년 1월 사이에 이동휘가 가르쳤던 계봉우, 김하석, 정창빈, 장기영 등 30여 명의 제자들을 포교 명분으로 북간도로 망명시켰을 때 이인순, 이의순 두 딸도 함께 북간도로 망명시켰을 것으로 추측된다. 이후 이동휘는 1911년 3월 다시 안명근·양기탁 사건에 연루되어 일제 총감부에 체포되어 인천 앞바다의 무의도에 1년간 유배되었다. 유배형이 해제된 후에 1913년 2월경 북간도로 탈출할 수 있었다. 다행히 가족들은 앞서 망명하였다.

1913년 이동휘가 블라디보스톡 신한촌에서 권업회에 가담하여 활동할 때 가족들도 블라디보스톡으로 함께 갔다. 이인순은 아버지의 활동 지역에서 여성교육과 여성운동을 통해 여성계의 계몽을 위해 활동하였다.

이인순은 블라디보스톡의 기독교계 삼일여학교에서 교사로 재직하였다. 독립운동가 방순희가 이 학교 출신이다. 이인순은 신한촌에서 여성운동에 적극 참여하였는데, 동생 이의순과 함께 활동하던 부인회는 1919년 3월 이후 부인독립회(婦人獨立會)라고 개명하고 각 지방에 지회를 설치하며 단세를 확대하였다. 1919년 10월 당시 회원은 50명이었다.

부인독립회는 신한촌 한인사회에서 펼쳤던 배일화동맹, 구매조합, 일화배척운동에 적극 동참하였다. 또한 향후 있을 독립전쟁에서 부상당한 독립군들을 치료하기 위한 목적으로 간호부 양성계획을 추진하였다. 부인회는 간호사가 되고자 하는 한인 여성들이 미국 적십자사에서 원조를 받아 간호 기술을 습득할 수 있도록 하기 위한 방안도 모색하였다. 하지만 안타깝게도 이인순은 1920년 봄에 실행된 간호사양성계획에 동참할 수 없었다. 블라디보스톡에서 함께 준비했던 이의순을 비롯한 다른 동지들은 모두 간호사양성훈련을 이수하였지만 이즈음 이인순은 장티푸스에 걸려 사경을 헤매고 있었다.[59] 이인순은 1919년 11월, 5살 아들과 같이 사망하였다.[60]

이인순이 병사했다는 소식이 전해지자, 상하이지역의 여성 지도자들도 애도를 표하였다. 상하이의 대한애국부인회는 이인순을 비롯 선구적으로

이동휘 가족 사진(1911년, 가운데줄 좌측 이인순, 조부 이발, 의의순) (출처: 국가보훈부)

민족운동계를 이끌다 별세한 김경희, 하란사 등을 기리고자 1920년 1월 17일 '여자계의 선진 고 하란사(河蘭史), 고 김경희(金敬喜), 고 이인순(李仁橓) 삼애국 여사의 추도회를 개최하였다.[61]

대한민국 정부는 1995년 애족장을 추서하였다.

이인순의 남편은 이동휘의 제자인 정창빈(鄭昌贇, ?~1920.1.27)이다. 함경도 출신으로 나이 8살에 손가락을 잘라 어머니를 살렸다는 일화가 전하는 효자였다. 1907년 신민회 회원이 되어 이동휘와 인연을 맺게 되었다. 이동휘의 후원으로 성진중학교에서 수학하였다.[62] 졸업한 후 이동휘의 '교육생'으로 스승의 독립운동을 실천하며 활동하다 스승의 지휘에 따라 북간도로 망명한 것이다.

북간도 계림촌에 이주한 후 이인순과 결혼하였다. 1919년경까지 계림촌과 노령 연해주 도비하의 화동학교에서 교사로 재직하면서 독립의식을 고취하였다. 이후 이동휘가의 생계를 돌보며 독립운동을 지원하기 위한 생업에 종사하였다. 1919년 11월 이인순과 5살 아들이 장티푸스에 걸려 함께 사망한 후 부인과 아들을 잃은 슬픔을 이기지 못한 채 연명하다가 마침내 1920년 1월 27일 순절하였다.

당시 러시아 연해주에서 활동한 항일 독립운동가 계봉우(뒤바보)는 친구 정창빈의 죽음을 애도하며 친구와 그 부인에 대한 애잔함, 자신의 서

러움을 밝힌 글을 신문에 실었다.

> 그 부인을 위하야 정순(情殉)함은 우리나라 윤리에 신기원이다. 부부계
> 에 창유(創有)한 신사상을 남겼다. 군은 정으로써 살았다가 정으로써 죽
> 지만 군의 자담(自擔)하엿던 처가의 권속은은 누구에게 인계하엿나뇨
> 그렇치 못하였으면 군은 위하야 눈감지 못하엿스리라 나는 군의 다한
> 다정한 그 마지막을 애도하는 동시에 더욱 군을 위하야 성재선생(이동
> 휘)의 가족에 대한 일념이 가장 심중(深重)하엿노라.
>
> 서름의 글
> 죽으랴면 안나거나 낫다 하면 안죽거나
> 죽은 끗헤 죽는 그이 뜻이 잇서 죽엇건만
> 아마도 맛핫던 그 시름을 못이저스러 하리
> 꼿님아 지랴거든 열매나 남기거나
> 꼿지고 열매가니 봄좃차 아니가랴
> 봄쳘에 노니던 손은 눈물겨워하노라

정창빈은 1995년 대통령 표창에 추서되었다.

● 이자경(李慈卿, ?~?) 제4회 졸업

이자경은 황해도 해주 출신으로 부친은 이창직이며 이혜경의 언니다.[63]
동생 이혜경, 이은경[64]과 함께 연동여학교에서 수학하였다. 동기인 김
마리아와 1등을 다투던 수재로 1910년 제4회 졸업생이다. 여학교 재학
중인 1909년 12월 이재명(李在明)이 매국노 이완용 암살 의거를 감행했으

나 실패하고 체포되어 옥중에 갇힌 사건이 발생하였다. 이자경의 동생 이
혜경은 애국열사 이재명의 옥바라지를 돕고자 7형제 애국단을 결성하였
는데 7형제애국단의 단원이 되어 의연금모금, 양기탁 임치정과 연락을 도
모하며 활동했다고 한다. 7형제 애국단원은 이혜경, 이자경, 이인순(5회),
홍은희(4회), 이의순(5회), 고원숙, 최학현 7인으로 구성되었다고 한다.

이자경은 비록 대한민국애국부인회 회원으로 직접 활동하지 않았지
만, 대한민국애국부인회 조직이 발각된 후 회원 다수가 재판받고 대구
감옥에서 복역 중일 때 동생 이혜경은 물론 옥고를 치르던 동창 친구들
에게 매일 같이 정성껏 사식을 넣어 주며 옥바라지하였다.

또한 이자경은 1923년 1월 의열단(義烈團) 김상옥 사건으로 효제동
혜경의 집에 숨어있던 김상옥(金相玉)을 숨겨준 죄로 일경에게 가족 모두
가 고문을 당할 때 취조형사에게 따귀를 호되게 맞아 오른편 귀의 고막
이 터졌다. 그때 형사에게 큰 소리로 "좋다. 마저 한쪽 귀까지, 양쪽을 다
귀머거리로 만들어 차라리 묻는 말을 듣지 못하게 해라"라고 강력하게
항의하며 대들었다 한다.

여담이지만 민족의식이 투철한 이자경은 독립운동에 나섰던 여성을
며느리로 삼았다 한다. 그 며느리는 1919년 3·1 만세 시위에 참여했던
함경남도 출신 김경순(金慶淳)으로 정신여학교를 1920년 제12회로 졸업
한 후배였다.

● 이정숙(李貞淑, 1896.3.9.~1950.7.22., 애족장) 제11회 졸업

이정숙은 함남 북청군(北靑郡) 출신이다.[65] 정신여학교에 입학하여
1919년 3월 졸업 예정이었다. 그러나 3·1운동으로 일제 총독부 당국에

의해 학교에 휴교령이 내려졌다. 이정숙은 세브란스
병원에서 만세 시위로 부상당한 사람들을 돌보게 되
었는데, 이러한 경험으로 간호부 교육을 받기로 결
심했던 것으로 보인다.

이정숙
(출처: 공훈전자사료관)

1919년 4월 상순 이정숙은 정신여학교 동창인 오
현주, 오현관 등과 정신여학교 학생 및 동지를 규합
하여 혈성단애국부인회를 조직하였다. 3·1운동으로 투옥된 독립운동가
의 옥바라지 및 가족의 생계지원을 목적으로 결성한 것이다. 아울러 독
립자금의 모집과 상하이 임시정부의 원조 및 독립운동 참가도 목표로 삼
았다. 그해 6월 대한민국청년외교단 총무 이병철의 주선으로 혈성단애
국부인회는 최숙자·김희옥 등이 결성한 대조선독립애국부인회와 통합하
여 대한민국애국부인회로 재탄생하였다. 통합 이후 지부 확장을 추진할
때 경성지부장으로 활약하였다. 이정숙은 6월경 세브란스병원 간호사
김은도, 장옥순, 박봉남 등을 애국부인회의 회원으로 가입시켰으며 박덕
혜, 김효순, 김여운 등도 회원으로 만들었다.

7월에 여름 휴가를 이용하여 고향 북청으로 가는 길에 이원(利原)의 보
신(普信)여학교 교사 신애균을 찾아가 독립운동자금을 받았다. 이어 신애
균은 이정숙의 권유를 적극 받아들여 수금한 군자금을 이정숙에게 송부
하였다. 그 외 함흥의 한일호 등도 회원으로 가입시켜 군자금을 모금하
였다. 이정숙은 회원확보를 통해 동회의 규모를 확장하는데 누구보다도
적극적으로 활약하였다

대한민국애국부인회는 김마리아와 황애시덕의 가입으로 더욱 활기를
띠게 되었다. 1919년 9월 19일 김마리아와 황애시덕의 출옥을 기념하는

모임에서 대한민국애국부인회 조직의 개편과 활성화를 위한 논의를 거쳐 조직개편과 임원 개선을 결정하였다. 새로 개편된 기구에는 적십자장과 결사장을 신설하였는데 이정숙은 적십자장의 중직을 맡았다.

대한민국임시정부는 항일독립전쟁에 대비할 필요성에서 대한적십자회의 재건을 서둘렀다. 1919년 8월 29일 대한적십자회가 재창립되었다. 이희경이 중심이 되어 초창기 대한적십자회의 토대 구축과 체제 확립에 힘썼다. 곧바로 '조선'의 독립전쟁에 대비하여 구호의 임무를 수행할 수 있는 조직의 필요성을 느껴 대한적십자회의 총 지부를 경성(서울)에 설치하고자 하였다.

그 취지에 발맞추어 상하이에 신설된 대한적십자회에 간호부 양성소가 개소하였고, 연해주나 미주지역의 한인사회에서도 이러한 움직임이 나타났던 것이다. 국내에서도 이러한 방침을 받아들여 애국부인회에 적십자장과 결사장이 신설된 것으로 보인다. 적십자장은 적십자회와 연결된 직제로 해석되며 아마도 독립전쟁에서의 간호 활동에 대비한 성격이 강한 것으로 추측된다.

대한적십자회는 통신원 이종욱(李鍾郁)을 파견하여 경성 수은동(授恩洞)에 사무소를 두고 1919년 9월 이병철을 간사 및 명예 회원으로 추천하고 각도에 지부를 두었다. 의연금 모집을 목적으로 임원을 임명하고 적십자회 선언서 500매를 반포하고 활동을 개시하였다. 아울러 대한민국애국부인회의 지회를 대한총지부의 역할을 대행케 한 것으로 추측된다.

적십자장을 담당했던 이정숙은 세브란스병원의 간호사들을 다수 회원으로 포섭하여 애국부인회조직의 확대에 기여하여, 세브란스병원 내 적십자회원 수가 28명에 달하였다. 세브란스병원 내 28명 회원의 대표 역시 이정숙의 몫이었다.

활발하게 활동하던 이정숙은 조직 발각으로 1919년 11월 28일경 동회 임원, 회원, 그리고 청년외교단 단원 등 80여 명과 함께 경상북도 경찰부에 체포되었다. 당시 세간을 떠들썩하게 했던 소위 '대한민국청년외교단 및 애국부인회 사건' 핵심인물로 체포되었다. 이후 대구로 이송되어 조사받고 '대정8년 제령 제7호 위반'으로 대구 지방법원검찰청에 기소되었다. 대부분이 불기소처분을 받았지만 이정숙을 비롯한 김마리아, 황애시덕 등 핵심 임원 9명은 6개월 동안 구류와 조사과정에서 모진 고문에 시달렸다. 이후 예심을 거쳐 재판에 회부 되었다.

이정숙은 1920년 6월 29일 대구지방법원에서 '대정 8년(1919) 제령 제7호 위반 및 출판법 위반' 혐의로 징역 2년을 선고받았다. 판결에 불복하여 공소(控訴)하였으나 1920년 12월 27일 대구 복심법원에서 공소(控訴) 기각되어 2년 형이 확정되어 옥고를 치렀다.

함께 재판받은 대한민국애국부인회 임원 9명 중 김마리아와 백신영은 재판 도중 병보석으로 감옥 밖에서 치료 중이었지만 이정숙을 비롯한 7명은 대구감옥에서 옥고를 치렀다.

이정숙의 감옥 생활은 매우 힘든 나날이었으나, 감옥 안에서 그는 간호인으로서, 애국애족적인 여인으로서, 독실한 신앙인으로서 값있는 생활을 하였다. 그에게 영향을 받은 동료 죄수가 이정숙의 오른쪽 발바닥에 난 종기의 고름을 열흘 이상 입으로 빨아내어 한 걸음도 걷지 못했던 발을 완치시킨 미담도 남겨져 있다.

1922년 5월 6일 이정숙은 황애시덕, 장선희, 김영순 등과 대구 감옥에서 풀려났다. 출옥 후 이정숙은 고향 북청으로 돌아가 1923년경에는 북청여자청년회의 회장을 역임하였다. 1925년 2월 21일에 조직된 경성여자청년회(京城女子靑年會)의 초대집행위원으로 선임되어 항일투쟁을 계속하였다.

해방 무렵 북한지역에서 거주하였으며, 사망일은 확인되지 않는다. 현재 서울에 거주하는 손녀딸에 의하면, 이정숙은 말년에 일제에 의한 고문 후유증이 심하여 사람을 알아보지 못하고 몸이 성치 않았다고 한다.

정부는 1990년에는 건국훈장 애족장(1963년 대통령 표창)을 추서하였다.

● 이혜경(李惠卿 1889.2.22.~1968.2.10., 애국장) 제1회 졸업

이혜경
(출처: 공훈전자사료관)

이혜경은 황해도 해주에서 이창직(李昌稙)의 5남매 중 셋째 딸로 태어났다.[66] 부친인 이창직은 월남 이상재의 손자뻘로 캐나다 선교사 게일(Gale, J. Scarth, 奇一)의 어학교사 겸 번역 조사로 1889년부터 1927년까지 함께 성경 및 소책자 번역과 어학교재, 사전 등의 저술을 도왔던 인물이다. 게일과 『천로역정』(1895)을 공동 번역했으며, 한국인 성경번역위원으로 성경 번역에도 참여하였다. 두 사람의 인연은 게일이 1889년 3월 내지(內地) 답사를 겸한 순회 전도를 하며 도착한 황해도 장연군 소래에서 평생의 동료이자 동역자인 이창직을 만나며 시작되었다. 이창직은 게일 선교사의 조력자가 되어 떠났다. 아버지가 없는 기간에 혜경의 집안은 장연군 송천리에 사는 삼촌 댁에 살면서 송천리의 김순애, 김필례, 김마리아 식구들과 자연스럽게 교류하게 되었다. 이들은 같이 소래학교에서 공부하였다. 부친이 선교사 게일과 원산에서 성서를 번역하며 머물자, 가족이 원산으로 이주했으며 1900년 게일 목사가 연동교회 위임목사로 부임할 때 이창직과 가족들도 상경해 서울 효제동에 살았다. 이혜경은 연동여학교에 입학해 1907년 제1회 졸업생이 되었다. 언니 이자경은 1910년 4회로 언니 이은경은 1911년 5회로 정신여학교를 각각 졸업하였다.

1909년 12월 이재명(李在明)이 매국노 이완용 암살 의거를 감행했으나 실패하고 체포되어 옥중에 갇혔을 때 이혜경은 그의 옥바라지를 돕고자 하였다. 이를 위해 7형제 애국단을 결성하고 의연금모금, 양기탁 임치정과 연락을 도모하며 활동했다는 일화가 전해진다. 이 7형제 애국단은 정신여학교 출신인 이혜경을 중심으로 이자경(정신여학교 졸업 4회), 이인순(5회), 홍은희(4회), 이의순(5회), 고원숙(섭), 최학현 7인으로 구성되었다고 한다. 고원숙(섭)은 2회졸업생이며 최학현은 인적 자료가 확인되지 않는다. 이들이 활동한 시기는 이재명이 감옥에서 재판받는 기간인 1909년 12월 말부터 순국한 1910년 9월 30일 사이인 것으로 추측된다. 자료는 확인되지 않지만 실제의 활동으로 볼 수 있는 여지가 있어 여기에 남겨둔다.

정신을 졸업한 후 일본의 동경여자학원 영문과로 진학하였다. 귀국 후 모교인 정신여학교 외에 함흥 영생학교, 성진 보신학교 등의 교원을 거쳐 원산 진성여학교 교사로 재직할 당시 3·1운동이 일어났다.

1919년 2월 28일 후일 남편이 된 세브란스의전 학생 김성국(金成国)은 33인 민족대표 이갑성(李甲成)으로부터 봉투 2개를 받아서 원산 진성여학교 교사로 재직 중인 이혜경에게 주어 민족대표인 정춘수(鄭春洙)와 원주의 만세시위를 주도한 이가순(李可順, 애족장)에게 전달케 하여 원주

만세시위를 도왔다. 이 일로 김성국은 3월 5일 검거되었다. 김성국은 재판에 회부되어 1919년 11월 6일 경성지방법원에서 징역1년(미결구류 120일 본형산입)을 선고받았으나 1920년 2월 27일 경성복심법원에서 증거불충분 무죄판결을 받고 풀려났지만 구류기간이 7개월에 달하였다.[67]

사랑하는 사람이 구속된 와중에도 이혜경은 1919년 6월 출범한 비밀결사 대한민국애국부인회에 가입하여 항일독립운동을 폈다.

대한민국애국부인회는 1919년 4월 정신여학교 출신 오현주·오현관·이정숙 등이 주도·조직한 혈성단애국부인회와 최숙자·김원경·김희열·김희옥 등이 중심이 된 대조선독립애국부인회가 동년 6월 대한민국청년외교단 총무 이병철의 주선으로 통합 결성된 단체이다.

이후 대한민국애국부인회는 교회·병원·학교 등을 이용해 조직을 전국적으로 확대하면서 회원들의 회비와 수예품 판매를 통해 독립운동 자금을 수합하여 상하이 임시정부를 지원하였다.

1919년 9월 김마리아·황애시덕이 애국부인회에 가입하면서 조직이 재정비되었다. 새로이 결사부·적십자부를 신설하고 항일 독립전쟁에 대비한 체제로 조직을 전환하였는데 이혜경은 부회장에 선임되어 동회의 취지와 본부 규칙을 제작·배포하는 등 주도적으로 활동하였다.

대한민국애국부인회는 대한민국청년외교단과 함께 임시정부 국내 연통부의 역할을 대행하였으며 본부와 지부를 통해 대한적십자회의 활동을 수행하였다. 또한 독립운동자금 모집에 힘써 6천 원의 군자금을 수합해 일부를 임시정부에 송금하였다.

이와 같은 활동을 펴던 중 조직원의 밀고로 1919년 11월 28일경 회원 80여 명과 함께 경상북도 경찰부에 체포되었다. 당시 세간을 떠들썩하게 했던 소위 '대한민국청년외교단 및 애국부인회 사건' 관련자로 체포되었다. 이후 대구로 이송, 조사받았다. 김성국은 경성에서, 이혜경은 대구 경찰서에서 각각 고초를 겪고 있으니 기막힌 상황이 아닌가.

체포된지 7개월이 되서야 재판에 회부되어 1920년 6월 29일 대구지방법원에서 징역 1년을 언도받고 이에 불복하고 공소하였다. 1920년 12월 27일 대구 복심법원에서 공소기각당해 '대정8년 제령제7호 위반 출판법 위반'으로 징역 1년(미결구류 100일 본형 삽입)이 확정되어 옥고를 치렀다.

1921년 9월 18일 출옥 후 1922년 8월 3일 세브란스 의학전문을 졸업하고 세브란스병원에서 의사로 재직 중인 김성국과 결혼하였다.[68] 남편의 연고지인 대구로 내려가 부산 성경학교 교사를 역임했다. 해방 이후 대구지방의 대한부인회 회장과 대한적십자 중앙이사 겸 조직위원으로 활약했다. 1965년에 사망하였다.

정부는 1990년에 건국훈장 애족장(1963년 대통령 표창)을 추서하였다.

이혜경의 막내 동생 이신규(李藎珪, 1899~1926)도 양평 3·1운동을 이끈 독립운동가로 이에 약력을 추기한다. 이신규는 연희전문학교 서기로 재직 중에 독립선언서와 '대한독립회' 명의로 된 격문 수십 장을 가지고 1919년 3월 24일 경기도 양평군 갈산면 양근리의 독립 만세운동을 주도하였다가 체포되어 옥고를 치렀다. 시위 직후 체포되어 1919년 7월 9일 경성지방법원, 8월 11일 복심법원을 거쳐 10월 23일 고등법원에서 징역 2년을 받고 옥고를 치렀다. 출옥 후 옥고 후유증으로 요양하다 28세에 사망하였다. 2006년 건국훈장 애국장을 추서하였다.

● 이혜련(李惠鍊 1884.4.21.~1969.4.21., 애족장)

이혜련
(출처: 공훈전자사료관)

이혜련은 평남 강서군에서 서당 훈장 이석관(李錫觀)의 장녀로 출생하였다. 이명으로 안혜련이 있다.[69] 1902년 이전 정신여학교에 입학하여 신학문을 배웠다. 학업을 마치지 못한 채 1902년 9월 서울에서 안창호와 결혼하고 곧바로 미국으로 건너갔다. 당시 안창호는 샌프란시스코에서 한인친목회를 조직하며 한인들을 결속하였는데, 1905년에는 이를 발전시켜 공립협회를 결성하면서 미주 한인사회의 민족운동을 주도하며 활동하였다.

이혜련은 남편 안창호가 민족운동에 전념할 수 있게 뒷바라지를 아끼지 않았다. 식민지 강점 이후에도 안창호는 미국과 중국·러시아를 오가며 독립운동을 지도하고 있었는데, 이혜련은 미주지역 독립운동의 총본산이 된 대한인국민회를 지원하기 위해 의연금, 국민의무금, 특별의연금 등 독립운동자금을 모금하며 남편을 도왔다.

1919년 거족적인 3·1만세운동 이후 후 상하이에서 대한민국 임시정부가 수립되자 임시정부의 내무총장에 선임되어 상하이로 가서 임시정부에 합류하였다. 3·1운동 이후 미주지역 한인들은 군자금을 모집하는 한편, 미국민과 미국 정부에 한국독립을 호소하였다. 미주지역의 부인들도 적극 참여하여 하와이에서는 1919년 4월 1일 대한부인구제회를 결성하였으며, 로스앤젤레스의 이혜련도 부인친애회를 조직하여 독립의연금 모금에 솔선수범하였다.

1919년 5월 새크라멘토의 한인부인회와 다뉴바의 신한부인회가 중심이 되어 북미 지역 부인회통합을 추진하였으며 8월 2일 각지의 부인 대표자들이 다뉴바에 모여 발기대회를 열고 합동을 결의하였다. 다뉴바의 신한부인회, 로스앤젤레스의 부인친애회, 새크라멘토의 한인부인회, 샌프란시스코의 한국부인회, 윌로우스의 지방부인회 대표가 모여 대한여자애국단을 결성하였다. 부인친애회 대표로는 이혜련, 임메불·박순애·김혜원 등이 참석하였다. 북미주의 지방 4개소 부인단체들이 국민회 중앙총회에 청원하여 1919년 8월 5일 정식으로 대한여자애국단이 결성되었다.

그 후 이혜련은 대한여자애국단을 중심으로 국민의무금, 국민회보조금, 특별의연 등의 모금을 주도하였고, 미국적십자사 로스앤젤레스 지부의 회원으로도 활동하였다. 그러나 1932년 상하이에서 윤봉길의 투탄의거가 발발한 직후 안창호가 일제에 의해 체포되었다. 어려움 속에서도 1933년 5월 9일 대한여자애국단 총부가 샌프란시스코에서 로스앤젤레스로 이전하였다. 당시 서대문형무소에서 옥고를 겪으면서도 안창호는 부인 이혜련에게 편지로 소식과 위안을 전하였다.

1937년 3월 대한인국민회가 로스앤젤레스에 총회관을 건립하면서 이혜련을 중심으로 한 여자애국단에서도 재정적으로 협조하였다. 당시 대한여자애국단원은 중일전쟁 재난민과 부상병들을 돕기 위하여 약품과 붕대를 모집하였다. 그즈음 일제는 안창호를 또다시 체포하여 서대문형무소로 이송시켰다. 그러나 그는 건강이 급격히 악화되어 경성제국대학병원에 입원하였으나 1938년 3월 10일 순국하였다.

도산이 순국하였음에도 이혜련은 다시 미주로 돌아가 여자애국단 활동을 이어갔다. 여자애국단에서 중국 난민구제금을 모아 중국 정부의 총통 장개석의 부인 송미령(宋美齡)에게 전달하였다. 1946년 1월 6일 로스앤젤레스에서 대한여자애국단 총회가 개최되어 총단장으로 선출되었다. 1969년 4월 21일 사망하였다.

정부는 2008년 건국훈장 애족장을 추서하였다.

● 임충실(林忠實, 1903년~?) 제11회 졸업

임충실은 진남포 출신으로 1919년 제11회 졸업생이다.[70] 대한민국애국부인회 회원 이성완, 이정숙 등과 동기동창이다. 그 외 3·1운동에 함께 항거했던 박남인, 정근신, 서효애 등과 함께 공부했다.

1919년 3·1운동 당시 학생들이 주도한 3월 5일 시위에 동참하고자 정신여학교 기숙사 학생 30여 명들은 모두 검정치마와 흰 저고리에, 댕기꼬리를 늘이지 않고 머리를 꼭꼭 땋아 둘레 머리를 하고 버선발에 미투리를 신고 남대문 역 시위 장소로 갔다. 시위대와 함께 대한문 앞에 이르렀을 때 목소리 높여 만세를 불렀다. 일경은 시위대 전부를 체포하였으며 현장에서 정신여학교 학생들 중 임충실, 이아수(이애주), 박남인, 김경순 등이 체포되었다. 임충실, 박남인, 김경순은 3월 24일 경성여고보 학생 7명, 숙명 학교 학생 1명과 함께 석방되었다. 임충실은 당시 16살인데 서대문형무소에서 20일 동안 목에 피가 나도록 심한 고문을 받은 후 가끔 밤마다 헛소리를 하였다고 한다.

임충실은 진남포 기업가인 부친 임우돈(林祐敦)이 당시 동창 유각경의 부친인 충청북도 참여관 유성준과 막역한 친구 사이여서 딸의 석방에 큰 도움을 받았다고 한다.

해방 후 정신여학교 동창회 임원, 재단 이사 등을 역임하였다.

● 장선희(張善禧, 1893.2.19.~1970.8.28., 애족장) 제6회 졸업

장선희는 평안남도 평양의 박구리에서 아버지 장
준강과 어머니 이영숙의 2남 2녀 중 둘째 딸로 태어
났다. 호는 단운(丹芸)이다.[71] 아버지는 화가로 천부
적인 재능을 가진 개화사상가였다. 청일전쟁 때 평
양을 떠나 1900년경 황해도 안악으로 이주하였다.
안악에서 안신소학교에 입학해 수학하였다. 1908

장선희
(출처: 국가보훈부)

년 소학교를 졸업하고 모교에서 학생들을 가르쳤다. 1911년 평양 숭의
여학교에 입학하였다. 1912년 세브란스의전에 재학 중인 오빠의 권유로
정신여학교 2학년으로 편입하였다. 정신여학교에 다니며 연동교회의 교
인이 되었다.

1914년 3월 24일 제6회로 정신여학교를 졸업하고 경성여자고등보통
학교 기예과 3학년에 편입해 수예 교육을 전문적으로 받았다. 1년 만에
우수한 성적으로 졸업한 장선희는 정신여학교 정식교사로 부임했다.

(장선희가 수예 시간에 들려주던 이야기)

"... 사나운 비바람처럼 일본 침략의 정치가 우리 민족의 생명을 억누르
고 있어도 우리 민족정신의 뿌리가 실력을 토대로 깊이 박히는 날 울
앞에는 서광이 비쳐 오고, 우리 민족은 희망에 찬 웃음을 웃게 될 것입
니다."

"학생 여러분, 왜놈의 정치가 우리에게 사탕발림으로 유혹을 한다 해도
우리 민족의 혼은 왜놈의 그물에 걸린 채로 있을 리 만무입니다. '달이

차면 기울기 시작하고 만물이 이루면 쇠하기 시작하는 것'은 자연의 공리입니다. 우리는 隱忍自重해 모름지기 때가 오기를 기다리며 오직 학문을 탐구해야 합니다."

1919년 3·1독립운동 당시 정신여학교 교사로 근무하던 장선희는 독립선언서를 휴대하고 귀향하여 독립선언의 소식을 알림으로써 재령의 만세 시위운동을 격발시켰다.

또한 장선희는 1919년 3~4월경 정신여학교 동창 오현주, 이정숙 등이 조직한 혈성단애국부인회에 가입하여 활동하였다. 혈성단애국부인회는 3·1운동으로 투옥된 다수의 기독교도의 옥바라지 및 가족의 생계지원을 목적으로 결성되었다.

같은 해 4월 회원을 확보하여 동회의 세력을 확대하고자 지부 설치를 위해 정신여학교 6회 졸업생 이순길을 회령, 정주, 군산, 목포, 전주, 광주, 황해도 흥수원 지방에 파견하였다. 독립자금의 모집과 상하이 임시정부의 원조 및 독립운동에 참가하려는 목표를 달성코자 함이다.

동년 6월 대한민국청년외교단 총무 이병철의 주선으로 최숙자, 김희옥이 결성한 대조선독립애국부인회와 통합하여 대한민국애국부인회로 확대·개편되었다. 이때 장선희는 동회의 외교원을 맡았다. 이후 교회·학교·병원 등을 이용해 조직을 전국적으로 확대하면서 회원들의 회비와 수예품 판매를 통해 독립운동 자금을 수합하여 임시정부를 지원하였다.

그런데 동회의 활동이 침체되어 갔다. 이즈음 3·1운동으로 수감 되었던 김마리아와 황애시덕이 면소 방면되어 대한민국애국부인회에 참여하면서 조직정비를 서둘렀다. 1919년 9월 19일 '김마리아 황애시덕 출옥

환영회'를 명목으로 정신 출신 동창들이 모였다. 장선희를 비롯해 김영순 백신영, 신의경, 오현관, 오현주, 유보경, 유인경, 이성완, 이정숙, 이혜경, 이희경, 정근신, 홍은희 등 16명이었다. 이 회의에서 조직과 임원을 개편하였다. 조직은 결사부·적십자부를 신설하여 항일 독립전쟁에 대비한 체제로 전환하였다. 임원은 회장 김마리아, 부회장 이혜경, 총무 및 편집원 황애시덕, 적십자 부장 이정숙·윤진수, 결사부장은 백신영이 맡았다. 결사부 설치는 일제에 항거하여 직접적 투쟁이 있을 경우를 대비한 편성이다. 장선희는 재무원으로 선임되어 활동하였다. 또한 애국부인회의 취지서와 본부 규칙, 지부 규칙 등 3개 문서도 작성하였다.

이후 대한민국애국부인회는 본부와 지부를 통해 임시정부 국내 연통부와 대한적십자회 대한총지부의 역할을 대행하였다. 또한 독립운동 자금 모집에 힘써 6천 원의 군자금을 수합하여 일부를 임시정부에 송금하였다.

이와 같은 활동 중 조직 발각으로 장선희는 1919년 11월 28일경 동회 임원, 회원, 그리고 청년외교단 단원 등 80여 명과 함께 경상북도 경찰부에 체포되었다. 당시 세간을 떠들썩하게 했던 소위 '대한민국청년외교단 및 애국부인회 사건' 핵심 인물로 체포되었다. 이후 대구로 이송되어 조사받고 '대정 8년 제령 제7호 위반'으로 대구지방법원검찰청에 기소되었다. 회장 김마리아와 중요 임원 9명은 6개월 여의 예심을 거쳐 재판에 회부되었다.

1920년 6월 29일 대구지방법원에서 이른바 '정치에 관한 범죄 처벌의 건' 및 출판법 위반으로 장선희는 징역 2년을 받았고, 김마리아와 황애시덕에게 징역 3년, 김원경(궐석), 이정숙에게 징역 2년 김영순, 백신영, 유인경, 이혜경에게 징역 1년을 각각 언도했다. 모두 1심판결에 불복하고 항소하였으나 1920년 12월 27일 대구 복심법원에서 공소(控訴)가 기각되었고 미결구류 100일을 본형에 통산한 조치가 추가될 뿐이었다. 형이 확정되자 대구감옥에서 옥고를 치렀다.

1922년 5월 6일 만기 3개월 전에 가출옥으로 풀려났다. 햇수로 4년 만이었다. 이때 함께 출옥한 동지는 김영순, 이정숙, 황애시덕이었다. 장선희는 서울을 거쳐 재령으로 내려갔다.

1922년 12월 일본 동경여자미술전문학교 자수과에 입학했다. 1924년 3월 미술과를 졸업하고 귀국하였다. 귀국 후 정신여학교에 복직하였다. 1926년 3월 일본유학 중 알게 된 고베신학교에서 신학을 전공한 오학수와 결혼하였다. 1927년 8월 경성여자기예학원을 설립해 본격적인 후진 양성에 나섰다.

해방 후 이화여자대학 예림원 자수과 초대과장으로 취임하였다. 1970년 8월 별세하였다.

정부는 1990년에 건국훈장 애족장(1963년 대통령 표창)을 추서하였다.

● **장윤희(張允禧, 1892.10.4.~?, 대통령 표창) 제6회 졸업**

장윤희는 본적이 서울(태평)이며 아버지는 장응규(張應奎)로 독립운동가다.[72] 1914년에 정신여학교를 졸업한 제6회 졸업생이다. 세브란스병원 간호사[73]로 있으면서 경신학교 학생 박인석이 제작한 경성독립비밀단이란 독립창가집을 배포하는 활동을 전개하였다.

이 독립창가집은 경신학교 학생 박인석(朴仁錫)이 1919년 3·1만세운동으로 검거되어 서대문감옥에 구류되어 있던 중에 '서로 서로 조선독립운동을 원조하여 그 목적을 달성하지 않으면 안 된다'는 뜻을 세우고 '경성독립비밀단'이란 이름으로 제작한 것이다. 박인석은 1919년 11월 6일 집행유예로 풀려나자 그 창가집을 인쇄·배포하여 독립운동지원을 계획하였다. 1920년 1월 말경 전도사 송창근(宋昌根)에게 부탁해 세브란스병원 안에서 등사기를 이용하여 창가 600부를 등사하였다. 이것을 동료 정후민·장윤희, 교사 김원근 등과 같이 세브란스병원 간호사, 경신학교·배재고등보통학교·이화학당·정신여학교·중앙학교 등 각 중등학교 학생들에게 나누어 주어 애국심을 고취시켰다.

장윤희의 신문조서에 의하면 창가집을 아버지 장응규에게 받았다고 한다. 장윤희는 전달받은 이 창가집을 정신여학교 교사 김원근을 통해 정신여학교 학생들에게 반포케 하였다. 이 일로 장윤희는 박인석, 정후민, 전도사 송창근, 한문 교사 김원근 등과 함께 체포되어 1920년 3월 19일 정치범죄 처벌령 및 출판법 위반으로 재판을 받았다. 장윤희는 징역 3월, 집행유예 2년의 선고를 받았다. 재판 결과에 불복하여 공소(控訴)할 것이라는 신문 기사가 있지만 복심법원 판결에 대한 자료는 없다.

장윤희는 어떻게 이 창가집을 손에 넣을 수 있었을까? 장윤희에 대한 검사의 신문조서에 의하면, '대정 9년 1월 말경 부친 장응규(張應奎)의 손을 거쳐 '경성독립비밀단'이라는 창가를 받아 정신여학교 생도에게 반포하도록 하여서 정신여학교 교사 김원근에게 교부하였다'는 기록이 있다. 즉 장윤희는 아버지 장응규를 통해 이 창가집을 받았고, 장응규와 함께 은밀히 정신여학교를 비롯한 여러학교 학생들에게 항일 독립의식을 심어주는 큰 역할을 한 것으로 보인다.

장응규는 임시정부 독립운동자금 모금과 상하이 임시정부의 지시로

경신학교에 주비단을 조직한 활동으로 징역 4년의 옥고를 치른 독립운동가다. 장응규가 경신학교와 연결고리가 있던 사실을 미루어 이 창가집을 전달받게 된 것으로 추측된다. 장응규는. 정부로부터 2011년 건국훈장 애국장을 추서받았다.

장윤희는 2021년 대통령 표창에 서훈되었다.

● 정근신(鄭槿信, 1903~?) 제11회 졸업

정근신
(출처 『동아일보』,
1929.4.16.)

정신여학교 11회 졸업생으로 대한민국애국부인회 중심인물인 이정숙, 이성완, 박옥신 그리고 임충실, 박남인과 동기다. 졸업 후 광주 수피아여학교에 교원으로 재직하였다.[74]

대한민국애국부인회의 설립을 주도한 동기동창 이정숙과 장선희로부터 조선독립을 목적으로 하는 동회에 가맹해 달라는 권유를 받고 회원이 되었다.

1919년 6월 출범한 대한민국애국부인회는 1919년 4월 정신여학교 선배 오현주, 이정숙 등이 투옥된 독립운동가를 지원하고 독립군자금모금을 목적으로 조직한 혈성단애국부인회와 최숙자·김희옥 등이 결성한 대조선독립애국부인회와 통합해서 재편한 독립운동단체이다. 정근신은 재편된 조직에서 재무원을 맡았으며 홍수원 지부장으로 있으면서 약 20여 명의 회원을 모집하며 활동하였다. 1919년 11월 28일경 조직이 발각되어 '대한민국청년외교단 및 애국부인회 사건'으로 회원 80여 명이 검거당했을 때 체포를 면한 것으로 추측된다.

이후 정근신은 1921년 4월 동경 명치대 법대와 신학사신학교에서 수학하고 귀국해 휘문보통고등학교교사 이일과 결혼하였다. 1926년 3월 5일 아들을 낳아 양육하면서 정직하고 근검하고 충실한 부인이라는 평과 함께 가정주부가 된 정근신이 쓴 「안해로서 남편에 대한 희망」이란 제목의 기사를 게재하여 당시 지식인 여성의 가정관에 대한 인식을 엿볼 수 있다.

● 정순애(鄭順愛, ?~?) 제5회 졸업

경남 동래 출신으로 정신여학교 5회 졸업생이다.[75] 졸업 후 경남 동래의 일신여학교에서 교사로 재직하였다. 1919년 3·1운동 때 부산지역 만세운동에 앞장서 투쟁하였다.

해방 이후 1959년 모교동창회에서 애국 동창에 추서하여 합동으로 추모예배를 드렸다.

● 주경애(朱敬愛, 1898~?) 제9회 졸업

주경애는 1898년 부산에서 태어났다. 서울의 정신여학교에 입학해 1917년 제9회로 졸업하였다.[76] 졸업 후 부산 동래 일신여학교(釜山鎭日新女學校: 현 동래여자중고등학교)에서 교사로 일한 것으로 추측된다. 일신여학교는 1895년에 호주선교회에서 여성교육을 위해 설립하였으며 이 학교는 부산지역의 민족 여성 지도자의 산실로 평가되었다. 여성 독립운동가 박차정, 해방 후 여성 국회의원 박순천이 이 학교 대표적인 졸업생이다. 정신여학교 5회 졸업생 정순애도 일신여학교의 교사로 재직하였다.

주경애는 항상 "조국 프랑스를 영국의 침략에서 구원한 「잔느 다아크」와 같이 나라를 위하여는 목숨도 아깝다 아니하는 위대한 인물이 되게 하여 주옵소서"라고 뒷산에 올라가 기도하였다고 한다.

1919년 3월 1일 서울에서 독립 만세운동이 일어나자, 3월 2, 3일경 부산에도 「독립선언서」가 비밀리에 배부되기 시작하였다. 독립선언서가 부산에 전달되자, 일신여학교 교사인 주경애는, 일신여학교 고등과 출신으로 모교 교사로 있던 동료 박시연(朴時淵)에게 '전국 각지에서 독립운동이 개시되었으니 우리 학교에서도 거행하자'고 하여 논의하여 3월 11일 시위를 결의한 후 일신여학교 고등과 학생들과 함께 준비에 착수했다. 거사 전날 3월 10일 밤 일신여학교 고등과 학생 11명이 기숙사에 모여 벽장 속에 숨어서 치마의 옥색 물을 탈색하여 태극기 50여 장을 만들었다.

고등과 여학생 11명은 3월 11일 재차 연락을 하고 그날 밤 고등과 김응수(金應守) 외 고등과 학생들은 교사 주경애·박시연과 더불어 오후 9시 준비한 태극기를 손에 들고 독립 만세를 부르며 기숙사 문을 뛰쳐나와 좌천동(左川洞)거리를 누비면서 만세시위를 전개하였다.

이때 거리의 대중들이 여기에 호응하였다. 학생들은 미리 준비한 태극기를 이들에게 나누어 주었다. 학생들과 합류한 시위 군중 수백 명은 감격에 넘친 힘찬 시위를 전개하였다. 2시간이 경과되자, 일군경이 대거 출동하여 여학생 전원과 여교사 둘을 검거하여 부산진 주재소로 끌고 갔다. 이 시위에 부산상업고등학교 학생들은 태극기를 손에 들고 독립 만세를 부르며 만세를 부르며 일신학교 교장 미스 대마가레와 호주여선교사 허대시도 같이 합세하니 3,4백 명의 군중이 합세하였다.

부산 좌천동의 만세시위는 곧 주경애가 주도하였으며 이 시위를 이어 경남 각지로 퍼져 만세 시위가 이어졌으니 경남 3·1운동의 효시가 된 여성 독립운동으로 평가된다. 주경애는 시위가 끝난 후 초량으로 피신하여 체포를 면하였으나, 학생들이 모두 경찰에 체포되었다는 소식을 듣고 12일 오후 1시에 자진하여 파출소에 출두하였다. 이후 재판에 회부되어 1919년 4월 17일 부산지방법원에서 보안법 위반으로 징역 2년형(1년 6월형)을 선고받고 박시연과 함께 옥고를 치렀다. 학생 11명은 모두 6개월의 언도를 받았다. 1920년 특사로 풀려났다.

일신여학교의 학생의거는 경남 3·1운동의 효시로 이후 경남 각지에서는 만세 의거가 뒤를 이었다. 대부분 16세 전후의 나이 어린 소녀들이 일제의 세력이 강력하게 뿌리를 박은 부산에서 용감하게 만세 시위 항쟁의 신호탄을 쏘았다는 사실은 그 역사적 의미가 크다.

ㅊ

● 차경신(車敬信, 1892~?, 애국장) 제7회 졸업

차경신
(출처: 국가보훈부)

평북 선천(宣川) 사람이다.[77] 일찍 기독교인이 된 어머니 박신원의 영향으로 기독교를 받아들였다. 16살에 보성여학교에 입학하여 1회로 졸업하였다. 졸업 후 명신학교 교사로 재직하다가 1914년 정신여학교 사범과에 입학하였다. 1년 만에 졸업하였다. 차경신은 정신여학교 졸업 후에 함남 영생학교에서 교사로 재직하다 1916년 원산 진성여학교로 옮겼다. 1918년 일본 요코하마 여자신학교로 유학을 떠났다.

일본 유학 중인 1919년 2월 8일 동경에서 2·8독립선언서가 발표되었다. 이후 김마리아와 밀입국하였다. 귀국하면서 2·8독립선언서 10여 장을 미농지에 베껴서 숨겨서 가지고 들어왔다. 국내에 들어와 2월 15일경 대구에서 신한청년당의 서병호와 김순애를 만나 파리강화회의 한국대표 파견계획을 듣고 이 이 계획에 함께 하고자 하였다.

차경신은 서울에서 함태영을 만나 3월 1일 만세운동계획을 듣고 선천 지역 독립운동을 맡아달라는 부탁을 받았다. 차경신은 평양으로 가서 평양 여성운동의 대모인 김경희를 만나 의논한 후 선천으로 갔다. 선천에서 신한청년당 회원 50여 명을 모집하고 독립 정신을 고취시켰으며, 선천 신생학교, 보성여학교, 선천읍교회 지도자들과 회합하여 독립선언서와 태극기 만드는 일을 논의하였다. 3·1만세운동 당일에는 보성여학교 교사 황기성, 동창생 김강석, 강기일, 오순애, 재학생들과 함께 선두에 서서 만세운동을 폈다. 선천 지역 만세운동에서 주도적인 활동을 했던 차경신은 신변에 위협을 느껴 고향 가물남으로 피신하였다. 이후 어머니와 함께 대한민국임시정부의 독립자금모금과 지원활동에 전념하였다.

차경신은 동생 차경수와 함께 만주로 떠났다. 1919년 11월 만주에서 대한청년단연합회발기인으로 창립을 도왔고 총무로 활약하였다. 국내외를 다니면서 군자금을 모집하였고, 12월에는 국내 여성들의 단합을 도모하고자 삼도여자총회(三道女子總會)를 열어 결속을 다졌다. 1920년 3월 1일에는 선천군의 보성여학교와 신성(信聖)학교 학생들이 주도한 1주년 독립만세 시위운동에 참여하였다.

1920년 8월 하순, 대한민국임시정부의 안창호를 도와 국내를 오가면서 비밀 요원으로 활약하였다. 1921년 1월에는 대한국민회(大韓國民會) 부인향촌회와 연계하여 군자금을 모금하였으며, 동년 9월 정애경·최윤덕 등과 여자연합단(女子聯合團)의 대표로 임시정부에 자금을 지원하였고, 10월 26일에는 평남 평양부 김상만(金相萬)이 모금한 4백여 원의 군자금을 임시정부에 전달하는 등 자금조달에 일익을 담당하였다.

1922년 상하이에 도착한 김마리아와 만났다. 김마리아가 1923년 7월 미국으로 떠난 후 차경신도 김마리아의 권유로 1924년 1월 미국으로 건너갔다. 이후 초대 애국부인회 회장과 대한인국민회(大韓人國民會) 회원으로 독립운동을 계속하였고, 로스앤젤레스에 한국어 학교를 설립하여 초대 교장으로 교포 자녀들의 교육에 진력하였다. 1931년 로스앤젤레스 한국어 학교 교장직을 사직하고 샌프란시스코 애국부인회 총본부가 로스앤젤레스로 옮기게 되자 1932년부터 1939년까지 애국부인회 총단장을 역임했다. 애국부인회 지회를 조직하는 등 활동하였다. 애국부인회에서는 임시정부, 독립신문사, 광복위로금, 구미위원부(歐美委員部) 군축 선전비, 만주동포 구제금 그 외에도 국내 수재의연금, 혹은 고아원 원조비 등 독립운동과 구제 사업을 위해 힘썼다. 1940년부터는 1944년까지 대한여자애국단 서기로서 그리고 1945년에는 단원으로 활동하였다. 1978년 9월 28일 로스앤젤레스에서 사망하였다.

정부에서는 고인의 공훈을 기리어 1993년에 건국훈장 애국장을 추서하였다.

● **채계복(蔡桂福, 1900.10.10.~?, 애족장)**

채계복은 함경남도 원산 출생이다.[78] 아버지 채성하(蔡聖河, 1873~, 애족장)는 일찌기 러시아의 블라디보스톡으로 이주하여 신한촌에서 한국인 거류민 단장으로 활동한 독립운동가였다. 채계복은 아버지의 추천으로 정신여학교로 유학하였다. 정신여학교 3학년 재학 중 3·1운동에 참가하였다. 일설에는 약혼자 장기욱(張基郁)과 함께 독립신문, 경고문, 삐라, 금전 등의 전달 임무를 비밀리에 수행하였다고 한다.

채계복은 1919년 2월 28일 저녁 4학년생 이성완과 함께 독립선언서를 전달받아 정신여학교 기숙생들에게 전달하는 역할을 하였으나 정작 3월 1일에는 역사의 현장인 파고다 공원에는 가지 못했다. 학생단 주도의 3월 5일 제2차 만세시위운동에 적극 참가했는데, 미리 학생들의 참여를 독려하고자 교내에 "3월 5일 오전 8시 남대문 역 앞 집합, 미투리에 들메하고 나올 것"이라고 적힌 쪽지를 떨어뜨렸다고 한다. 이 시위에는 만 명 정도의 시위대가 참가해 만세 소리를 드높였고, 학생과 간호사들이 다수 일경에 체포되었다. 당시 약혼자 장기욱은 중앙학교 4년생으로 3월 5일 학생단시위의 중심인물로 붙잡혀 1919년 11월 6일 경성지방법원에서 재판받고 10월 징역형을 선고받고 옥고를 치렀다.

채계복도 이 일로 체포되었으나, "나는 고향도 부모도 없는 고아인데 어려서부터 남의 집살이하여 살아 왔으며, 주인집 심부름을 가는 길인데, 나는 만세도 부르지 않고 길가는 길에 붙들려 왔으니 놓아 달라"고 기지를 발휘하며, 왜소한 외모로 인하여 그냥 풀려나왔다는 일화가 전한다.

이후 블라디보스톡으로 돌아가서 신한촌 기독교인 부인들이 창립한 부인독립회에서 활동을 이어갔다. 동회의 회장은 정신여학교 동창 이의순이며 채계복, 이혜근 등이 조직을 이끌었다. 지회를 세워, 배일화동맹, 구매조합 일화배척운동에 앞장섰다. 또한 독립전쟁과 독립군의 의료대비책을 위해 간호부 양성계획을 추진하였다. 1920년 봄, 50여 명의 한인 여성들이 간호부양성 교육 단기속성과정에 참여하였는데, 채계복은 이중 12명의 여성들을 '대한적십자사 간호부'로 모집해 와서 간호부양성교육의 실행에 지대한 공을 세웠다.

1920년 3월 1일, 블라디보스톡의 한인들이 개최한 독립선언기념회가 성대하게 진행되었다. 정권을 장악한 러시아의 혁명 세력에게 한인들의 독립 의지를 과시하려던 것이었다. 모두 24개 단체가 참여하였는데, 부인독립회의 회원들도 이에 적극 참가하였다. 채계복을 비롯한 회원들도 준비를 위한 집행부 임원에 선임되었다.

이 독립선언 기념회에서 회장 이의순에 이어 채계복도 애국적 연설을 하였다.

"작년의 금일 33명의 인사가 독립선언을 함에 마땅히 우리 여자 중에도 오른손에 태극기를 흔들고 만세를 부르고, 오른손을 잘려 떨어지면 이를 왼손으로 흔들고, 다시 왼손을 잘려 떨어지면 입에 물고 흔들고, 마침내 참살된 자조차 있고, 우리 여자라도 마땅히 분기하여 최후까지 싸우지 않으면 안 된다."고 주창한 연설이었다.

1920년 4월 일본군이 연해주 일대의 러시아 혁명세력과 한인사회를 무력적으로 공격하여 러시아인과 한인들을 체포, 구금, 학살하는 4월 참변이 발생하였다. 이 일로 연해주 지역의 한인 독립운동의 기반은 송두리째 파괴되었다. 4월 참변 후 채계복은 정신여학교의 남아있는 과정을 마치기 위하여 귀국하였다.

정신여학교를 졸업한 채계복은 1921년경 석방된 장기욱과 결혼하였고, 이후 원산의 청년단체에서 청년운동에 주력하였던 것으로 보인다. 1927년경에는 원산 여자청년동맹(회)에서 주요 임원을 맡아 활동하였다.

채계복은 그 후에도 1930년 중외일보 원산지국이 주최한 신년 여성 간담회 참가하여 여성 계몽의 중요한 점들을 제안하기도 하였다. 특히 이 시기에는 근우회 원산지회 집행위원으로 활동하였다.

정부에서는 2021년 건국훈장 애족장을 추서하였다.

남편 장기욱(張基郁 1899~)은 안변 출신으로 서울로 유학하여 중앙학교에서 공부하였다. 재학 중이던 1919년 당시 3월 5일 학생단이 주도한 제2차 독립 만세시위운동에 주도적으로 참여했다가 일경에 체포되어, 경성지방법원에서 징역 10개월 형을 선고받고 서대문형무소에서 옥고를 치렀다.

● **최마리(崔馮利, ?~?)**

1911년 서울에서 조선시대 정3품의 관직을 지낸 최건희(崔健喜)의 막내딸로 태어났다. 1919년 3·1운동의 민족대표 33인 중 한사람인 이갑성의 부인이다. 평생을 내조자로서 음으로 양으로 독립운동을 지원해 왔다.

부친 몰래 중림동 보명보통학교에서 6년간 교육을 받았고 졸업 후 정신여학교에 입학하였다. 자신의 딸이 공개된 근대 교육기관에서 교육받는 것을 용납지 않던 부친의 반대를 단식이란 방법을 동원해 가까스로 허락받아 수학하게 되었다. 정신여학교 2학년 때 부친 사망으로 이갑성이 부친을 대신하여 큰 오빠 최진호에게 군자금을 요구하는 과정에서 최마리를 보고 연모하여 끈질기게 구애하였다. 최마리는 정신여고 3학년 19살 때 졸업도 못한 채 상하이로 이주해 이갑성과 결혼하였다.

이갑성은 3·1운동의 민족대표로 2년 6월형을 선고받고 옥고를 치르고 출감하였다. 이후 1927년 신간회창립멤버로 활동하다 해소 후 1933년 중국 상하이로 갔다가 제중약방을 운영하다가, 임시정부가 전해에 윤봉길 의사의 상하이 의거로 멀리 떠나 이동 중이어서 귀국하였다. 1938년

'흥업구락부 사건'으로 신흥우·윤치호·장덕수·유억겸·안재홍·구자옥 등과 함께 일본 경찰에 붙잡혔다.

이갑성이 상하이에서 운영한 제중대 약방(1933년 상하이 약전 수료) 2층에는 안도산, 김구, 차희석(맹혈단장)등이 찾아와서 독립운동에 대한 의논을 하곤 했다고 한다. 이렇게 약방 운영을 통해 얻은 수익금은 생활비를 제하고 모두 군자금으로 보냈는데 군자금을 건네줄 때는 약방 건너편에 있는 러시아 반점에 연락원을 데리고 가서 주었다는 일화가 전한다.[79]

ㅎ

● 한소제(韓小濟, 1899~1997) 제28회 졸업

1899년에 출생하였다. 의주 출신 초창기 목사 한석진[80]의 딸로 서울 승동교회에서 운영하던 승동남녀소학교를 다녔다. 이후 정신여학교를 졸업하였다.

일본으로 유학해 동경여자의학전문학교에 입학하였다. 1920년 3월 동경에서 유영준(劉英俊), 이현경(李賢卿) 등과 함께 조선 여자의 교육 보급 도모와 상호친목을 는 목적으로, 조선 여자흥학회를 조직하였는데 회원 수는 30명이었다. 조선여자학흥회의 회원들은 방학 때면, 귀국하여 전국을 순회하며 강연을 통해 신사상, 신지식 보급에 노력했다. 1923년 도쿄여자의과대학을 졸업한 후 귀국하였다. 남편 신동기(申東起)가 일본 홋카이도(北海道)대를 졸업한 뒤, 남편과 함께 미국 미시건주 알비온(Albion)대에서 수학했다.

1926년부터 2년간 미국 유학 후 의사로 활동했다. 1938년 직업 부인을 위한 탁아소 주치의를 지내기도 했다. 기독교여자청년회 운동에 참여했으며, 걸스카우트 운동에도 관심을 가졌지만 일제 강점기에는 일제의 방해로 이루지 못하다.

해방 후 1946년 6월 미군정시기 대한소녀단의 창립총회를 개최하고 간사장을 맡았다. 이후 미국으로 이주하였다. 1997년 3월 5일 사망하였다.

● 홍숙자(洪淑子, ?~?) 제28회 졸업

1936년 추가 동창으로 졸업한 장선희 등과 동기로서 미국 하와이를 중심하여 동창생을 규합하고, 독립운동자금 모금에 동참하면서 미국에서 활약하였다.

해방 이후 1966년 모국을 방문하고 모교를 찾았다.

● 홍은희(洪恩喜, ?~?) 제4회 졸업

홍은희는 황해도 해주출신으로 정신여학교 제4회(1910) 졸업생이다.[81] 정신여학교 재학중인 1909년 12월 이재명(李在明)이 매국노 이완용 암살 의거를 감행했으나 실패하고 체포되어 옥중에 갇힌 사건이 발생하였다. 동창생 이혜경은 애국열사 이재명의 옥바라지를 돕고자 7형제 애국단을 결성하였는데, 홍은희도 7형제 애국단의 단원이 되어 의연금 모금, 양기탁 임치정과 연락을 도모하며 활동했다고 한다. 7형제 애국단원은 이혜경, 이자경, 이인순(5회), 홍은희(4회), 이의순(5회), 고원숙, 최학현 7인으로 구성되었다고 한다.

홍은희는 1919년 9월 19일 정오에 김마리아와 황애시덕의 환영 위로

회란 명목으로 16명의 동지가 정신여학교 구내 천미례 선교사집 김마리아의 방에 비밀리에 모여 대한애국부인회를 확대 개편하는 중요한 회의에 참석하여 애국부인회가 발전하는데 힘을 보탰다. 1927년 근우회활동에서도 홍은희의 이름이 보이지만 동일인인지 확인하기 어렵다.

● **황혜수(黃惠受, 1891.10.25.~1984.10.14., 대통령 표창) 제3회 졸업**

황혜수는 평안북도 의주군 위화면 상단리에서 4남 4녀 중 일곱째 딸로 태어났다.[82] 미국에서 목회자와 독립운동가로 활동한 황사용과 황사선이 오빠다. 연동여학교에서 수학하고 1909년 3회로 졸업하였다. 김순애, 미주의 김낙희가 3회 졸업생이다. 졸업한 뒤 평북 선천의 표성 아카데미와 부산 초량여학교의

황혜수
(출처: 공훈전자사료관)

교사로 재직하였다. 한국을 떠나 1911년 6월 미국 캘리포니아주 샌프란시스코에 도착하였다. 1912년 샌프란시스코 밀스중학교와 앨라배마주의 아텐스(Atehns)대학교에서 수학하였고 1915년 졸업 후 샌프란시스코 한인교회 내에 청년회 학문국 임원으로 활동하였다. 다시 학업을 이어 1919년 아테네대학 사회사업학과를 졸업하였다. 졸업하자마자 9월 하와이 호놀룰루 YWCA 서기로 임명되어 하와이로 건너갔다. 1920년 12월에 YWCA 안에 어머니 클럽을 설립하여 이민 여성의 현지화, 미국화를 지도하였다. 1927년 5월 개최된 범태평양교육회(汎太平洋教育會) 한인 대표로 출석하였다.

1928년 2월 26일 황혜수와 하와이 한인사회의 중심인물 29명은 독립운동 진영 통합을 위한 '대한민족통일촉성회'를 조직하기로 의결하였다.

1928년 8월 9일 하와이에서 범태평양부인대의회에서 황혜수는 200여 명의 각국 대표들과 중요한 문제를 토론하였다. 황혜수는 하와이 한인 2세들의 여자단체인 '형제 클럽'을 결성하고 한국문화와 예술을 배양하며 민족문화 수호에 앞장섰다. 1932년 3월에는 하와이 한인 3세들을 위해 '해당화클럽'을 조직하여 한국의 문화·예술·풍속을 가르쳤다.

1935년 다시 북미로 이동해 대한여자애국단 샌프란시스코지부에서 활동하였다. 1941년 12월 일본의 진주만 공습 이후 하와이 치안부에서 한인반 집행위원회를 조직하여 국방후원을 하도록 했는데 이때 황혜수가 선출되어 활동하였다.

1914년부터 1945년까지 각종 독립운동 자금을 제공하였다. 1943년 YWCA 한인부 총무직을 퇴직하였다. 1984년 사망하였다.

정부는 2019년에 대통령 표창을 추서하였다.

● 황희수(黃喜壽, 1897~?) 제14회 졸업

경남 밀양 출신으로 서울로 유학 와 정신여학교에 입학하여 14회로 졸업하였다.[83] 정신여학교 재학 중 3·1운동에 참여하여 만세를 불렀다고 한다. 정신여학교 3년 선배인 이정숙의 권유로 김경순과 대한민국애국부인회의 회원이 되어, 활동하면서 그 외 여러 명의 학생을 가입시키는 한편, 회비를 모금하여 대한민국애국부인회 활동을 도왔다.

활동 중 조직이 발각되어 황희수는 1919년 11월 28일경 회원 80여 명과 함께 경상북도 경찰부에 체포되었다. 당시 세간을 떠들썩하게 했던 소위 '대한민국청년외교단 및 애국부인회 사건' 관련자로 붙잡혀 대구로 이송되어 조사받은 후 '대정(大正) 8년 제령(制令) 제7호 위반'으로 대구지방법원 검찰청에 기소되었다. 1920년 1월 12일에 대구지검에서 기소중지 불기소처분을 받았다. 이밖에 무슨 사건에 대한 처분인지 확인할 수 없지만 1920년 2월 12일 기소유예 불기소처분을 받은 자료도 있어 추기해 둔다.

1924년 울산군의 유지인 손인수(孫麟秀)[84]와 결혼하였다. 밀양여자청년회가 설립된 1920년경 밀양의 무산여성(無産女性)들의 야학 교육을 위해 문을 연 밀양여자야학원이 1929년경에도 계속해서 여성교육과 계몽활동을 했다는 신문기사 중 황희수의 이름이 확인되는 점으로 미루어 황희수도 이 야학원에서 활동했을 것으로 추측된다.

약전으로 정리할 만큼의 자료 부족으로 그 삶을 서술할 수 없지만 독립운동에 나섰다는 이름을 남긴 이들을 추가로 적었다.

1930년 1월 광주학생운동과 연결된 만세 시위운동인 서울의 1월 15일 여학생 시위투쟁에서 정신여학교 학생 13명 중 이름이 확인된 당시 2학년인 안분남과 하운학도 역시 독립운동에 나섰다. 안분남은 기숙사에 격문 11장을 숨겨두었던 것이 발각나서 주모자로 취조 중이라는 신문보도로 보아 이 시위에서 주된 역할을 담당했음을 알 수 있다. 그 이후의 처리에 대한 기록은 확인할 수 없었다.

하운학은 구속된 13명 중 이름이 신문에 게재되었으며 1930년 2월 11일 기소유예로 풀려났다. 물론 하운학은 이듬해 23회 졸업생이 되었다. 안분남과 하운학 이외의 정신여학생도 시위에 함께 했음을 기억해야 한다.

다음으로 1909년이 이혜경이 조직한 7형제 애국단의 일원인 최학현도 정신여학교 동창생이다.

1919년 1월 고종 승하로 학생들이 검은 댕기 복장을 고수하다가 복장을 풀라는 일제당국의 지시를 어기자 학교로부터 정학 처분당한 학생이 7명이었는데 그 중 강유감, 김경순, 황희수, 정한렬이 있다. 김경순과 황희수는 그 약력을 정리해 두었지만 강유감과 정한렬은 자료가 없어 이름만 전한다. 이름 뿐이지만 이들의 항일투쟁도 우리가 기억해야 할 역사의 한 부분임을 잊지 말아야 한다.

3. 정신여학교 출신 부부독립운동가

끝으로 남편과 함께 독립운동가로 활약했던 정신여학교 출신 부부독립운동가 23쌍을 〈표 9〉로 정리하였다. 이들 부부 외에도 미처 찾아내지 못한 사례도 있을 것이다. 추가 발굴 연구가 필요하다.

표 9. 정신 출신 부부 독립운동가(23부부)

번호	이름	졸업회수	서훈	남편	남편 활동
1	고숙원	1907	–	함태영	31운동 (독립장)
2	김낙희	3회	건국포장	백일규	미주지역 활동 (독립장)
3	김미렴	1910	–	방합신	의사로 독립운동지원
4	김순애	1909	독립장	김규식	파리평화회의대표, 임시정부활동 (대한민국장)
5	김영순	–	애족장	이두열	애족장(1990)
6	김필례	1회	건국포장	최영욱	세브란스의전출신 의사로 독립운동지원
7	김함라	1908	–	남궁혁	독립운동후원
8	노숙경	–	–	이원재	의사로 독립운동지원
9	노순경	–	대통령 표창	박정욱	세브란스 의사로 독립운동 지원
10	방순희	1923	독립장	김관오	한독당, 광복군(독립장)
11	우봉운	5회	민족교육, 여성계몽	기태진	교육계몽운동, 불교개혁운동
12	이선행	–	–	최윤호	동우회사건(애족장)
13	이원경	1907	–	김의균	변호사, 애국부인회사건 변호
14	이은경	1910	–	홍병성	독립운동 지원
15	이의순	1912	애국장	오영선	임시정부(독립장)
16	이인순	1911	애족장	정창빈	러시아에서 이동휘 활동 지원(대통령 표창)

번호	이름	졸업회수	서훈	남편	남편 활동
17	이혜경	1907	애족장	김성국	3·1운동
18	이혜련	–	애족장	안창호	신민회, 공립협회,임시정부(대한민국장)
19	장선희	–	애족장	오학수	목사
20	차경신	–	애국장	박재형	미주지역(애국장)
21	채계복	–	애족장	장기욱	3·1운동, 사회주의운동
22	최마리	–	남편지원	이갑성	3·1운동 민족대표 33인
23	한소제	–	교육계몽	신동기	의료봉사

주

1 정신여자중고등학교, 『정신백년사』 상권, 1989.

연동교회, 『연동교회 애국지사 16인열전』, 2009, 149~168쪽

2 『(김경순)판결문』 (경성지방법원 1919.8.4.)

『형사사건부』 (대구지방법원 1920.2.12., 1920.1.12.)

3 독립운동사편찬위원회, 『독립운동사 자료집』 5권, 144~145쪽

『(장윤희) 판결문』 (경성지방법원, 1920.3.19.)

4 독립운동사편찬위원회, 『독립운동사자료집』 8권, 1974.; 14권, 1978.

독립운동사편찬위원회, 『독립운동사』 10권, 1978.

『신한민보』, 1914.5.17, 「동포내도」『신한민보』, 1916.6.8., 「김백양씨의 성혼」

김원용, 손보기 엮음, 『재미한인 50년사』, 혜안, 2004.

홍선표, 『재미한인 독립운동을 이끈 항일 언론인 백일규』, 독립기념관 한국독립운동사연구소, 2018.

5 『(김마리아) 판결문』 (1920.6. 대구지방법원, 1920.12.27. 대구복심법원)

『獨立新聞』

金正明編, 『朝鮮獨立運動』 II, 原書房, 1967.

독립운동사편찬위원회, 『독립운동사』 4·6·8·10권, 1972~1978.

國史編纂委員會, 『韓國獨立運動史資料』 3, 1973.

『대한민국임시정부자료집』

大韓民國國會圖書館, 『韓國民族運動史料─三·一運動篇』 3, 1979.

경북경찰부, 『고등경찰요사』, 1934.

정신여자중고등학교, 『정신백년사』 상권, 1989.

박규원, 『상하이 올드 데이스』, 민음사, 2003.

박용옥, 『김마리아, 나는 대한의 독립과 결혼하였다.』, 홍성사, 2003.

6 『(김마리아)예심종결결정』, (경성지방법원 1919.8.4.)

7 『매일신보』, 1919.12.19.「가공할 비밀결사, 남녀의 독립음모단」

8 『독립신문』, 1922.2.

9 이재선, 『한국현대소설사』, 홍성사, 1979.

백철, 『조선신문학사조사』, 수선사, 1948.

이원조, 「김말봉」, 『여성』, 1937.12.

10 정신여자중고등학교, 『정신백년사』 상권, 1989, 444쪽.

11 『동아일보』 1920..6.2, 「대구여자청년회」,1922.3.3.「명신야학교강영회」. 1922.2.6. 「대구 기

독여자야학강연」, 1922.7.3. 「기독면려청년토론」, 1923.3.17. 「대구부전기독여자청년교육회」

12 『獨立新聞』, 『신한민보』, 『동아일보』

　　金正明編, 『朝鮮獨立運動』 II, 原書房, 1967.

　　독립운동사편찬위원회, 『독립운동사』 4·6·8·10권, 1972~1978.

　　國史編纂委員會, 『韓國獨立運動史資料』 3, 1973.

　　정신여자중고등학교, 『정신백년사』 상권, 1989.

　　김희곤, 『중국관내 한국독립운동단체연구』, 지식산업사, 1987.

　　이명화, 『김규식의 생애와 민족운동』, 독립기념관, 1992.

　　박규원, 『상하이 올드 데이스』, 민음사, 2003.

　　박용옥, 『김마리아, 나는 대한의 독립과 결혼하였다.』, 홍성사, 2003.

　　강영심, 김도훈, 정혜경, 『1910년대 국외항일운동 II - 중국·미주·일본』, 한국독립운동사편찬위원회, 2008.

　　강영심, 「김순애(1889-1976)의 생애와 독립운동」, 『한국근현대사연구』, 63집, 2012.12.

　　강영심, 「김순애 김규식 부부」, 『부부독립운동가열전』, 역사 여성 미래, 2021.

13 『대한민국임시정부공보』, 1919.9.5.

14 『신한민보』, 1920.4.16.

15 『新韓民報』, 1943. 6. 3., 「한국애국부인회 재건선언」

16 『獨立新聞』 대한민국 25.6.l. 중경 발행 창간호 참조

17 『(김마리아외) 판결문』, (대구지방법원, 1920.6.29., 대구복심법원, 1920.12.27.)

　　김정명, 『명치백년사총서』 제1권 분책, 222면

　　독립운동사편찬위원회, 『독립운동사』 10권, 856·938·939·942면

　　『동아일보』, 1920.6.30., 1927.4.28.

　　『매일신보』, 1919.12.19., 1920.6.30.

　　연동교회, 『연동교회 애국지사16인 열전』, 2009, 325~357쪽

18 『수형인명부』 (광주지방법원 목포지청, 1919.6.14.)

　　『집행원부』 (광주지방법원 목포지청, 1919.6.14.)

　　『형사사건부』, (1919.5.8. 1심 보안법위반 징역6월 집행유예 2년)

　　정신여자중고등학교, 『정신백년사』 상권,1989.

19 金英周는 1900년생으로 4월 8일 목포3.운동에 가담했다가 피체되어 징역1년 집유3년 벌금30원의 형을 언도받았다. 이후 1920년 목포청년회 외사부장, 1927년 신간회 목포지회 상무간사 등을 역임했다. 2023년 대통령표창에 추서되었다. (공훈전자사료관)

20 독립운동사편찬위원회, 『독립운동사자료집』 5권, 144~145쪽

　　『(장윤희) 판결문』, (경성지방법원, 1920.3.19.)

『형사사건부』(대구지검, 1920.1.12., 2.12.)

21 『동아일보(東亞日報)』,「시대일보(時代日報)』

이기서, 『교육의 길, 신앙의 길 : 김필례 그 사랑의 실천』, 북산책, 2012.

이송죽외 엮음, 『김필례 그를 읽고 기억하다』, 열화당 영혼도서관, 2019.

22 『독립신문』, 1920.3.30.「地方通信: 金海 女子講習會」

『매일신보』, 1921.5.9.

『동아일보』, 1928.3.28.; 5.30.; 1929.7.31.

『매일신보』, 1924.5.11.,「여성동우회 창립, 작 십일에 발회식을 거행」

『삼천리』, 제5호 1930.4.1.,「人材巡禮, 第2編 社會團體」

독립운동사편찬위원회, 『독립운동사』 3권, 235~240쪽

23 정신여자중고등학교, 『정신백년사』 상권, 307~314쪽, 438쪽

『(남궁혁) 판결문』(광주지방법원 1919.6.16.)

http://www.grandculture.net/gwangju/toc/GC60002015 (향토문화전자대전)

『대한매일신보』 1907. 『남도일보』, 2019.3.16.

24 독립운동가인명사전 참고, (『정신백년사』에서는 보영학교 졸업생으로 되어 있지만 보영학교 졸업생명단에서 확인되지 않는다.)

졸업식 초청장은 1987년 6월 100년사 집필시에 세브란스병원 이비인후과 의사인 이성낙이 보내온 것임. (그가 고의서를 사서 보던 중 그 책사이에 끼어있던 것이라함)그런데 주목할 것은 그당시 정신학교의 교명이 영어로 "Chung Sin monicas Academy"라고 적혀있던 점이다. (Monica St. Augustinus 의 어머니를 말하며 "모니카의 아카데미학교"란 뜻이다. 이 졸업식 초청장에 15명 졸업생의 성명이 기록되어 있고 주경애(朱敬愛)의 이름이 보인다.

25 『판결문』(공주지방법원, 1919.8.29.)

독립운동사편찬위원회, 『독립운동사사료집』 5권, 1972.

독립운동사편찬위원회, 『독립운동사』 3권, 1971.

김진호·박이준·박철규, 『국내 3·1운동 II -남부』, 독립기념관 한국독립운동사연구소, 2009.

김진호, 「공주지역의 3·1운동」, 『공주의 역사와 문화』, 1995.

최은희, 『조국을 찾기까지』, 탐구당,1973, 380~384쪽

독립운동사연구소, 『한국독립운동 인명사전』

26 『동아일보』 1929.11.17.

27 『(김효순) 일제감시대상인물카드』(서대문감옥, 1919.12.18.)

『판결문』(경성지방법원, 1919.12.18.)

「예심판사의 이정숙 신문조서」,『(이정숙) 판결문』(대구 복심법원 1920.12.27.)

『매일신보』, 1919.12.20.

28 정신여자중고등학교, 『정신백년사』 상권, 1989, 440~441쪽

29 『(노순경) 판결문』(경성지방법원 1919.12.18.)

『매일신보』, 1919.12.20.

『노순경 일제감시대상 인물카드』(서대문감옥, 1919.12.18.)

강영심, 『독립운동가 간호사74인』, 간호협회, 2021.

『문화유산으로 본 한국여성인물사』, 역사·여성·미래, 2021.

30 정신여자중고등학교, 『정신백년사』 상권, 1989.

31 정신여자중고등학교, 『정신백년사』, 1989.

『동아일보』,1920.6.25.; 1921.3.13.; 1924.7.4

『시대일보』, 1924.6.15.

32 『(박덕혜) 판결문』(경성지방법원 1919.12.18.)

『매일신보』, 1919.12.20.

『삼천리』, 제12권 제3호, 「장안 신사가정 (長安 紳士家庭) 명부(名簿,도착순)」,1940.3.

정신여자중고등학교, 『정신백년사』 상권, 1989.

33 『형사사건부』(대구지검, 1919.12.26.)

『독립신문(獨立新聞)』, 1920.1.1.

경상북도 경찰부, 『고등경찰요사(高等警察要史)』, 1934, 192·195쪽

독립운동사편찬위원회, 『독립운동사자료집』, 1975, 9권, 426~430쪽

34 『(박애순)판결문』(광주지방법원, 1919.4.30.)

『매일신보』, 1919.4.17., 5.4.

독립운동사편찬위원회, 『독립운동사』 제3·9권, 1971·1977.

독립운동사편찬위원회, 『독립운동사자료집』 13권, 88쪽

김진호·박이준·박철규, 『국내 3·1운동 II –남부』, 독립기념관 한국독립운동사연구소, 2009.

독립기념관 한국독립운동 인명사전 (이인선 집사의 수기: 안동교회보 제26호 참고)

35 『(박옥신) 형사사건부』(대구지검 1920.1.20.)

조선총독부 경북경찰부, 『고등경찰요사』, 1934, 192쪽.

박용옥, 『한국근대여성운동사연구』, 한국정신문화연구원, 1984.

최은희, 『조국을 찾기까지』, 탐구당, 1973.

36 『일제침략하한국36년사』 13권, 269, 318, 494, 610쪽

『임시정부의정원문서』, 국회도서관

독립운동사편찬위원회, 『독립운동사』 4권, 721·1031쪽

독립운동사편찬위원회, 『독립운동사』 6권, 160쪽

공훈전자사료관

37 경상북도경찰부, 『고등경찰요사』, 192~195쪽.

　　『(백신영)판결문』 (대구지방법원 1920.6.29., 대구복심법원 1920.12.27., 고등법원,1921.2.12.)

　　『집행원부』, 대구지방법원, 1920.5.22. (병보석출감)

　　『每日申報』 1919.12.19.; 1920.6.30.; 8.1.12.28,

　　『동아일보』 1920.5.26.; 1922. 5. 9.; 1923.1.17.; 1925.1.20.

　　김정명, 『명치백년사총서』 1권 분책, 221쪽

　　독립운동사편찬위원회, 『독립운동사』 4권, 452; 10권 856쪽

　　독립운동사편찬위원회, 『독립운동사자료집』 9권 427쪽; 14권 429·430·447쪽

38 정신여자중고등학교, 『정신백년사』 상권, 1989.

39 경상북도경찰부, 『고등경찰요사』, 192~195쪽

　　『판결문』 (대구지방법원 1920.6.29., 대구복심법원 1920.12.27.)

　　『1920년1월~4월 형사사건부』 (대구지검, 1920.1.12.)

　　『每日申報』1919.12.19.; 1920.6.30.

　　『동아일보』 1920.5.26.; 1922.5.9.; 1923.1.17.; 1925.1.20.

　　연동교회, 『연동교회 애국지사 16인 열전』, 2009, 361~392쪽

　　김정명, 『명치백년사총서』 제1권 분책, 221쪽

　　독립운동사편찬위원회, 『독립운동사』 4권, 452쪽; 10권, 856쪽

　　독립운동사편찬위원회, 『독립운동사자료집』 9권, 427쪽; 14권, 429·430·447쪽

40 『(오현관)형사사건부』 (대구지검, 1919.12.26.)

　　경상북도 경찰부, 『고등경찰요사(高等警察要史)』, 1934.

　　박용옥, 『한국근대여성운동사연구』, 한국정신문화연구원, 1984.

　　최은희, 『조국을 찾기까지』, 탐구당, 1973.

41 「厭世主義인가」, 『권업신문』, 1914.5.3.,

　　『한인신보』, 1918.1.13.

　　독립운동사편찬위원회, 『독립운동사』 5권, 92쪽.

　　「가뎡부녀의배홀곳 능인녀자학원」, 『동아일보』, 1925.3.23.

　　「여자강습회」, 『동아일보』, 1922.10.12.

　　『동아일보』, 1929.1.17.

　　김준엽, 김창순, 『한국공산주의운동사』 2권, 153~157쪽

　　김광식, 「조선불교여자청년회의 창립과 변천」, 『한국근현대사연구』7권, 1997

　　『조선불교』 12권, 1925.4.11.

반병률, 「러시아연해주지역 항일여성운동,1909~1920」, 『역사문화연구』 23, 111~112쪽,
『不逞團關係雜件-朝鮮人의 部-在西比利亞』9 機密 제18호「鮮人의 행동에 관한 건」

42 『(유보경)형사사건부』 (대구지검 1919.12.26.)
독립운동사편찬위원회, 『독립운동사자료집』 10권, 947쪽; 9권, 426~430쪽
『한국독립운동의 역사, 20; 국내3·1운동Ⅱ-남부』, 독립운동사연구소, 2009, 284쪽

43 『한국민족문화대백과사전』
김남식, 『남로당연구』, 돌베개, 1984.
김준엽·김창순, 『한국공산주의운동사』, 고려대학교 아세아문제연구소, 1973.
『조선연감-1947-』, 조선통신사, 1946.

44 경상북도 경찰부, 『고등경찰요사』, 192~195쪽.
『(유인경)판결문』 (대구지방법원 1920.6.29., 대구 복심법원 1920.12.27.)
『每日申報』, 1919.12.19.; 1920. 6.30,
『동아일보』, 1920.6.20.; 1921.9.20., 1922.3.17.
김정명, 『명치백년사총서』 제1권 분책, 221쪽
독립운동사편찬위원회 『독립운동사』, 4권, 452쪽; 10권, 856쪽
독립운동사편찬위원회, 『독립운동사자료집』 9권, 427면; 14권, 429·430·447쪽

45 『(윤진수)1920년 1월-4월 형사사건부』 (대구지검 1920.1.12.)
조선총독부 경북 경찰부, 『고등경찰요사』, 1934, 192~195쪽.
박용옥, 『한국 근대 여성운동사 연구』, 한국정신문화연구원, 1984.
최은희, 『조국을 찾기까지』, 탐구당, 1973.

46 『(이도신) 판결문』 (경성지방법원 1919.12.18.)
『매일신보』, 1919.12.20.
정신여자중고등학교, 『정신백년사』 상권, 1989.

47 형사사건부에 1919년 20세로 기록되어 있다. 「(이마리아)형사사건부」, 대구지검, 1919.12.26.

48 『형사사건부』 (대구지검, 1919.12.26.)
『동아일보』, 1939.10.21

49 정신여자중고등학교, 『정신백년사』 상권(만년꽃동산, 130쪽 재인용).
『동아일보』, 1922.7.27.
『조선일보』, 1921.4.5.

50 『(최윤호)판결문』, (경성지방법원, 1939.3.29.)
독립운동사편찬위원회, 『독립운동사자료집』 8권, 657쪽
『신한민보』, 1924.7.4.; 1929.7.25.; 1939.3.23.

『동아일보』, 1933.12.6.

『매일신보』, 1932.7.30.

51 『예심종결결정 (이일등 45명)』 (경성지방법원 1919.8.4.)

『판결문』 (대구복심법원 1920.12.27.)

『(이성완)형사사건부』 (대구지검, 1919.12.26.)

경상북도경찰부, 『고등경찰요사』, 1934, 192·194쪽

독립운동사편찬위원회, 『독립운동사자료집』 9, 14권

『매일신보』, 1919.12.19.

국사편찬위원회, 『한민족독립운동사자료집』 14·17, 1991·1994.

박용옥, 『한국근대여성운동사연구』, 한국정신문화연구원, 1984.

정신여자중고등학교, 『정신백년사』 상권·하권, 1989.

52 『매일신보(每日申報)』, 1919.12.19.

『고등경찰요사(高等警察要史)』 (경상북도경찰부, 1934.) 195쪽

『(이순길)형사사건부』 (대전지검공주지청, 1919.5.12.)

『형사사건부』 (대구지검, 1920.1.12.)

53 이기서 저, 『교육의 길 신앙의 길: 김필례 그 사랑과 실천』, 태광문화사, 1988, 108~110쪽.

『(이아수(李娥洙)) 판결문』 (경성지방법원 1919.11.6.)

연동교회, 『연동교회 애국지사 16인 열전』, 제4편 「김필례」, 2009, 132쪽.

『일제감시대상인물카드』 (1920년 2월 23일 형의 집행정지)

54 정신여자중고등학교, 『정신백년사』 상권, 1989, 437쪽.

『조선일보』, 1920.6.9.; 6.10.; 12.16.; 12.18., 「비밀결사 애국부인회 김마리아사건 공판」

55 『獨立新聞』 『朝鮮民族運動年鑑』

金正明 編, 『朝鮮獨立運動』 3卷, 原書房, 1966.

徐紘一·東巖 共編, 『間島史新論』 상권, 우리들의 편지사, 1993.

한국독립유공자협회 엮음, 『러시아 지역의 韓人社會와 民族運動史』, 교문사, 1994.

한국독립유공자협회 엮음, 『中國東北지역 韓國獨立運動史』, 집문당, 1997.

반병률, 『임시정부의 초대 국무총리 성재 이동휘 일대기』, 범우사, 1999.

윤대원, 『상하이시기 대한민국임시정부 연구』, 서울대학교출판부, 2006.

국사편찬위원회, 『재외동포사 총서 7: 러시아·중앙아시아 한인의 역사』, 2008.

김명수, 『명수산문록』, 삼형문화, 1985.

강영심, 『간호사독립운동가 74인』, 대한간호협회, 2021.

김다래, 「대한민국임시정부 국무위원 吳永善의 민족운동」, 『한국민족운동사연구』, Vol.0

No.86, 2016.

56 보훈처,「이달의 독립운동가」(2016년 4월)에 게재된 사진.

57 『獨立新聞』『朝鮮民族運動年鑑』

　　金正明 編,『朝鮮獨立運動』3卷, 原書房, 1966.

　　국가보훈처,『러시아 極東 및 北滿洲 지역 排日鮮人 有力者名簿』, 1997.

　　徐紘一·東巖 共編,『間島史新論』상권, 우리들의 편지사, 1993.

　　한국독립유공자협회 엮음,『中國東北지역 韓國獨立運動史』, 집문당, 1997.

　　반병률,『임시정부의 초대 국무총리 성재 이동휘 일대기』, 범우사, 1999.

　　국사편찬위원회,『재외동포사 총서 7: 러시아·중앙아시아 한인의 역사』, 2008

　　김명수,『명수산문록』, 삼형문화, 1985.

　　강영심,『간호사독립운동가 74인』, 대한간호협회, 2021.

58 『독립신문』1920.1.22.

59 「鮮人의 行動에 關한 件」(1921년 1월 26일자) 日本外務省史料館『不逞團體雜件朝鮮人ノ部在 行動에 關한 件』(1920년 3월 12일자) 西比利亞』9권.『不逞團體雜件朝鮮人ノ部在 西比利亞』 9권 (국사편찬위원회 소장)

60 『독립신문』, 1920.4.10.

61 『독립신문』, 1920.1.22.,「삼애국여사의 추도회」

62 『독립신문』, 1920.4.10.,「弔海巖鄭昌贇君」

63 연동교회,『연동교회 애국지사 16인 열전』, 309쪽, 318~319쪽.

64 이은경(李恩卿)은 이자경의 동생으로 제4회 졸업생, 덴마아크의 고등농민학교 등지에서 농촌문 제를 연구하고 해방후 농촌문제연구에 권위자로 Y.M.C.A 사업에도 종사한 홍병성목사와 결혼 하였다.

65 경상북도경찰부,『고등경찰요사』, 192~195쪽.

　　『이정숙판결문』(대구 복심법원 1920.12.27.)

　　『1920년1월-4월 형사사건부』(대구지검, 1920.1.12.)

　　『(이정숙)수형인명부』(대구복심법원, 1920.12.27.)

　　『每日申報』, 1919.12.19.; 1920. 6.30

　　『동아일보』, 1920.5.26.; 1922.5.9.; 1923.1.17.; 1925.1.20.

　　연동교회,『연동교회 애국지사 16인 열전』, 제13편「장선희 편」, 2009, 418쪽.

　　김숙영,「간호부 이정숙의 독립운동」,『의사학』, 24-1, 2015.

66 『(이혜경) 판결문』(대구지방법원 1920. 6.29., 대구복심법원 1920. 12. 27.)

　　『매일신보』, 1919.12.19.

　　경상북도 경찰부,『고등경찰요사』, 1934, 192·194쪽

김정명, 『명치백년사총서』, 제1권 분책, 1968, 233쪽

독립운동사편찬위원회, 『독립운동사』 10권, 856쪽; 4권, 452쪽

독립운동사편찬위원회, 『독립운동사자료집』 9권, 429쪽; 14권, 429·431·432쪽

연동교회, 『연동교회 애국열사 16인열전』, 2009.

67 『(김성국)판결문』(경성지방법원, 1919.11.6., 경성복심법원 1920.2.27.)

68 『동아일보』 1922.8.3

69 『신한민보』, 『공립신보』

독립운동사편찬위원회, 『독립운동사자료집』 제8집, 738~739, 739~74쪽

『도산의 아내 이혜련 여사』, 기러기, 1969.

박용옥, 『미주 한인여성단체의 광복운동 지원 연구』, 1994, 280~283, 295쪽

정현주, 「미주독립운동의 대부모」, 『부부독립운동가열전』, 역사 여성 미래, 2021.

70 『동아일보』, 1982.8.5. 「그 만행 그진상, 마지막수업, 김영순(정신여학교교사)」

정신여자중고등학교, 『정신백년사』 상권, 1989.

71 경상북도경찰부, 『고등경찰요사』, 192~195쪽

『(장선희)판결문』 (대구지방법원 1920.6.29., 대구복심법원 1920.12.27.)

『每日申報』, 1919.12.19.; 1920.6.30,

『동아일보』, 1920.6.20.; 1921.9.20.; 1922.3.17.

김정명, 『명치백년사총서』 제1권 분책, 221쪽

독립운동사편찬위원회, 『독립운동사』, 4권, 452쪽; 10권 856쪽

독립운동사편찬위원회, 『독립운동사자료집』, 9권 427면; 14권 429·430·447쪽

연동교회, 『연동교회 애국지사16인열전』, 2009, 393~427쪽

72 『(장윤희) 판결문』 (경성지방법원 1920.3.19.)

『장응규판결문』 (경성지방법원 1921.12.22., 1922.4.13.)

『매일신보』, 1920.4.2., 「獄內에서 不穩唱歌 作者, 불복 공소(控訴)」

정신여자중고등학교, 『정신백년사』 상권, 1989, 452쪽.

최은희, 『추계최은희저작집 3 한국근대여성사 하』, 조선일보사, 1991, 117쪽

73 재판기록에는 당시 무직으로 표기되어 있어 추가 자료보완이 필요하다.

74 『동아일보』, 1921.4.18.; 1926.3.5.

『매일신보』, 1921.4.23.

75 정신여자중고등학교, 『정신백년사』 상권, 1989.

76 「정신여학교졸업생 14명」 『매일신보』, 1917.3.28

독립운동사편찬위원회, 『독립운동사』, 3권, 179~182쪽

「세계 자유사상에 처음 보는 십만명 애국 여자의 대활동」,『신한민보』, 1919.6.7., 9.4.

「주성림씨 본집의 소식, 씨의 영랑의 분투적 활동」,『신한민보』,1920.6.8. (출옥기사)

「釜山鎭女學校 妙齡의 女學生, 열 명이 기소됨 朱敬愛, 朴時淵, 林雲伊, 崔福連, 金炯綺, 裵盈祚, 文福淑, 金順伊」,『매일신보』, 1919.4.7.

「釜山鎭騷擾公判, 징역 이년 이하에 주경애 박시연」,『매일신보』, 1919.4.19.

『동래학원팔십년지』, 동래학원팔십년지편찬위원회, 1975.

77 『조선민족운동연감』 78쪽

김정명,『명치백년사총서』제1권 분책, 708쪽

차경수,『호박꽃 나라사랑』, 1988. 4. 15, 129~140쪽

독립운동사편찬위원회,『독립운동사』제2권, 47·448쪽; 제10권, 873쪽

독립운동사편찬위원회,『독립운동사자료집』, 14권, 436·444·459·460·53쪽

『독립신문』 1920.1.13.; 1921.1.27.

78 『독립신문』, 1920.3.30.

『(장기욱) 판결문』(경성지방법원 1919.11.6.)

『중외일보』, 1927.3.13.; 1930.2.17.; 1930.4.17.

정신여자중고등학교,『정신백년사』상권, 427~428쪽.

반병률,「러시아 연해주 지역 항일여성운동, 1909~1920」,『역사문화연구』제23집, 2005.

79 정신여자중고등학교,『정신백년사』상권, 458쪽, 1989.
그러나 자료에서는 이 약방의 존재를 찾을 수 없다. 이갑성이 상하이에 도착했을 당시는 윤봉길 의거의 여파로 상하이 임시정부 주요인사들이 상하이를 떠나 유랑하던 시기이므로 상하이에서 독립운동가들과 만날 수 없었다.

80 「윤석진의 현대사 산책」 4, 2016.7.1.

김정명편,『조선독립운동(朝鮮獨立運動)』, 原書房, 1967

『신한민보』, 1928.12.20.

아버지 한석진 목사는 1891년 23살 때 만주의 미국 선교사 모펫(S.A. Moffet) 등을 찾아가 세례를 받고 초창기 개신교인이 되었다. 한 목사는 1907년 평양신학교 제 1기 졸업생으로 길선주 목사 등 6명과 함께 한국인으로서는 처음으로 목사로 장립됐다

81 정신여자중고등학교,『정신백년사』, 1989.

연동교회,『연동교회 애국지사16인열전』, 2009,

82 『신한민보』, 1911.7.5.; 1912.3.8.; 1913.8.1.; 9.12.; 10.24.; 1914.1.1.; 3.5.; 4.30.; 7.26.;
1919.5.1.; 5.20.; 9.9.; 1923.11.29.; 1924.5.29.; 1924.7.17.; 1924.8.7.; 1924.8.28.;
1928.4.19.; 8.16.; 9.6. :『국민보』, 1937.2.3.; 2.23.; 3.3.; 3.17.; 5.5.; 9.15.; 10.27.;
1938.3.2.; 9.28.; 1942.7.8.; 12.16.; 1943.5.12.; 9.1.

83 『(황희수)형사사건부』(대구지검, 1920.1.12., 2.12.)

『동아일보』, 1924.1.29.; 1929.12.4.

84 손인수는 울산교육회창립 등 교육계에서 활동하였으며 면협의회의원 등을 역임하였다.

1차 자료

● **단행본**

『순종실록』

경상북도 경찰부, 『고등경찰요사』, 1934.

京畿女子中·高等學校, 『京畿女高五十年史』, 1958.

국사편찬위원회, 『재외동포사 총서 7: 러시아·중앙아시아 한인의 역사』, 2008.

국사편찬위원회, 『한민족독립운동사자료집』 14·17, 1991·1994.

국사편찬위원회, 『한국독립운동사자료』 3, 1973.

김정명, 『조선독립운동』, 제1권 분책, 1968.

김정명 編, 『朝鮮獨立運動』 3卷, 原書房, 1966.

김정명 編, 『朝鮮獨立運動』 II, 原書房, 1967.

김준엽·김창순, 『한국공산주의운동사』, 2 고려대학교 아세아문제연구소, 1973.

김원용, 손보기 엮음, 『재미한인 50년사』, 혜안, 2004.

大韓民國國會圖書館, 『韓國民族運動史料—三·一運動篇』 3, 1979.

『대한민국임시정부자료집』

독립운동사편찬위원회, 『독립운동사』 2권, 3권, 4권, 5권, 6권, 8권, 9권, 10권.

독립운동사편찬위원회, 『독립운동사자료집』 5권, 8권, 9권, 13권, 14권.

동래학원팔십년지편찬위원회, 『동래학원팔십년지』, 1975.

雩南李承晩文書編纂委員會 編, 『(梨花莊 所藏)雩南李承晩文書: 東文篇』, 5집, 연세대학교 현대한국학연구소, 1998.

이화여자대학교, 『梨花八十年史』, 1967.

『임시정부의정원문서』, 국회도서관

『일제침략하 한국36년사』 13권,

정신여자중고등학교, 『정신백년사』 상·하권, 1989.

정신여자중고등학교, 『정신75년사』, 계문사, 1962.

정신여자고등학교 사료연구위원회, 『애니 앨러스: 한국에 온 첫 여의료 선교사』

정신여자고등학교 사료연구위원회 편찬 『장로회 최초의 여학교 선교편지』, 홍성사, 2014.

조선박문사, 『순종국장록』, 1926.

정교 저, 조광 편, 변주승 역주, 『대한계년사』8, 소명출판, 2004,

『조선민족운동연감』

『조선불교』 12권, 1925.4.11.

『조선연감 1947』, 조선통신사, 1946.

日本外務省史料館 『不逞團體雜件朝鮮人ノ部在 行動에 關한 件』(1920년 3월 12일자) 西比利亞』 9권. 『不逞團體雜件朝鮮人ノ部在 西比利亞』9권 (국사편찬위원회 소장)

『不逞團關係雜件−朝鮮人의 部−在西比利亞』9 機密 제18호 「鮮人의 행동에 관한 건」

『삼천리』, 제5호 1930.4.1., 「人材巡禮, 第2編 社會團體」

『삼천리』, 제12권 제3호, 「장안 신사가정 (長安 紳士家庭) 명부(名簿,도착순)」,1940.3.

高橋濱吉, 『朝鮮敎育史考』, 帝國地方行政學會 朝鮮本部, 1927.

Oliver R. Avison 저, 책임번역 황용수, 『고종의 서양인 전의 에비슨 박사의 눈에 비친 구한말 40여 년의 풍경』, 대구대학교 출판부, 2006.

I. B. Bishop, Korea and her Neighbours, Reprinted by Yonsei University Press, 1970,

L. H. Underwood, "The Need of Education for Poor Korean Girls," *Korea Mission Field*, Nov. 1911.

2차 자료

● **연구논저**

강영경, 강영심 외, 『여권통문 새세상을 열다』, 역사여성미래, 2021.

강영심, 김도훈, 정혜경, 『1910년대 국외항일운동 II − 중국·미주·일본』, 한국독립운동사편찬위원회, 2008.

강영심, 『독립운동가 간호사74인』, 간호협회, 2021.

김남식, 『남로당연구』, 돌베개, 1984.

김명수, 『명수산문록』, 삼형문화, 1985.

김정인,이정은, 『국내 3·1운동 I −중부,북부』.한국독립운동사연구소, 2009

김진호, 「공주지역의 3·1운동」, 『공주의 역사와 문화』, 1995.

김진호·박이준·박철규, 『국내 3·1운동 II −남부』, 독립기념관 한국독립운동사연구소, 2009.

김희곤, 『중국관내 한국독립운동단체연구』, 지식산업사, 1987.

『도산의 아내 이혜련 여사』, 기러기, 1969.

독립기념관 한국독립운동 인명사전 (이인선 집사의 수기: 안동교회보 제26호 참고)

반병률, 『임시정부의 초대 국무총리 성재 이동휘 일대기』, 범우사, 1999.

박규원, 『상하이 올드 데이스』, 민음사, 2003.

박용옥, 『김마리아, 나는 대한의 독립과 결혼하였다.』, 홍성사, 2003.

박용옥, 『미주 한인여성단체의 광복운동 지원 연구』, 1994.

박용옥, 『한국근대여성운동사연구』, 한국정신문화연구원, 1984.

박용옥, 『한국 근대 여성운동사 연구』, 한국정신문화연구원, 1984

백철, 『조선신문학사조사』, 수선사, 1948.

徐紘一·東嚴 共編, 『間島史新論』 상권, 우리들의 편지사, 1993.

손인수 『한국교육사연구』 (상), 문음사 1996

오천석, 『한국신교육사(상)』, 현대교육총서출판사, 1964

유봉호, 김융자 공저, 『한국 근/현대 중등교육 100년사』, 교학연구사, 1998.

백낙준, 『한국개신교사(韓國改新教史) (1832-1910)』, 연세대학교출판부, 1973.

연동교회, 『연동교회 애국열사 16인열전』, 2009.

연세대 의과대학 의사학과 엮음, 『세브란스독립운동사』, 역사공간, 2019, 5

윤대원, 『상해시기 대한민국임시정부 연구』, 서울대학교출판부, 2006.

『윤석진의 현대사 산책』 4, 2016.7.1.

이기서, 『교육의 길, 신앙의 길 : 김필례 그 사랑의 실천』, 북산책, 2012.

이명화, 『김규식의 생애와 민족운동』, 독립기념관, 1992.

이송죽외 엮음, 『김필례 그를 읽고 기억하다』, 열화당 영혼도서관, 2019.

이재선, 『한국현대소설사』, 홍성사, 1979.

전병무, 『한국항일여성운동계의 대모 김마리아』, 한국독립운동연구소기획, 역사공간, 2013.

정현주외, 『부부독립운동가열전』, 역사 여성 미래, 2021.

차경수, 『호박꽃 나라사랑』, 1988.4.15.

최은희, 『조국을 찾기까지』, 탐구당, 1973.

최은희, 『추계최은희저작집 3 한국근대여성사 하』, 조선일보사, 1991.

한국교육개발원. 『한국 근대 학교 교육 100년사 연구(1)-개화기 학교 교육』, 1994.

한국 기독교여성 백주년기념사업협의회 여성분과 편, 『여성, 깰지어라, 일어나라, 노래할지어다』, 대한기독교서회, 1985.

『한국독립운동의 역사, 20; 국내3·1운동 II –남부』

한국독립유공자협회 엮음, 『러시아 지역의 한인사회와 민족운동사』, 교문사, 1994.

한국독립유공자협회 엮음, 『중국 동북지역 한국독립운동사』, 집문당, 1997.

한규무, 『한국독립운동의 역사 41권, 광주학생운동』, 한국독립운동사연구소, 2009

한일여성공동역사교재 편찬위원회, 『여성의 눈으로 본 한일 근현대사』, 한울 아카데미, 2005.

홍선표, 『재미한인 독립운동을 이끈 항일 언론인 백일규』, 독립기념관 한국독립운동사연구소, 2018.

● 연구논문

강영심, 「김순애(1889–1976)의 생애와 독립운동」, 『한국근현대사연구』, 63집, 2012.12.

고춘섭 편저, 『하늘과 땅 사이에서 : 순원 신의경 권사 전기』, 금영문화사, 2001.

김경훈(1983),「한국 개화기의 여성교육에 관한 일연구」, 중앙대학교 교육대학원

김광식, 「조선불교여자청년회의 창립과 변천」, 『한국근현대사연구』 7권, 1997

김다래, 「대한민국임시정부 국무위원 吳永善의 민족운동」, 『한국민족운동사연구』, Vol.0 No.86, 2016.

김숙영, 「간호부 이정숙의 독립운동」, 『의사학』, 24-1, 2015.

김지은, 박용규, 「개화기 한국장로교의 학교교육과 민족운동의 상관성 연구」『신학지남』, 87-3.

김향숙, 「개화기 여학교의 교과 및 비교과 교양교육1)여학교의 교과 및 비교과 교양교육」『교양교육』, 12-3, 2018.6

김필례, 「YWCA인물사 김필례」, 『YWCA』, 한국YWCA, 25-1, 1977.

박용옥, 「3·1 운동에서의 여성 역할」, 『아시아문화』, 제15호, 25~48쪽, 한림대학교아시아문화연구소, 2000.

반병률, 「세브란스와 한국독립운동 – 3·1운동 시기를 중심으로」, 『연세의사학』, 18-2. 2015.

반병률, 「러시아연해주지역 항일여성운동, 1909~1920」, 『역사문화연구』 23

박혜진 「서울지역 미 북장로회선교부의 교육사업철수와 학교 인계 연구– 경신학교와 정신여학교를 중심으로 –」「한국기독교와 역사」 제32호(2010년 3월 25일)

손성희, 「관립한성고등여학교의 설립과정과 교과과정연구」, 이화여자대학교 역사교육전공 석사학위논문, 2004.

이상구 외, 「한국 근·현대수학 교재 연구」, 한국수학교육학회지 시리즈 E『數學敎育 論文集』 제31집 제1호, 2017. 2.

이정, 『개화기 여학교 역사교육의 실태』, 이화여자대학교 석사학위논문, 1996.

이원조, 「김말봉」, 『여성』, 1937.12.

주선애,「여성교육의 관점에서 본 한국 기독교 여성교육의 초기 현황과 미래 전망」,『기독교교육논총』, 13집, 2006.

최은진,「순종사망과 장례과정-1926년4월부터 6.10만세까지-」,『한국독립운동사연구』87, 한국독립운동사연구소, 2024.8

신문 기사 및 기타 자료

『공립신보』

『舊韓國官報』, 1908.5.26.

『국민보』, 1937.2.3.; 2.23.; 3.3.; 3.17.; 5.5.; 9.15.; 10.27.; 1938.3.2.; 9.28.; 1942.7.8.; 12.16.; 1943.5.12.; 9.1.

『畿湖興學會月報』, 1908.8.

『권업신문』, 1914.5.3.,「厭世主義인가」

『남도일보』, 2019.3.16.

『大韓每日申報』, 1909.3.23.,「高等女師」

『대한민국임시정부공보』, 1919.9.5.

『獨立新聞』대한민국 25.6.l. 중경 발행 창간호 참조

『독립신문』, 1898.10,13.; 5.26.

『독립신문』, 1920.1.1.

『독립신문』, 1920.1.13.; 1921.1.27.

『독립신문』1920.1.22.

『독립신문』, 1920.1.22.,「삼애국여사의 추도회」

『독립신문』, 1920.3.30.「地方通信: 金海 女子講習會」

『독립신문』, 1920.4.10.

『독립신문』, 1920.4.10.,「弔海巖鄭昌贇君」

『독립신문』, 1922.2.

『동아일보』, 1920.5.26.; 1922.5.9.; 1923.1.17.; 1925.1.20.

『동아일보』, 1920.6.20.; 1921.9.20.; 1922.3.17.

『동아일보』, 1920.6.25.; 1921.3.13.; 1924.7.4

『동아일보』, 1920.6.30., 1927.4.28.

『동아일보』, 1920.7.29.

『동아일보』, 1921.4.18.; 1926.3.5.

『동아일보』, 1922.7.27.

『동아일보』, 1922.8.3

『동아일보』, 1922.10.12., 「여자강습회」

『동아일보』, 1924.1.29.; 1929.12.4.

『동아일보』, 1925.3.23., 「가명부녀의배홀곳 능인녀자학원」

『동아일보』, 1928.3.28.; 5.30.; 1929.7.31.

『동아일보』, 1929.1.17.

『동아일보』, 1929.4.16.

『동아일보』, 1929.11.17.

『동아일보』, 1932.8.9.

『동아일보』, 1933.12.6.

『동아일보』, 1939.10.21.

『동아일보』, 1982.8.5. 「그 만행 그진상, 마지막수업, 김영순(정신여학교교사)」

『매일신보』, 1917.3.28., 「정신여학교졸업생 14명」

『매일신보』, 1919.4.7., 「釜山鎭女學校 妙齡의 女學生, 열 명이 기소됨 朱敬愛, 朴時淵, 林雲伊, 崔福連, 金炯綺, 裵益祚, 文福淑, 金順伊」

『매일신보』, 1919.4.19., 「釜山鎭騷擾公判, 징역 이년 이하에 주경애 박시연」

『매일신보』 1919.12.19.; 1920.6.30.; 8.1.

『매일신보』, 1919.12.19., 「가공할 비밀결사, 남녀의 독립음모단」

『매일신보』, 1919.12.20.

『매일신보』, 1920.4.2. 「獄內에서 不穩唱歌 作者, 불복 공소(控訴)」

『매일신보』, 1921.4.23.

『매일신보』, 1921.5.9.

『매일신보』, 1924.5.11., 「여성동우회 창립, 작 십일에 발회식을 거행」

『매일신보』, 1932.7.30.

『시대일보』, 1924.6.15.

『신한민보』, 1914.5.17., 「동포내도」『신한민보』, 1916.6.8., 「김백양씨의 성혼」

『신한민보』, 1919.6.7., 「세계 자유사상에 처음 보는 십만명 애국 여자의 대활동」 9.4., 「주성림씨 본집의 소식, 씨의 영랑의 분투적 활동」 1920.6.8. (출옥)

『신한민보』, 1920.4.16.

『신한민보』, 1924.7.4.; 1929.7.25.; 1939.3.23.

『신한민보』, 1928.12.20.

『신한민보』, 1943. 6. 3.,「한국애국부인회 재건선언」

『조선일보』, 1920.6.9.; 6.10.; 12.16.; 12.18.,「비밀결사 애국부인회 김마리아사건 공판」

『조선일보』, 1921.4.5.

『중외일보』, 1927.3.13.; 1930.2.17.; 1930.4.17.

『한인신보』, 1918.1.13.

『황성신문』, 1898.9.9.,「여학교설시통문」

『황성신문』, 1903.3.19.

『황성신문』, 1909.5.15.,「尹貞媛講官內定」

공훈전자사료관

한구독립운동사연구소편,『한국독립운동 인명사전』